高水平制度型开放
标志性重大成果丛书

总主编——汪荣明

副总主编——闫海洲

制度型开放与
高质量外商直接投资

茹玉骢　宾建成　陶立峰
王云飞　刘毅群　沈　鸿 —— 著

Institutional Openness and
High-Quality Foreign Direct Investment

经济管理出版社
ECONOMY & MANAGEMENT PUBLISHING HOUSE

图书在版编目（CIP）数据

制度型开放与高质量外商直接投资 / 茹玉骢等著.
北京 ： 经济管理出版社，2025. 6. -- ISBN 978-7-5243-
0112-7

Ⅰ. F832.6

中国国家版本馆 CIP 数据核字第 20259JD069 号

组稿编辑：张巧梅
责任编辑：张巧梅
责任印制：张莉琼
责任校对：陈　颖

出版发行：经济管理出版社
　　　　　（北京市海淀区北蜂窝 8 号中雅大厦 A 座 11 层　100038）
网　　　址：www. E-mp. com. cn
电　　　话：（010）51915602
印　　　刷：北京飞帆印刷有限公司
经　　　销：新华书店
开　　　本：720mm×1000mm/16
印　　　张：19. 75
字　　　数：365 千字
版　　　次：2025 年 6 月第 1 版　　2025 年 6 月第 1 次印刷
书　　　号：ISBN 978-7-5243-0112-7
定　　　价：88. 00 元

前　言

按照邓宁的折中理论，外商直接投资活动是跨国公司技术水平、组织能力和东道国资源与政策匹配的结果，相对于国际贸易活动涉及的产品与市场匹配问题，跨国直接投资活动无论是绿地投资还是跨国并购，都涉及更复杂的交易合约结构，对于东道国制度的不确定性也会更加敏感，且对于东道国国际营商环境的依赖程度也更高。外商直接投资不仅和进出口贸易活动密切相关，还涉及资本、人才、技术、数据跨境流动，以及东道国外汇管制放松、市场准入管制放松、全球营商环境改善、政府服务能力提高等一系列制度改革。为实现高水平对外开放和中国式现代化，我国提出制度型开放，而与外资引进相关的制度创新对于我国主动对接国际高标准经贸规则意义重大。党的二十大以来，我国对外积极申请加入 CPTPP 等高标准国际经贸规则，对内则通过对接这些国际经贸规则，加大投资政策改革和制度创新，提升自由贸易试验区能级。2024 年 7 月，党的二十届三中全会通过《中共中央关于进一步全面深化改革、推进中国式现代化的决定》，提出要"深化外商投资和对外投资管理体制改革"，具体涉及市场准入负面清单、生产服务业开放、外资国民待遇、外资管理服务业体系等制度改革。

外商直接投资的流量、流向是全球关注的重要指标，它们反映了全球化发展趋势，受双边、多边或诸边贸易投资规则，以及各国国内的法规和营商环境影响。党的二十届三中全会明确提出要"稳步扩大制度型开放，主动对接国际高标准经贸规则……打造透明稳定可预期的制度环境"。本书试图从与国际高标准经贸规则比较的视角，提供外商直接投资（FDI）与投资规则相关比较制度分析框架。在对我国外资流入和外资管制放松政策变迁的讨论基础上，构建了一个东道国外资促进政策与外资流入的简单理论分析框架。然后从国际经贸规则对接和国内投资政策环境两个角度，实证和规范研究相结合，对各项制度和外资流入质量之间的关系展开了较为系统的论述。

改革开放以来，我国十分重视外资领域的法制化建设和制度创新，建立了很多地方性的开发区，成为外资企业进入中国的桥头堡，从 1979 年 7 月改革开放后第一部外商直接投资相关的法律《中华人民共和国中外合资经营企业法》的制定，到 2020 年整合"三资企业"相关法律，颁布实施《中华人民共和国外商投资法》以及《中华人民共和国外商投资法实施条例》，标志着我国在 FDI 领域开放相关的国内法律的修订已经走向成熟。相关法律对促进外商投资和保护外商投资产权做出了明确规定，对于促进和鼓励高质量外资流入和我国高水平对外开放具有重大意义。投资规则已经成为国际经贸规则的重要组成部分，以 RCEP 投资规则为例，它涵盖投资保护、投资自由化、投资促进和投资便利化四个方面，既继承了传统投资协定的主要内容，也体现了国际投资缔约实践的新发展。外商直接投资相关的法律、条例、政策的内容主要从产权保护制度和投资效率提升两个方面促进外资流入。投资保护、投资自由化涉及外商投资者产权保护（包括知识产权、财产权、收益处置权等），从而为外国投资者提供了激励，这些制度设计大大降低了投资（交易）的不确定性，解决了外商直接投资是否愿意来、能不能进入（市场准入、禁止业绩要求）的问题；而投资促进（优惠政策、信息沟通）和投资便利化（国际营商环境、政府审批等）涉及投资决策执行的效率问题，能有效降低国际直接投资的交易成本，解决外商直接投资决定投多少、投哪里的问题。

考虑到篇幅的问题，本书涉及产权保护方面的议题，主要包括目前比较关注的知识产权保护、竞争中性原则、反垄断、投资者—国家争端解决机制（Investor-Sate Dispute Settlement，ISDS）等。在高质量外资流入方面，知识产权保护无疑是一个必须跨越的门槛，随着我国企业技术水平的提高，加大知识产权保护力度有利于我国企业知识产权意识培养和国际竞争能力的提升。对外资企业而言，2008 年外资企业所得税和国内企业所得税的合并，外资企业失去超国民待遇，使涉及政府和商业性国有企业政企关系的竞争中性原则，关系到公平竞争市场培育和外资企业国民待遇的落实。反垄断政策是一个比较敏感的领域，什么样的行为属于垄断行为在司法认定标准上一直是一个有争议的领域，相关政策也影响到企业投资和并购激励。

而在涉及降低投资交易成本的制度设计方面，本书主要涉及与 CPTPP 相关的投资便利化的议题、负面清单实施与外资质量、市场准入放松与生产性服务业、基于投资全生命周期的国际营商环境、数字经济与跨国公司、自由贸易试验区集成式制度创新模式等议题。我们发现涉及跨国投资效率的议题非常广泛，投资活动和全球价值链治理紧密结合在一起，东道国需要在吸引高质量外资、充分发挥外资对于我国产业链供应链促进效应的同时，也要防范外资相关产业的市场垄断造成的产业发展潜在风险。

本书研究总体框架和研究议题由茹玉骢教授确定，主要章节分工如下：第一章、第十三章由上海对外经贸大学茹玉骢教授完成；第二章由茹玉骢教授和浙江工商大学沈鸿副教授合作完成；第三章由浙江财经大学刘毅群副教授完成；第四章由上海对外经贸大学王云飞副教授完成；第五章由上海对外经贸大学宾建成教授和硕士研究生王一尘合作完成；第六章由茹玉骢教授和硕士研究生魏海燕合作完成；第七章由上海对外经贸大学法学院陶立峰教授和国际法硕士研究生周舟合作完成；第八章由茹玉骢教授和硕士研究生李鑫怡、单梦晗合作完成；第九章由茹玉骢教授和硕士研究生赵世超、韩慧合作完成；第十章由茹玉骢教授和博士研究生高嘉欣合作完成；第十一章由茹玉骢教授和硕士研究生郑雯静合作完成；第十二章由茹玉骢教授和硕士研究生韩慧合作完成。

初稿完成之时，正值党的二十届三中全会召开，此次会议召开的背景正好是国内经济处于转型困难期和"瓶颈"期，外部遭遇脱钩断链的影响和压力。另外从战略性新兴产业的贸易和投资来看，我们会看到不一样的场景，我国自疫情以后在以新能源汽车为代表的新兴制造业领域持续发力，出口持续增加，在跨境电子商务和数字平台国际化方面也掀起了企业走出去浪潮，所以需要进一步去关注的是，在新一轮全球产业结构剧烈动态调整后的中国市场的潜力。党的二十届三中全会最大的亮点是，为下一阶段中国经济高质量发展勾画了一份系统性制度变革指南，其中也包括对外开放制度和外资引进管理制度的变革，为未来中国经济结构深度调整和走出困境奠定了基础。相信随着FDI相关制度的进一步细化、落实和完善，以及统一大市场构建和国际营商环境的持续改善，必将有助于我国高质量外资流入和对外直接投资的扩张、全球价值链重构，对经济全球化发展产生深远影响。

目　录

第一章

绪论

第一节　研究背景、问题提出

近年来全球贸易和投资的不确定性大幅度提高，加上公共卫生事件等因素的叠加，使得全球直接投资呈现明显的衰退迹象，在此背景下，中国政府出台稳外资和促进外资高质量发展的政策。2021年中央经济工作会议明确提出"改革开放政策要激活发展动力"，强调"扩大高水平对外开放，推动制度型开放，落实好外资企业国民待遇，吸引更多跨国公司投资，推动重大外资项目加快落地"。制度型开放成为相对于要素和市场开放为主的改革开放的升级版，目的是打通国内制度与国际高水平规则相衔接，促进高端要素全球优化配置，通过吸引外资推动我国战略性新兴产业和经济高质量发展。2023年11月《国务院关于进一步优化外商投资环境　加大吸引外商投资力度的意见》，明确提出通过加大重点领域引进外资力度、发挥服务业扩大开放综合试点示范引领带动作用、拓宽吸引外资渠道等"提高利用外资质量"。一部分跨国公司为了维护供应链安全，开始新的全球价值链布局。从实际数据来看，2023年全国新设立外商投资企业53766家，同比增长39.7%；2024年第一季度，我国新设外资企业达到1.2万家，同比增长依然高达20.7%。在未来中美经贸关系不确定性加大的背景下，如何才能保持高质量外资稳定流入，推动我国构建双循环新格局和高水平对外开放，是未来较长时期我国制度改革所要面临的问题。2024年7月，党的二十届三中全会《中共中央关于进一步全面深化改革、推进中国式现代化的决定》中明确提出通过"稳步扩大制度型开放""深化外商投资和对外投资管理体制改革"等举措，完善"高水平对外开放体制机制"，为未来外资质量提升提供了总体性的指导意见。

高质量外资是构筑国内国际双循环新格局的重要组成部分，中国高水平开放的前提是要有和高端要素跨境流动相配套的制度，FDI 高质量发展所带来的全球技术、研发、品牌管理等创新性高端要素能够有力支持产业动能转换和经济高质量发展。因此对于如何通过深化制度开放，扩大 FDI 开放领域、对标高水平贸易和投资协定优化营商环境，进一步扩大边境后规则开放，以推动高质量 FDI 引进的研究议题具有重要理论和现实价值。加入世界贸易组织（WTO）以来中国外资引进规模不断扩大，相关外资政策和营商环境也得到了持续的优化，但是 FDI 领域与制度相关的研究大多聚焦于外资产业政策管制放松和营商环境改善对于外资流入或绩效的影响，而对于 FDI 相关的制度缺乏相对系统的研究。对标国际高水平自由贸易与投资协定，需要对我国外资引进相关的多层面的制度并进行深入考察。此外，对于外资引进相关制度供给与高质量外资引进之间内在联系的理解，需要一个比较全面的制度分析框架来作为支撑。所以本书总体上试图回答这些问题：与 FDI 相关的国内外规则或政策是如何演变的？与 FDI 相关的国际经贸规则之间的差异有哪些？国际规则和国内规则变革之间是如何建立联系的？外资政策和外资流入质量是什么关系？数字经济发展背景下跨国公司决策和数字 FDI 相关外资政策改革的方向在哪里？等等。

第二节　研究的意义

新制度经济学认为制度本质上是节约市场交易成本的装置，这是理解投资政策或规则与外资质量关系的关键所在。由于跨国直接投资活动是在全球范围内的区位优势的重新组合，无论是绿地投资（Green Field Investment）还是跨国并购（Merger & Acquisition）实际上都是非常复杂的交易行为，涉及一系列投资前、投资中和投资后的合同签署执行和配套政策落实。其不仅涉及交易双方（投资者与被收购或被投资企业）的交易条件的协商问题，还涉及东道国的市场准入和退出、数据、资金、人员跨国流动等管制问题，以及投资纠纷出现后的仲裁机制，更涉及跨国公司内部管理复杂度的提升。我国高水平开放意味着国内外制度接轨和国际营商环境的进一步改善，需要各级地方政府在市场准入方面严格落实负面清单制度和投资前国民待遇政策，对接全面与进步跨太平洋伙伴关系协定（CPTPP）、双边国际投资协定（BIT）落实国民待遇政策，围绕 FDI 投资周期的各个环节进行集成式制度创新，深化政府"放管服"改革。高质量外资涉及数据、资本、人力资源等高端要素更加便捷的跨境流动，往往对于东道国的管制变化更为敏感。高质量外资引进离不开制度变革，地方政府要做好服务工作，为外资提供透明高效的营商环境，降低外资来华投资的市场交易成本，从而鼓励跨国公司在华设立研发中心、地区营运中心，开发和使用最新技术。

已有关于外资发展与制度开放的研究，通常只从某一个制度开放的视角对外资发展开展讨论，忽略了外资政策的多维度特性，也忽略了对于外资高质量发展和制度开放内在联系的系统性探讨，本书主要从制度经济学的视角，较为系统地探讨当前支持中国外资高质量发展，进而推动双循环新格局构建的制度体系，重点探讨了边境后制度开放问题，涉及知识产权保护、市场中性原则等重要制度国际接轨，同时也探讨了外资监管和制度开放的风险问题，并基于中国外资发展的集成式制度创新经验实践，提出了未来相关制度开放的政策建议，弥补了已有研究的不足。

第三节　本书的主要观点

（1）国内国际双循环相互促进依赖于更高水平开放型经济新体制，实现更大范围、更宽领域、更深层次的产业、贸易等实体经济领域对外开放，这就需要与之对应的更高水平外商直接投资和更宽领域的外资开放。

（2）高质量外资流入往往意味着跨国公司全球价值链的重构，全球运营中心、研发中心的重置和高端要素的流入、新技术和新产品在东道国的应用与生产，这些活动通常对于投资便利化、营商环境水平、制度稳定预期更为敏感，对于我国对外开放的法治化建设、知识产权保护执法力度加大和投资便利化制度完善提出了更高要求，需要通过制度改革和创新积极应对。

（3）中国外资开放的领域主要集中在制造业的市场准入方面，但是在金融、运输、咨询、文化教育等服务业对外资开放管制放松相对不足，随着数字经济时代的到来，生产性服务业的发展和外资引进对于促进我国制造业升级和解决技术"卡脖子"问题尤为重要，需要基于自由贸易试验区制度创新，加快与技术创新密切相关的生产性服务业外资开放。

（4）国内外资鼓励政策和制度同发达国家高水平 FDI 引进制度相比，在准入前国民待遇加负面清单模式、最惠国待遇和最低待遇、成员在投资领域的开放承诺（不符措施、保留义务、在非服务部门的开放承诺）、投资促进和投资便利化、公平和公正待遇、征收与间接征收、资金自由转移、非经济标准、投资者与国家投资争端解决机制（ISDS）等条款方面存在一定的差距，有待进一步完善。

（5）大部分研究把贸易和投资协定签署、外资产业政策的变化作为外生冲击处理，但事实上这些制度供给行为是内生于东道国产业结构和企业竞争力提升内生的结果，我国自改革开放以来十分注重制度建设和国内外制度接轨，但这种制度变革的有效实现依赖于中央—地方，以及各个职能部门之间的协调合作关系，对外开放的新型举国体制是实现高水平对外开放的有效制度保障。

（6）全球处于从工业 3.0 向工业 4.0 转换的关键时期，数字经济的发展对于跨国公司数字化转型以及数字跨国公司发展起到了关键作用，外商直接投资形成的跨境数字流动和信息安全的冲突问题有待地方政府积极面对和处理。数字经济相关的制度的改革有助于解决新的政策困境，保证我国在新经济新技术领域外资引进中获得新的制度竞争优势。

第四节　主要研究方法

（1）比较制度分析方法，主要是围绕外资引进与监管政策国内外制度差异做比较分析，提出我国制度改进的建议。

（2）一般均衡分析法，在多国全球化生产中一般均衡中考虑制度对于跨国公司盈利和区位选择的影响。

（3）采用案例分析法，对于自由贸易试验区集成式制度创新及其对外资的影响进行分析。

（4）实证研究方法，分析生产服务业开放对于企业生产效率 TFP、城市负面清单制度实施与外资质量的影响。

第五节　本书的总体框架

第一章至第三章是背景和理论分析框架；第四章至第八章涉及对国际高标准经贸规则的讨论，包括投资便利化、知识产权保护、中性原则、反垄断等议题；第九章至第十三章是高水平对外开放的中国制度创新和自由贸易试验区改革，包括自由贸易试验区制度改革、市场准入、数字经济与外资等重要议题。

第一章是绪论，包括研究背景、意义、研究内容和研究方法等。

第二章是加入世界贸易组织以来中国 FDI 流入的主要特征与制度变革战，包括全球化生产模式下外资流动总体特征，加入世界贸易组织以来中国 FDI 流入结构规模变迁、FDI 相关制度改革变迁、外资领域开放面临的制度挑战。

第三章是 FDI 促进政策及经济福利分析，在企业异质性假设下，考虑了母国企业对东道国企业存在技术溢出时的引资政策的一般均衡分析，以及外资政策的福利分析。

第四章是投资促进和投资便利化比较制度分析，投资便利化原则设定——以 CPTPP 为例，中国地方政府促进投资便利化具体举措，中国促进投资便利化与外资高质量发展。

第五章是对外资并购反垄断与安全审查比较制度分析，主要讨论美国、欧洲、中国的外资并购反垄断与安全审查制度，以及分析 FDI 反垄断与安全审查制度绩效。

第六章是基于维护市场中性原则比较制度分析，主要讨论市场中性原则设定原则——以 CPTPP 为例，市场中性原则各个维度"国有企业方面""补贴透明度""技术转让""标准制定""行政执法和监管"在市场中性原则下的国内制度改革。

第七章是投资者—国家争端解决机制比较分析，主要讨论投资者—国家间争端解决机制历史演变——以 CPTPP 为例，投资者—国家间争端解决机制国内外司法制度冲突，投资者—国家间争端解决机制相关司法制度改革。

第八章是知识产权保护与 FDI 高质量发展比较制度分析，主要涉及 CPTPP 知识产权保护原则，我国对外资知识产权保护制度现状与问题，自由贸易试验区知识产权实践与自由贸易试验区建设，知识产权保护与外资研发中心区位选择，以及知识产权保护与外资高质量发展关系。

第九章和第十章是地区市场准入负面清单制度与外资流入质量提升和外资准入管制放松与生产性服务业企业高质量发展，主要讨论我国外资服务业市场准入管制制度历史演变，以金融等行业为例讨论外资服务业管制放松与企业高质量发展，并用上市公司数据将市场准入负面清单改革作为冲击加以检验。

第十一章是我国自由贸易试验区外资引进促进政策集成式制度创新研究，主要讨论自由贸易试验区外资引进政策集成式创新的案例，外资引进政策制度创新中的跨部门协调机制。

第十二章是数字经济与跨国公司，主要讨论数字跨国公司与跨国公司数字化转型所面临的主要挑战等议题。

第十三章是外资政策演进逻辑与我国制度型开放，主要讨论我国市场化改革和外资政策调整之间的内在联系，全球经济格局和数字技术变化对于全球经贸规则的影响，以及未来投资相关国际经贸规则变化趋势。

第六节 本书的创新点

（1）本书围绕中国高水平对外开放和制度型开放，较为系统地探讨了与FDI相关的制度，涉及与CPTPP等高规格国际经贸规则的对接问题，包括投资便利化、竞争中性和投资国家争端处理等，以及跨国投资周期相关的各种制度安排，如市场准入相关的负面清单制度、自由贸易试验区制度创新、数字经济与规则等议题，丰富了FDI与东道国制度安排的相关研究。

（2）构建了东道国制度建设与FDI流入之间关系的理论分析框架，从跨国公司投资微观决策角度出发，探讨了投资促进手段对于外资高质量发展的作用，为外资相关制度开放提供理论分析框架和政策决策依据。

（3）采用了制度分析、案例研究与实证研究相结合的方法，其中对于高规格国际经贸规则和国内制度采用了比较制度分析方法，对于负面清单准入和生产服务业开放对外资质量影响采用了DID等计量分析方法，对于集成式制度创新等采用了案例研究方法。

（4）对于外资高质量发展涉及多层次的制度开放的内涵做了较为系统的分析，并把分权制度下地方政府竞争、中央—地方部门协调等维度纳入外资政策供给。

（5）对标高水平贸易投资协定，较为全面地梳理了国内外制度差异，对于支撑外资高质量发展所需要的制度进行了国内外比较分析。

第二章

加入世界贸易组织以来中国 FDI 流入的主要特征与制度变革①

加入世界贸易组织以来，我国的对外贸易和外资流入规模发生了质的变化，本章先讨论了全球化生产模式下我国外资流入的总体特征，主要分析我国加入世界贸易组织以来 FDI 流入的总体规模和特征，以及相关的 FDI 管理制度的变迁及其对 FDI 和外贸质量的影响。

第一节 引 言

自 2001 年加入世界贸易组织以来，中国对外贸易得以快速扩张，可谓波澜壮阔史无前例，加入 WTO 奠定了中国成为全球货物贸易第一大国的制度基础。贸易的发展无疑促进了国内的投资和经济增长，其中也包括国际资本的大量流入。2001 年我国实际利用外商直接投资 468.8 亿美元，是同期美国吸引 FDI 金额的 29.3%。2010 年美国金融危机后随着全球经济快速复苏，中国 FDI 实际利用首次突破 1000 亿美元，达到 1147.3 亿美元，达到了同期美国 FDI 流入金额的57.9%，而到了 2022 年我国实际利用外资规模达到了 1891.32 亿美元，同比增长9%，与同期全球跨国直接投资高达 12% 的降幅形成鲜明对比。2022 年中国外资

① 本章是国家社科基金规划项目"双向 FDI 促进'双循环'新格局构建的理论机制与实现路径研究"（项目号 22BJL104）的阶段性成果。

流入达到了同期美国 FDI 流入金额的 66.3%。我国 FDI 流入占全球比重从 2001 年的 5% 上升到了 2022 年的 14.6%。2020～2022 年，全球直接投资环境总体低迷，根据联合国贸发会议（UNCTAD）数据，这 3 年的全球跨国直接投资复合平均下降 8.8%，而我国外商直接投资流入规模逆势上升。

因此，从 2001 年开始，中国的 FDI 流入无论是从规模上还是从质量都上了一个新的台阶，并呈现持续增长的态势，即便是在 2020～2022 年疫情期间，中国实际利用外资金额也保持持续增长，中国经济快速发展对全球资本所产生的持续性吸引力非常大。总体上 FDI 流入的产业选择和区位选择都是和中国经济发展的内在逻辑高度契合的，成为我国资本多元化的重要支柱，为推动中国的对外贸易发展、拉动投资就业和提高税收作出了重要贡献。外资企业出口一度占到了中国出口总额的 60% 以上，尽管在 2006 年以后这一比率有所下降，但仍然保持在 30% 以上，外商直接投资工业企业营业收入和利润占全国规模以上工业企业的 20% 以上。

正是鉴于 FDI 对于促进中国外向型经济发展的重要性，加入世界贸易组织以来，中国一直致力于持续推进国际营商环境和投资便利化改革，不断放松外资市场准入、外汇等管制，加大外资知识产权保护力度。通过"准入前国民待遇+负面清单管理模式"改革优化营商环境，大幅度降低外资进入中国市场的壁垒，提升外资企业投资效率和全球竞争力，从而增强外资对于中国市场进行持续投资的信心。2013 年，中国第一个国内自由贸易试验区（FTZ）——上海自由贸易试验区的设立，意味着中国开放制度改革向前迈出了新的一大步。虽然生产服务业开放、知识产权保护、市场中性原则等领域制度改革尚不完备，但随着数字技术的成熟与运用，以及数字政府建设，为未来中国政府管理效率提升和国际营商环境改善打开了无限空间。

第二节　全球化生产模式下我国外资流动总体特征

一、加入世界贸易组织以来全球外资流动的总体特征

随着"二战"后以半导体、通信、生物医药技术为标志的第三次工业革命

兴起，推动了美、日、欧发达国家传统制造业的大量海外转移，2001年中国加入WTO的时候，正处于这个产业转移浪潮的后期。随着中国加入WTO，全球产业分工进一步得到深化，也进一步推动了全球产业资本的跨国流动，中国逐步成为发展中国家中吸引外资流入最多的国家，从而改变了全球外资的流向。"二战"之后相当长的时间内发达国家之间的投资占了全球FDI流入流出的较高比重，但在中国加入世界贸易组织后，发展中国家在吸引外资的流入方面比率不断提升。图2-1显示了中国FDI净流入（流入-流出）占全球比重，总体上我国属于FDI净流入的国家，可以清晰观察到外资流入的高峰，一次是在1992~1998年，另一次是在2001~2014年。1992~2000年外资的流入我们可以视为改革开放初期制度改革的红利，这一时期中国市场化改革迈出了实质性的步伐，外贸体制和财政体制改革完成，香港地区在推动中国外资和技术引进方面表现突出。2001年中国加入WTO后，贸易的不确定性下降带来了直接投资的增加，中国吸引全球资本的优势在2001年之后得到了强化。可以发现，2010年之后中国外资流入体量上和美国出现了明显的趋同，甚至在个别年份超过了美国，但在2010年之前中美在吸引FDI流入方面的差距非常明显，而日本FDI流入和流出大体上相等。

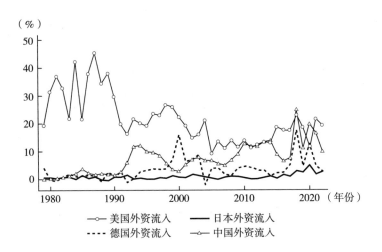

图2-1 中国与其他国家外资净流入全球占比变化（1979~2022年）

二、加入世界贸易组织以来中国外资流入的总体特征

特征一：保持长期持续增长和规模的快速扩大

加入世界贸易组织以来，中国 FDI 流入呈现持续快速增长（见图 2-2），2008 年金融危机以后和 2020 年之后 FDI 流入都呈现较大幅度增长，体现了国际产业资本对于中国经济发展前景的乐观和中国市场规模扩大对于全球产业资本吸引力的提升。从外商投资企业设立的数量而言，加入世界贸易组织以来外资企业的设立数量有两次高峰，一次是在 2004 年左右，一些外资政策的密集出台提高了外资积极性；另一次是在 2018 年左右，2018 年虽然外资企业在设立数量上减少了，但是在 FDI 流入金额上并没有下降，这在一定程度上说明，投资项目的规模得到了实质性提高，这与党的十八大以来坚持高水平对外开放，通过自由贸易试验区先行示范区改革，全面推广"准入前国贸待遇+负面清单"政策，外商直接投资的透明度大幅度提升密切相关。根据世界银行公布的全球营商环境报告，中国的全球营商环境指数得分和排名自 2001 年加入世界贸易组织以来有了大幅度提升。

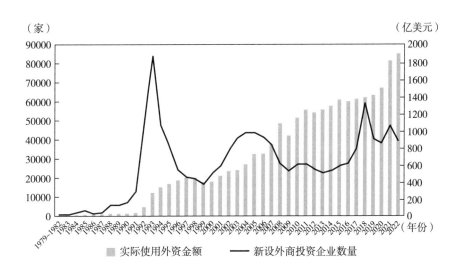

图 2-2 中国吸收外资情况（1979~2022 年）

资料来源：商务部外资统计。

特征二：外资是推动中国对外贸易发展的重要力量

全球贸易体系的融入首先激活了国内的要素市场和产品市场，广阔的国际市场为中国企业的投资和出口提供了巨大动力，要素在出口部门得到有效集聚，大量产品出口解决了外汇储备和技术类产品的进口外汇需求，通过大进（中间品）大出（最终品），以出口拉动国际经济大循环成为加入世界贸易组织以后一个非常重要的特征，中国经济的外贸依存度一直非常高。图 2-3 显示了 2001 年加入世界贸易组织以来中国外贸依存度的剧烈变化，这种变化表明在加入 WTO 以后开始 5 年，无论是中国进口、出口还是进出口的外贸依存度都大幅度上升，这一时期中国的加工贸易比重也非常高。外资企业进口和出口依存度占中国对外贸易的贡献度在 2006 年左右达到最高值 60%，随后逐年下降，到 2022 年，这一比重虽然有大幅度下降，但依然占到了中国对外贸易 1/3 的体量。对比图 2-1 和图 2-3 可以发现，外资企业是解释中国对外贸易依存度的重要决定因素。FDI 的流入不仅改变了中国的贸易规模和产业分布，也影响了中国国内企业的出口竞争力，随着 FDI 大量流入，国内企业也逐步从加工贸易为主转向一般贸易为主，减少了对于国外进口中间品的需求，而提高了对于国内中间品的替代性需求。图 2-4 和图 2-5 表明外资的净流入变化与中国对外贸易变化正相关，说明了外资是推动中国进出口贸易发展的重要力量。

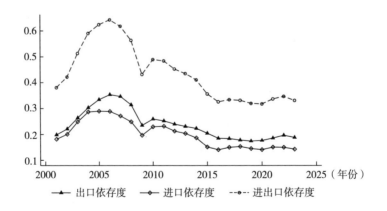

图 2-3 加入 WTO 以来中国贸易依存度（2001～2023 年）

资料来源：海关统计。

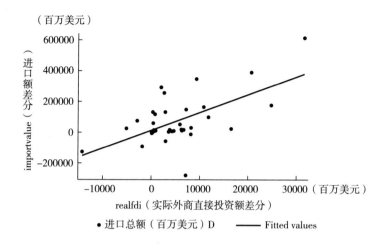

图 2-4　中国 FDI 与进口额（1983~2022 年）

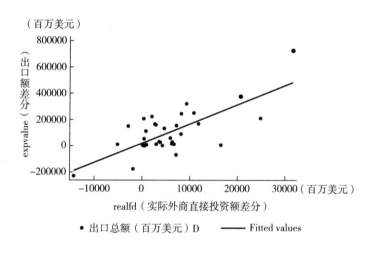

图 2-5　FDI 与中国出口额（1983~2022 年）

特征三：完备的产业供应链成为吸引流入的重要区位优势

随着中国经济发展阶段越过刘易斯拐点后，无论是劳动力价格还是土地价格都呈现快速上升趋势，初期以廉价要素或税收优惠驱动的 FDI 流入，逐步被产业链供应链驱动的 FDI 流入所替代。有意思的是，中国外资流入的增速并没有因为要素成本提高而停止脚步，相反呈现稳固攀升趋势，这说明流入的 FDI 一定是从 TFP 的提升方面来弥补要素价格的提升的，而产业集聚所带来的配套产业链和供应链是其中的决定性因素。

　　而随着中国进入后工业化时期，服务业 GDP 比重不断攀升，FDI 流入生产性服务业的比重也越来越高，未来随着以 AI 广泛应用为标志的工业 4.0 的兴起，中国将同时拥有完备产业链和广阔的 AI 产业应用场景，有利于数据要素形成并作为新质生产力的重要驱动力量。2023 年 3 月，赛莱默中国研发中心、施耐德电气中国自动化研发中心相继启用。2023 年 5 月，大众汽车宣布在合肥设立新能源汽车和智能网联汽车研发、创新与采购中心。2024 年 2 月，西门子与四川省人民政府签署全面战略合作协议，在智能制造、数字经济、绿色低碳、智慧交通等领域开展深度合作。2024 年 3 月，苹果公司宣布在深圳和上海新设应用研究实验室，阿斯利康宣布在无锡新建创新药厂。未来，凭借现代化的基础设施、完备的工业体系、强大的产业配套能力以及巨大的工程师红利，中国市场能够充分满足外资企业从研发到应用的全链条配套诉求，作为全球产业链供应链关键节点的地位只会增强不会削弱。

　　特征四：FDI 产业结构发生了快速变化

　　图 2-6 是改革开放以来我国吸引外商直接投资情况，随着中国人均 GDP 和劳动力价格的上升，以及产业机构的变化，FDI 的形态也发生了结构性变化，早期廉价要素驱动型的垂直型投资逐步被市场驱动型的水平型投资所替代，早期制造业为主的结构也逐步转变为服务业为主的结构，批发和零售业，交通运输、仓储和邮政业，信息传输、计算机服务和软件业，金融业，租赁和商务服务业，科学研究和技术服务业，教育、卫生、社会保障和社会福利业等生产性服务业外资流入大幅度上升。图 2-7 是中国加入世界贸易组织以来的对外投资产业结构的变化，我们可以看到生产性服务业增速很快，在 2015 年超过了制造业外资流入，成为外资直接投资最为活跃的产业。制造业外商直接投资占比最高，2002 年占比达到了近 70%，尽管在 2010 年之前制造业外资实际利用额有所上升，但在实际利用外资中的占比自 2002 年之后一路快速下行，到 2021 年时最低点只有 18.63%，而生产性服务业外商直接投资无论是金额还是占比上都快速增长。

　　这种外资产业结构的变化和中国加入世界贸易组织以来产业结构的变化密切相关，服务业已经反超制造业成为我国 GDP 的最大贡献者，图 2-8 和图 2-9 分别是中国分产业类别外资企业增加值金额和分产业外资企业增加值占 GDP 比重，可以看到外资服务业的增加值及其比重都超过了制造业。

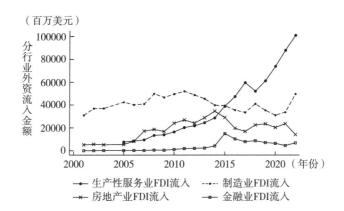

图 2-6　加入 WTO 以来分行业外资流入

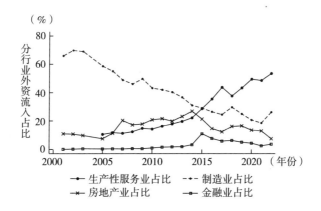

图 2-7　加入 WTO 以来外资流入行业占比

注：图 2-6 和图 2-7 中生产性服务业包括：批发和零售业，交通运输，仓储和邮政业，信息传输、计算机服务和软件业，金融业，租赁和商务服务业，科学研究和技术服务业，教育、卫生、社会保障和社会福利业。[①]

———————————

① 　按照国家生产性服务业统计分类（2019）生产性服务业范围包括：为生产活动提供的研发设计与其他技术服务，货物运输、通用航空生产、仓储和邮政快递服务，信息服务，金融服务，节能与环保服务，生产性租赁服务，商务服务，人力资源管理与职业教育培训服务，批发与贸易经纪代理服务，生产性支持服务。

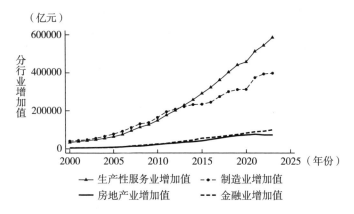

图 2-8　加入 WTO 以来各行业增加值变化

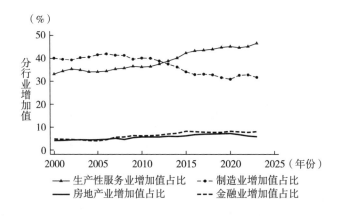

图 2-9　加入 WTO 以来各行业增加值占比

资料来源：国家统计局网站，其中生产性服务业包括：批发零售业，交通运输、仓储和邮政业，金融业和其他行业。

第三节　加入世界贸易组织以来中国 FDI 相关制度改革变迁

　　加入世界贸易组织以来中国的 FDI 相关制度总体上是一个持续进行管制放松的过程，因为对于东道国而言，FDI 相关产业政策涉及产业安全和金融安全两大问题，前者涉及外流入对于本土产业和企业的冲击性负面影响；后者涉及外汇管制维持汇率的稳定。就产业安全问题，东道国主要通过产业引导和股权比例控制等方法和手段，引导外资有序流入，产生良好的上下游产业溢出效应，后者主要是通过外汇审批和管制来完成。相关的管制政策，实际上提高了外资在中国投资的成本，只是中国市场增长潜力抵消了由此带来的压力。为了推进中国高水平对外开放，中国政府持续出台相应的制度，逐步废除上述两个方面的管制，最后落实到负面清单制度；地方政府通过集成式制度创新，不断探索现有国家政策改进空间。以下，我们将简单介绍外资审批权（市场进入）管制、外资股权管制、外资税收制度改革、外汇管制。

一、加入世界贸易组织以来外资政策变化：各类管制放松

（1）外资审批权（市场进入）管制放松，相关文件、时间和涉及的管制放松内容如表 2-1 所示。

表 2-1　外资审批权（市场进入）管制放松

文件	时间	主要内容	涉及的具体内容
《国务院关于取消第一批行政审批项目的决定》国发〔2002〕24 号	2002 年 11 月	增资审查文件的废除	涉及外商直接投资管理的 10 个文件被取消，其中包括：对利用外资项目增资行业审查《指导外商投资方向暂行规定》（国家计委令第 5 号）
《外商投资项目核准暂行管理办法》国家发改委第 22 号令	2004 年 10 月	审批制改为核准制，审批权下放，简化核准程序，降低设立交易成本	1 亿美元及以上的鼓励类、允许类项目和总投资 5000 万美元及以上的限制类项目，由国家发展改革委核准项目申请报告，其中总投资 5 亿美元及以上的鼓励类、允许类项目和总投资 1 亿美元及以上的限制类项目由国家发展改革委对项目申请报告审核后报国务院核准
《国务院关于进一步做好利用外资工作的若干意见》国发〔2010〕9 号	2010 年 4 月	鼓励引资引进形式多样化，核准权下放、提高审批效率	鼓励外资以参股、并购等方式参与国内企业改组改造和兼并重组。支持 A 股上市公司引入境内外战略投资者。规范外资参与境内证券投资和企业并购。《外商投资产业指导目录》中总投资（包括增资）3 亿美元以下的鼓励类、允许类项目，除《政府核准的投资项目目录》规定需由国务院有关部门核准之外，由地方政府有关部门核准调整审批内容，简化审批程序，最大限度缩小审批、核准范围，增强审批透明度。全面清理涉及外商投资的审批事项，缩短审批时间

文件	时间	主要内容	涉及的具体内容
《国家外汇管理局关于外商投资合伙企业外汇管理有关问题的通知》汇发〔2012〕58号	2012年11月	简化外资企业股权转让和再投资手续	外商投资企业股权转让：取消资产变现账户、境外放款专用账户入账核准，由银行根据外汇局相关业务系统登记信息为开户主体办理资金入账手续 外商投资企业再投资：取消外国投资者的资本公积金、盈余公积金、未分配利润等合法所得以及外商投资企业已登记外债（可含利息）转增企业注册资本核准，会计师事务所可根据被投资企业相关外汇登记信息为其办理验资询证手续
《商务部关于涉及外商投资企业股权出资的暂行规定》商务部令2012年第8号	2012年9月	解决以股权对外资企业出资的具体操作问题，股权出资审批权下放、股权出资管制放松、提高投资便利化水平	投资者以股权出资设立及变更外商投资企业，除按照有关外商投资审批管理规定由商务部批准的之外，其余由被投资企业所在省级审批机关负责批准 股权出资人与被投资企业的股东或其他投资者可在股权评估的基础上协商确定股权作价金额、股权出资金额
《外商投资企业设立及变更备案管理暂行办法》商务部令2016年第3号	2016年10月	核准制转变为备案制，降低设立和变更交易成本	在营业执照签发后30日内，通过综合管理系统，在线填报和提交《外商投资企业设立备案申报表》及相关文件，办理设立备案手续 在变更事项发生后30日内通过综合管理系统在线填报和提交《外商投资企业变更备案申报表》及相关文件，办理变更备案手续

（2）外资股权管制放松，相关文件、时间和涉及的管制放松内容如表2-2所示。

表2-2 外资进入中国市场股权管制放松

文件	时间	主要内容	涉及的具体内容
《国务院办公厅转发外经贸部等部门关于当前进一步鼓励外商投资意见的通知》国办发（1999）73号	1999年8月	《外商投资产业指导目录》股权管制放松	对《外商投资产业指导目录》，要根据经济发展状况适时进行调整。为适应进一步扩大对外开放和吸引外资的需要，应适当减少《外商投资产业指导目录》中要求中方控股和不允许外商独资限制项目

续表

文件	时间	主要内容	涉及的具体内容
《关于外商投资企业境内投资的暂行规定》对外贸易经济合作部、国家工商行政管理局 2000 年第 6 号令	2000 年 9 月	允许外资企业对境内企业投资	外商投资企业境内投资比照执行《指导外商投资方向暂行规定》和《外商投资产业指导目录》的规定
《关于向外商转让上市公司国有股和法人股有关问题的通知》证监发〔2002〕83 号	2002 年 11 月	允许外资企业对于上市企业国有股和法人股收购	向外商转让上市公司国有股和法人股，应当符合《外商投资产业指导目录》的要求。凡禁止外商投资的，其国有股和法人股不得向外商转让；必须由中方控股或相对控股的，转让后应保持中方控股或相对控股地位
《关于外国投资者并购境内企业的规定》公布，商务部令 2009 年第 6 号	2006 年 9 月	允许外国投资者并购国内企业	外国投资者在并购后所设外商投资企业注册资本中的出资比例高于 25% 的，该企业享受外商投资企业待遇

图 2-10 历年《外商直接投资产业指导目录》中股权限制项目数和图 2-11 历年《外资产业指导目录》"鼓励"与"限制或禁止"项目数比较，我们发现在加入世界贸易组织以后，中国对外资管制的放松表现为两个方面：一是《指导目录》中股权限制项目数减少，一些产业原先有要求中方控股的，被逐步取消。二是禁止和限制类限制数也呈现下降趋势。

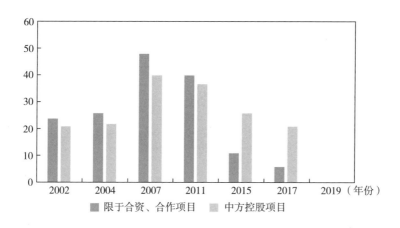

图 2-10 历年《外商直接投资产业指导目录》中股权限制项目数

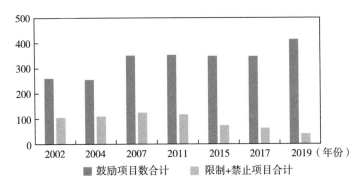

图 2-11　历年《外资产业指导目录》"鼓励"与"限制或禁止"项目数比较

（3）外资税收制度改革。外资税收从税收优惠的超国民待遇逐步向国民待遇化发展，尤其是从 2008 年开始实施了外资与内资的两税合并，有助于国内外企业更加公平的竞争，缓解要素扭曲。另外还涉及外资再投资的税收优惠，如表 2-3 所示。

表 2-3　加入世界贸易组织以来涉及外资企业的税收制度改革

文件	时间	主要内容	涉及的具体内容
国税函〔2005〕989 号文件《国家税务总局关于外国投资者再投资退税有关问题的批复》	2005 年 10 月	进一步明确外国投资者再投资的退税问题	外国投资者计划用外商投资企业的利润进行再投资申请被国家有关部门批准时，该再投资的利润已经实现的，在实际再投资时，无论是一次或分期投资，均可以按照规定给予再投资退税
中华人民共和国企业所得税法	2008 年 1 月	两税合并	1991 年 4 月 9 日第七届全国人民代表大会第四次会议通过的《中华人民共和国外商投资企业和外国企业所得税法》和 1993 年 12 月 13 日国务院发布的《中华人民共和国企业所得税暂行条例》同时废止

（4）外汇管制放松。相关制度改革如表 2-4 所示。

表 2-4　对于外资企业外汇管制的放松

文件	时间	主要内容	涉及的具体内容
《国家外汇管理局关于外商投资合伙企业外汇管理有关问题的通知》汇发〔2012〕58 号	2012 年 12 月	简化外资企业股权转让和再投资手续	外商投资企业股权转让：取消资产变现账户、境外放款专用账户入账核准，由银行根据外汇局相关业务系统登记信息为开户主体办理资金入账手续 外商投资企业再投资：取消外国投资者的资本公积金、盈余公积金、未分配利润等合法所得以及外商投资企业已登记外债（可含利息）转增企业注册资本核准，会计师事务所可根据被投资企业相关外汇登记信息为其办理验资询证手续

续表

文件	时间	主要内容	涉及的具体内容
《国家外汇管理局关于在部分地区开展外商投资企业外汇资本金结汇管理方式改革试点有关问题的通知》汇发〔2014〕36 号	2014 年 7 月	便利外商投资企业以结汇资金开展境内股权投资	除原币划转股权投资款外，允许以投资为主要业务的外商投资企业（包括外商投资性公司、外商投资创业投资企业和外商投资股权投资企业），在其境内所投资项目真实、合规的前提下，按实际投资规模将外汇资本金直接结汇后划入被投资企业账户
《国家外汇管理局关于改革外商投资企业外汇资本金结汇管理方式的通知》汇发〔2015〕19 号	2015 年 4 月	外汇资本金实行意愿结汇、资金、账户管理、境内股权投资	外商投资企业外汇资本金实行意愿结汇、结汇所得人民币资金纳入结汇待支付账户管理、便利外商投资企业以结汇资金开展境内股权投资
《中华人民共和国外资企业法》	2016 年修订	外汇事宜与汇出	第十八条　外资企业的外汇事宜，依照国家外汇管理规定办理。外资企业应当在中国银行或者国家外汇管理机关指定的银行开户 第十九条　外国投资者从外资企业获得的合法利润、其他合法收入和清算后的资金，可以汇往国外。外资企业的外籍职工的工资收入和其他正当收入，依法缴纳个人所得税后，可以汇往国外
《中华人民共和国外商投资法》	2019 年 3 月	投资保护	第二十一条　外国投资者在中国境内的出资、利润、资本收益、资产处置所得、知识产权许可使用费、依法获得的补偿或者赔偿、清算所得等，可以依法以人民币或者外汇自由汇入、汇出
《国家外汇管理局关于优化外汇管理支持涉外业务发展的通知》汇发〔2020〕8 号	2020 年 4 月	内保外贷、境外放款注销登记下放银行等八大措施	优化外汇业务管理：全国推广资本项目收入支付便利化改革、取消特殊退汇业务登记、简化部分资本项目业务登记管理、放宽具有出口背景的国内外汇贷款购汇偿还 完善外汇业务服务：便利外汇业务使用电子单证。优化银行跨境电商外汇结算、放宽业务审核签注手续、支持银行创新金融服务

二、生产服务业外资开放政策变化

生产服务业是对外资开放相对较晚的领域，但随着中国生产服务业竞争力的不断提升和产业升级的需要，生产服务业的对外开放也逐步提上议事日程。2021 年 4 月，中国服务业扩大开放综合试点扩围，试点任务中特别是注重推动服务业与制造业融合，发挥生产性服务业对制造业发展的支撑作用，促进制造业高质量发展。经过一年多的试点，"1+4"服务业扩大开放综合试点示范区建设取得积极成效，在生产性服务业开放创新发展方面形成了一批可复制的经验。2021年12月发布的《自由贸易试验区外商投资准入特别管理措施（负面清单）（2021年版）》进一步扩大了生产性服务领域的开放范围，取消了部分生产性服务行业外资准入限制。例如，在商务服务领域，市场调查领域除广播电视收听、收视调查须由中方控股外，取消外资准入限制。允许外商投资社会调查，但要求中方股比不低于67%，法人代表应当具有中国国籍。在金融领域，降低了外国银行分行吸收人民币存款的业务门槛；在电信领域，将外商投资电信企业定义为"外国投资者依法在中华人民共和国境内设立的经营电信业务的企业"，这意味着外商投资电信企业不仅可以合资经营，就特定电信业务而言，也可以外商独资经营。

在开放政策不断完善的同时，中国的多个政策文件明确鼓励和引导外资投向生产性服务业。《"十四五"利用外资发展规划》指出，支持外商投资企业发展研发设计、金融服务、现代物流、供应链管理、信息服务等生产性服务业。《鼓励外商投资产业目录（2022年版）》在商务服务领域，新增了人力资源服务、语言服务产业等条目，在科学研究和技术服务领域，增加了专业研发设计、环境友好型技术开发及应用等条目。2024年以来，从中央到地方不断出招稳外资、优环境，一系列扩大高水平对外开放的重要举措密集出台，涵盖跨境服务贸易、数据跨境流动、金融开放等多个领域。2024年3月，国务院办公厅发布《扎实推进高水平对外开放更大力度吸引和利用外资行动方案》，将2023年出台的"外资24条"政策措施转变为更大范围、更大力度、更高水平的行动方案。包括"健全外商投资准入前国民待遇加负面清单管理制度，全面取消制造业领域外资准入限制措施，持续推进电信、医疗等领域扩大开放，扩大银行保险领域外资金融机构准入。在保障安全、高效和稳定的前提下，支持符合条件的外资机构依法开展银行卡清算业务。深化商业养老保险、健康保险等行业开放，支持符合条件的境外专业保险机构在境内投资设立或参股保险机构"。2024年新版外资准入负面清单即将出台，特别管理措施项目将在现有31项的基础上进一步缩减，特别是制造业领域外资准入将再无限制。

近年来，中国生产性服务业利用外资规模持续扩大、结构持续优化。利用外资规模从2017年的739.4亿美元增加至2021年的1012.2亿美元，增长36.9%，占中国实际使用外资总额的比重由54.2%提升至55.9%。新设的外资企业数量由2017年的27813家增至2021年的35772家，增长28.6%。其中，2018年达到最高值 48331 家。这表明生产性服务业对外资的吸引力不断增强，已成为中国利用外资的重要领域，为稳外资作出了积极贡献。2017~2021 年，实际使用外资金额年均增速达 45.2%；信息服务业自 2018 年起稳步提升，2021 年同比增长 16.5%；批发与贸易经济代理服务领域呈"U"形变化趋势，在 2019 年实际使用外资降至 68.1 亿美元，2021 年又上升至 116.1 亿美元，与 2017 年相比上升 41.9%。

第四节 加入世界贸易组织以来中国外资管制放松的影响

一、对我国国际营商环境改善的影响

加入世界贸易组织以来，中国对于外商直接投资管制进行一系列的管制放松政策，首先提升了中国的吸引外资的营商环境，根据世界银行国别营商报告（China's Doing Business Success：Drivers of Reforms and Opportunities for the Future），它是以北京和上海两所城市抽样调查为基础计算的。相关指标显示，中国的营商环境总体上得到了较快的改善，国际排名显著提升，从 2006 年的 108 位提高到了 2019 年的 46 位和 2020 年的 31 位。其中排名最高的是合约执行排名全球第 5，其次是电力供应全球排名 12，排名比较靠后的是税收负担全球排名 108。

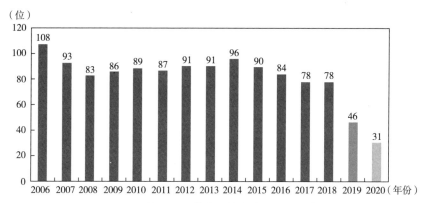

图 2-12 中国国际营商环境全球排名位次变化

资料来源：China's Doing Business Success：Drivers of Reforms and Opportunities for the Future，https：// documents1. worldbank. org.

二、外资股权结构管制放松对中国进出口产品质量的提升

外资股权结构的管制放松对于跨国公司对东道国子公司技术转移、产品质量的提升都会产生促进作用。利用中国工业企业微观数据库，我们对于外资企业的持股比率变化如何影响外资企业的出口产品质量做了计量分析，结果发现在排除加工贸易和港澳台投资以后，外资控股比率提高有助于出口产品质量的提升。

（1）股权类型与出口产品质量的 OLS 估计，考察外资企业控股或独资状态但由于出库产品之类影响。回归方程如下：

$$\ln qty_{it} = \beta_0 + \beta_1 foreign\_controlled_{it} + \beta_1 foreign\_owned_{it} + \beta_3 Controls + \mu_t + \lambda_j + \varepsilon_{it}$$

被解释变量为产品质量，基准组为内资控股的外资企业，$foreign\_controlled$ 是外资控股企业，$foreign\_owned$ 是外商独资企业，控制变量：生产率、资本密集度、企业规模、平均工资、杠杆率、流动性，排除港澳台地区投资和加工贸易企业。回归结果见表 2-5，其中（1）～（6）列基准组为内资控股的三资企业，（7）～（8）列中外资控股企业为基准组。

表 2-5 外资企业的股权类型与产品质量：同时排除加工贸易和港澳台投资

	(1)	(2)	(3)	(4)	(5)	(6)	(7)	(8)
	qty1	qty2	qty3	qty1	qty1	qty1	qty1	qty1
外资控股	0.024*** (0.002)	0.023*** (0.002)	0.022*** (0.002)	0.018*** (0.003)	0.023*** (0.002)	0.017*** (0.003)		
外商独资	0.021*** (0.002)	0.020*** (0.002)	0.018*** (0.002)	0.022*** (0.002)			−0.002 (0.002)	0.005*** (0.002)
生产率				0.014*** (0.001)		0.015*** (0.002)		0.013*** (0.001)
资本密集度				0.004*** (0.001)		0.004*** (0.001)		0.004*** (0.001)
企业规模				0.023*** (0.001)		0.022*** (0.001)		0.025*** (0.001)
平均工资				0.012*** (0.001)		0.009*** (0.002)		0.014*** (0.001)
杠杆率				−0.000 (0.000)		0.001 (0.002)		−0.000 (0.000)

续表

	（1）	（2）	（3）	（4）	（5）	（6）	（7）	（8）
	qty1	qty2	qty3	qty1	qty1	qty1	qty1	qty1
流动性				0.008*** (0.003)		0.018*** (0.005)		0.006*** (0.003)
行业固定	是	是	是	是	是	是	是	是
年份固定	是	是	是	是	是	是	是	是
R^2	0.091	0.163	0.157	0.169	0.106	0.187	0.076	0.158
N	57331	57331	57331	44818	28416	20053	42706	33018

（2）外资股权变动对产品质量的影响。运用 PSM 匹配和 DID 进行回归分析，回归方程如下：

$$\ln qty_{it} = \beta_0 + \beta_1 foreign\_acquire_{it} + \beta_2 Controls + \lambda_j + \delta_r + \mu_t + \varepsilon_{it}$$

$$\ln qty_{it} = \beta_0 + \beta_1 foreign\_emerge_{it} + \beta_2 Controls + \lambda_j + \delta_r + \mu_t + \varepsilon_{it}$$

$$\ln qty_{it} = \beta_0 + \beta_1 foreign\_grouth_{it} + \beta_2 Controls + \lambda_j + \delta_r + \mu_t + \varepsilon_{it}$$

处理效应 1：外资收购（foreign_acquire），根据注册类型代码，回归中的对照组是始终无外资参与的内资企业。回归结果见表 2-6。其中（1）～（3）列中外资收购根据企业注册类型代码的前后变化识别；（4）～（7）列中外资股权"从无到有"的识别根据实收资本中外商资本的比重变化实现。

表 2-6 外资股权结构变化与出口产品质量

	（1）	（2）	（3）	（4）	（5）	（6）	（7）
外资收购	0.016*** (0.004)	0.009** (0.004)					
独资收购			0.011*** (0.004)				
外资股权从无到有				0.015*** (0.003)	0.009*** (0.003)		
外资股权从无到控股						0.012*** (0.003)	
外资股权从无到独资							0.016*** (0.004)
生产率		0.012*** (0.001)	0.012*** (0.001)		0.012*** (0.001)	0.012*** (0.001)	0.012*** (0.001)

	（1）	（2）	（3）	（4）	（5）	（6）	（7）
资本密集度		0.001 （0.001）	0.001* （0.000）		0.001 （0.001）	0.001 （0.001）	0.001 （0.001）
企业规模		0.018*** （0.001）	0.018*** （0.000）		0.018*** （0.001）	0.019*** （0.001）	0.019*** （0.001）
平均工资		0.009*** （0.001）	0.009*** （0.001）		0.009*** （0.001）	0.009*** （0.001）	0.009*** （0.001）
杠杆率		−0.001** （0.000）	−0.001*** （0.000）		−0.000 （0.000）	−0.000 （0.000）	−0.000 （0.000）
流动性		−0.002 （0.002）	−0.002 （0.002）		0.001 （0.002）	−0.000 （0.002）	−0.001 （0.002）
行业效应	是	是	是	是	是	是	是
地区效应	是	是	是	是	是	是	是
年份效应	是	是	是	是	是	是	是
R^2	0.130	0.176	0.176	0.128	0.174	0.175	0.175
N	108202	62426	58998	113073	65170	62917	61450

我们进一步考察根据外资股权占比（外资股权/实收资本）的变化，"从无到有"（foreign_emerge），"从少到多"（foreign_grouth）控股的效应，独资的效应，回归结果见表2-7。其中（1）～（4）列对照组为始终无外资参与的内资企业，（5）～（7）列对照组为外资占比为固定值不变的外资企业。

表2-7　外资股权结构变化与产品质量：外资股权增加

	（1）	（2）	（3）	（4）	（5）	（6）	（7）
外资股权 从少到多	0.018*** （0.001）	0.013*** （0.001）			0.004*** （0.002）		
外资股权 从少到控股			0.012*** （0.002）			0.003*** （0.001）	
外资股权 从少到独资				0.017*** （0.002）			0.006*** （0.002）
生产率		0.015*** （0.001）	0.014*** （0.001）	0.014*** （0.001）	0.018*** （0.001）	0.016*** （0.001）	0.018*** （0.002）

续表

	（1）	（2）	（3）	（4）	（5）	（6）	（7）
资本密集度		0.002*** (0.001)	0.001*** (0.001)	0.001* (0.001)	0.003*** (0.001)	0.002*** (0.001)	0.002** (0.001)
企业规模		0.021*** (0.001)	0.020*** (0.001)	0.020*** (0.001)	0.023*** (0.001)	0.025*** (0.001)	0.025*** (0.001)
平均工资		0.009*** (0.001)	0.009*** (0.001)	0.009*** (0.001)	0.009*** (0.001)	0.010*** (0.001)	0.009*** (0.002)
杠杆率		0.000 (0.000)	−0.000 (0.000)	−0.000 (0.000)	0.000 (0.000)	0.000 (0.000)	0.000 (0.000)
流动性		0.006*** (0.002)	0.004** (0.002)	0.002 (0.002)	0.010*** (0.002)	0.010*** (0.002)	0.003 (0.003)
行业效应	是	是	是	是	是	是	是
地区效应	是	是	是	是	是	是	是
年份效应	是	是	是	是	是	是	是
R^2	0.119	0.181	0.181	0.181	0.178	0.184	0.176
N	179818	106378	79348	77876	53243	25621	24102

基于 OLS、匹配以及 2004 年为政策冲击的两期 DID 研究表明，外资企业股权占比提高与出口产品质量提升有显著的促进作用。外资股权占比对出口产品质量的提升作用主要发生在外资控股和独资收购的情形中。所有权结构对于出口产品质量提升的促进作用具有非均匀性，即当外资股权比例提升跨越 25% 和 50% 门槛值时，促进效应更为显著。外资所有权管制放松背景下，外资股权结构提升对于质量的促进作用主要集中在 50% 和 100% 这些管制较为敏感的股权结构附近。

第五节 对于外资进入促进了中国经济双循环

一、外资促进中国经济双循环的理论

党的十九届五中全会通过的"十四五规划和二〇三五年远景目标的建议"提出要加快构建"以国内大循环为主体、国内国际双循环相互促进的新发展格局",并在随后公布的"十四五"规划中明确了构建"双循环"新格局的具体举措包括"坚持引进来和走出去并重,以高水平 FDI 高效利用全球资源要素和市场空间,完善产业链供应链保障机制,推动产业竞争力提升"。高水平 FDI 是中国经济高质量发展的必然要求,FDI 在整合和利用国内外两种资源和两个市场、稳定国内产业链供应链、优化我国产业结构、调整国内外经济循环模式等方面有独特优势,有助于中国产业链强链补链,缓解"卡脖子"问题和产能过剩问题,打破全球价值链(GVC)低端锁定,推进产业基础高级化。

在传统方面,我国"由外促内""大进大出"的低水平经济循环形态,实质上是一种产能与本国消费不匹配的"失衡型"循环模式,生产与消费跨国分离造成外需依赖过大、贸易失衡和摩擦加剧、资源环境压力增大等问题。从以往经验来看,数量扩张型低水平外资流入(FDI),以及海外市场和资源寻求为主的对外直接投资(OFDI)实际上"锁定"和强化了上述经济发展的非平衡性,形成开放模式的路径依赖。这种失衡型经济循环模式是我国融入世界经济初期,国内资金不足、技术相对落后和内需市场狭隘的必然产物,但这一循环模式并不符合新时期大国经济长期发展利益。而以制度型开放促进高水平 FDI,有助于形成具有更强创新力、更高附加值、更安全可靠的产业链,也是"解锁"失衡型循环模式,助力构建"双循环"新格局重要措施。具体包括:

(1)FDI 对国内外要素市场整合的促进机制。FDI 企业技术和区位选择对于地区劳动力流动和高端要素集聚,以及对跨地区劳动力市场一体化的促进作用;基于产业组织理论,通过外资且投资规模选择对于上下游和水平企业的投资溢出,以及对跨地区资本市场一体化的促进机制;FDI 企业通过研发和创新,进行技术选择对于本土企业研发创新激励,以及对跨地区技术和知识产权交易市场一体化的促进机制。

(2)FDI 对国内外产品市场整合的促进机制。就互补效应的视角,FDI 企业利用进口和本地互补型中间品,有助于提升最终品销售和出口竞争力;FDI 企业最终品的出口对于东道国及母国企业销售和出口的影响,而 FDI 市场进入方式选择又对于国内消费和社会福利产生的影响。

(3)FDI 对国内外价值链整合的促进机制。生产性服务业和制造业存在很强的产业链耦合特性,生产服务业 FDI 对于我国制造业企业生产效率和国际竞争力提升的促进机制;从国内外价值链整合视角,通过进一步开放金融等服务业市场,FDI 利用东道国价值链供应链优势强化其全球竞争力的"强链"与"补链"

作用机制；同时也从 GVC 重构的视角，FDI 对于前后向和水平向企业 GVC 地位提升的促进机制。

（4）在制度和产业政策层面的保障。在制度层面，需要通过制度型开发，进一步扩大开放领域，降低市场进入壁垒，与国际高水平经贸规则进一步接轨，提升国际营商环境改善。在产业政策方面，落实负面清单制度，不断缩减负面清单，实现制造业完全开放，基于我国要素禀赋结构变迁特征，通过研发创新推动传统产业技术迭代升级和新兴产业发展，供给侧改革扩大内需。

二、外资促进中国经济双循环的证据

我们基于 2002~2013 年中国海关数据库（以下简称海关库）与中国工业企业数据库（以下简称工企库）进行匹配。其中 2010 年由于缺失大部分关键变量，予以剔除。参照聂辉华等（2012）的方法对工企库数据进行了异常值的剔除，并对行业代码进行了统一化处理（王贵东，2017），对行业代码统一调整至 GB/T4754-2002 与 GB/T4754-2017 版本。最终获得 36543 个企业非平衡面板样本，并得到以下特征事实：

特征事实 1：相对于其他类型企业，外资企业出口强度下降趋势尤为显著。本书使用企业出口额占其总销售额比重来衡量企业出口强度，图 2-13 是内资企业、港澳台投资企业与外资企业这三类企业简单平均出口强度的变化趋势。可以发现外资企业和港澳台投资企业加权平均出口强度都在 2007 年左右呈现显著的下降趋势，其中外资企业加权平均出口强度从 2007 年的 52% 降低至 2013 年的 30%，这和其他两类企业形成鲜明对照，而内资企业的出口强度变化则不是很明显。可见，总体而言中国企业 2002~2013 年样本期内出口强度的减弱主要体现在外资企业出口强度减弱。

特征事实 2：对外资企业而言，来自国内需求增加快于国外需求，外资企业出口强度和国内需求之间呈现显著的负相关关系。图 2-14 上表明，国外需求在 2007 后由于金融危机增速明显放缓，而国内下游行业需求的增速快于国外需求；图 2-14 下是平均企业出口强度与国内下游行业需求之间的散点关系与拟合线，两者呈现负相关关系[1]，说明国内下游行业需求的增长很可能是导致外资中间品企业出口强度下降的原因。

---

[1] 根据数值大小将国内下游行业需求划分成 50 个等分区间。

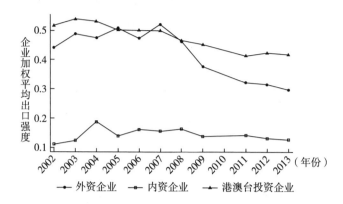

图 2-13　不同类型企业加权平均出口强度变化趋势

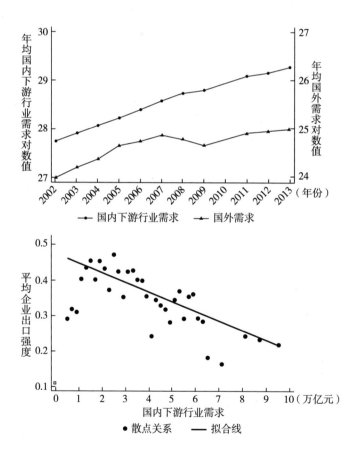

图 2-14　国内下游行业需求与国外需求变化趋势、

企业出口强度与国内下游行业需求关系的分仓散点图

特征事实 3：外资企业与港澳台投资企业主要集中分布在中间品行业。根据 BEC Rev. 5 行业分类标准①我们把企业归为中间品、投资品与最终品行业。图 2-15 的上图是各类企业数量占比，下图是各类企业销售占比，我们发现无论是外资企业还是港澳台投资企业，中间品行业企业数量（或销售额）占比都要显著高于最终品行业企业占比，而且中间品行业企业占比在不断上升，而最终品行业企业占比不断下降，两者的差异呈现扩大化的趋势。因此，从中间品行业角度切入，研究国内下游行业需求对企业出口强度的影响具有典型意义。

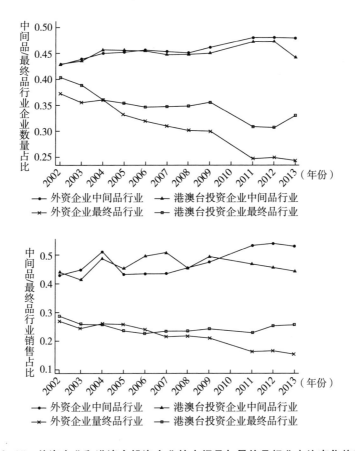

图 2-15　外资企业和港澳台投资企业的中间品与最终品行业占比变化趋势

---

① 按照 BEC Rev. 5 行业分类标准，本书将针织及钩针编织物的制造、电子元件和电子板的生产、汽车及其发动机零附件制造等 57 个 ISIC Rev. 4 四位码层面的行业归为中间品行业；将服装制造、通信设备制造、家用电器制造、家具制造等 34 个行业归为最终品行业。

由上述数据分析可以发现从 2006 年之后，不仅是中国出口中外资企业出口占比减少了，而且外资企业的出口强度呈现显著的下降趋势，一种解释是在初期外资加工贸易发达，即外资多为垂直型投资，以攫取中国廉价劳动力要素为目的，而随着中国市场的扩展，我们发现外资企业越来越多地为下游产业提供中间产品，这就使得外资企业在中国的国内销售比不断上升，出口比例持续下降。这一方面说明外资企业的市场进入模式发生了重大变化，它从加工贸易为导向的投资转向以我国市场为导向的投资，而且主要不是最终品消费市场为导向，而是中间产品需求为导向的投资。另一方面也说明我国吸引外资的区位优势正在发生剧烈的变化，原先以廉价要素区位优势为驱动的投资，逐步被供应链区位优势为驱动的投资。

随着外商直接投资的这种市场进入模式和区位优势的变化，使外资深度嵌入到我国企业参与全球化分工的活动中，并进一步强化了我国企业的产品质量和国际竞争力。已有的研究表明，进口中间品使用有助于我国企业出口产品质量的提升，类似的外资企业在国内的销售实际上提升了我国下游最终品生产企业的产品生产质量，外商直接投资成为我国参与全球分工的重要环节。从这个意义上讲，我国外资政策的完善不仅有助于吸引外资企业投资，更重要的是能够利用这些外资企业的产品和技术，强化我国企业全球价值链的构建，推动了我国经济外循环可持续发展。

第六节　本章小结

本章首先对于中国加入 WTO 以来，全球和中国 FDI 流动的主要特征及其影响，在此基础上，梳理我国对 FDI 流入管制放松的政策变化，以及这些变化的影响。总体上随着中国产业升级的需求和高水平对外开放的需要，中国的外资政策按照与国际接轨的逻辑从外汇管制放松、内外资税收合并、产业市场准入负面清单不同维度进行了持续性改革，目前通过国内自由贸易试验区的集成式制度创新，正在对标 CPTPP 高水平国际经贸规则，进行国内管理制度、规则、制度的改革创新，朝着更加透明、公平、管制放松、更有力的知识产权保护的方向发展，将吸引到全球优秀资本，促进我国全球产业链地位的巩固和提升，最终必然实现更高水平的对外开放，这是国内外双循环新格局构建的要求，也是中国式现代化建设的要求。

第三章

FDI 促进政策及经济福利分析

——基于制度竞争的视角

对于很多国家而言，它们把 FDI 促进政策作为推动国家经济增长的重要手段。FDI 进入能够促进就业，产生技术溢出，推动东道国的经济增长。因此，很多国家通过投资优惠政策，甚至是贸易壁垒政策"倒逼"外资企业前来本国投资。不过，FDI 也有一定竞争性，它不仅提升产品市场的竞争性，也提升生产要素的竞争性，进而影响东道国的生产要素价格以及经济福利。本章的数理模型分析表明，在一定的条件下，FDI 促进政策并不总是提升东道国的经济福利，FDI 促进政策的有效性依赖于两国的生产条件、外部市场环境以及两国的政策与制度条件。当外国企业与东道国企业的生产率相同，东道国的 FDI 补贴政策将导致东道国的竞争性生产要素的价格上升，削弱东道国本土企业的竞争力。不过，如果东道国政府以提升该国总产量为目标，并且当外国企业的生产率高于东道国企业的生产率时，或者 FDI 进入对东道国企业产生技术溢出效应时，FDI 促进政策能够提升东道国企业的均衡产出和该国总产量，也能提升其经济福利。本章建议FDI 促进政策应该更多聚焦于先进技术产业以及能够产生较高技术溢出效应的产业，它们能提升东道国的经济福利。东道国应该改进其营商环境，减少 FDI 进入的经济摩擦成本，提升 FDI 进入的吸引力。东道国还应增加优质生产要素的供给，它提升 FDI 进入的吸引力。

第一节　FDI促进政策

FDI促进政策是指东道国政府制定的吸引外国企业前来开展直接投资的一系列政策，它包括外资税收优惠政策、投资补贴政策以及投资便利化与投资保护政策等，这些政策减少了外资企业进入东道国的限制与成本，提升了其投资收益，因而能够吸引外资企业进入东道国市场。20世纪"二战"以后的第三次工业革命推动技术变革和产品创新的同时，也对于企业生产组织行为产生了根本性影响。贸易自由化不仅有助于企业的产品规模化生产并提升效率，也推动跨国公司的对外投资和生产全球化，全球产品市场和要素市场得到了空前的优化匹配。发展中国家由于劳动力成本相对较低，使它们成为外资的涌入地。不同产业的产品生产复杂程度有巨大差异，因此不同的外资产业区位选择往往对于东道国制度环境有不同的要求。

FDI促进政策是推动东道国经济发展的重要政策。一个典型案例是马来西亚。早在20世纪70年代初，马来西亚政府为了吸引外资企业进入推动其经济发展，它于1970年在槟城设立了马来西亚第一个保税区，优惠政策和廉价劳动力吸引了大量外国企业前来投资。美国英特尔公司于1972年在槟城开设子公司，设立芯片组装工厂。英特尔公司在马来西亚的生产投资，节约了其生产成本，提升了竞争力。截至2022年，英特尔公司在槟城拥有10座现代化组装厂，雇用了近9000名本地员工，生产了40多亿颗微芯片[1]。在英特尔公司带动下，包括美国超微半导体公司、美国国家半导体公司、惠普公司、戴尔公司、英飞凌公司、意法半导体公司、欧司朗公司、日立公司等全球知名电子公司陆续到此设厂。经过50多年的发展，槟城已成为马来西亚电子产业主要聚集地，在全球电子产业中也拥有一席之地，被誉为"东方硅谷"。马来西亚在全球芯片测试和封装领域占据13%的市场份额，槟城半导体销售额占全球半导体销售额的5%。马来西亚出口总额的38%由电子电气产业贡献，其中约60%的出口总额来自槟城。外贸盈余的78%来自电子电气行业，槟城贡献其中70%。马来西亚2021年81%的FDI

---

[1]　毛鹏飞. 东方硅谷变形记 [J]. 环球，2022 (14).

源于电子电气领域，其中 50% 投资落在槟城①。

　　另一个典型案例是北非国家摩洛哥。2003 年，摩洛哥仅有一家汽车制造企业——摩洛哥汽车制造公司（SOMACA），它由法国雷诺集团和菲亚特集团控股，从事廉价品牌（Dacia Logan）汽车生产，年产量 3 万辆，其中一半产量出口到欧元区和中东地区。为了促进外国企业投资，带动摩洛哥工业化发展，摩洛哥政府出台了一系列的投资促进政策。它与欧盟（2000 年签订）、阿拉伯国家（2004 年签订）、美国（2006 年生效）和土耳其（2006 年签订）均签署有自由贸易协定，摩洛哥汽车行业的产品可以免关税出口到上述国家②。除了自由贸易优惠，摩洛哥政府还为外国企业投资提供财政补贴。例如，摩洛哥政府对在摩洛哥投资的汽车零配件厂商给予补贴，涉及线缆、汽车内饰、金属冲压和蓄电池四大领域、11 个细分行业的企业，在这 11 个行业中投资的第 1~3 家企业可获得最高投资额 30% 的补贴。另外，还有来自哈桑二世基金、工业和投资发展基金等对土地成本、新购设备成本、基础设施、职业培训等方面的投资补贴③。2023 年摩洛哥的《新投资法案》生效，并提出四大投资支持措施，包含一个通用主要措施和三个专项支持措施（战略投资项目、企业国际化项目、中小微企业专项支持项目），为达到一定标准的投资项目提供补贴。法案实施 1 年后，摩洛哥吸引了总额 150 亿美元的投资项目，获批的投资项目获得约 2 亿美元的补贴。根据摩洛哥工业与贸易部统计，截至 2023 年底，摩洛哥境内有 150 个工业园区，它们有力地促进了摩洛哥的工业发展。这些工业园区中有 12 个工业加速区（自由贸易试验区），分布在 6 个大区，面积 1800 多公顷，主要产业为汽车、航空、新能源、电子和纺织服装制造。自由贸易试验区的企业除享受国家层面（《新投资法案》）政策补贴之外，还可以享受自由贸易试验区的免关税、增值税减免和外汇进出不受管制等优惠政策。免税区内生产的最终产品中的 85% 必须出口，其他15% 可在完税后在摩洛哥国内市场销售。目前，摩洛哥已成为全球投资者的首选目的地，它拥有非洲最大的汽车产业，拥有超过 250 家公司生产车辆或车辆零部件，汽车工业占国内生产总值的 22%。2023 年，摩洛哥的汽车出口额约为

　　① 中华人民共和国驻槟城领事馆，槟城州经济及产业发展情况，2023 年 6 月 29 日。http：//penang. china-consulate. gov. cn/chn/lqfq/202110/t20211008_9583997. htm。

　　② 中国驻摩洛哥使馆经商处，摩洛哥和欧盟、美国、土耳其和阿拉伯国家签署自由贸易区协定情况，2011 年 9 月 9 日。http：//ma. mofcom. gov. cn/article/ztdy/201109/20110907735567. shtml。

　　③ 中国驻摩洛哥使馆经商处，摩洛哥汽车产业概述，2016 年 1 月 18 日。http：//ma. mofcom. gov. cn/article/ztdy/201601/20160101237004. shtml。

137 亿美元，年增长率为 30.2%，汽车产量为 70 万辆。

很多发展中大国也重视 FDI 引进，寄希望其促进国内经济发展。改革开放 40 多年，中国政府一直致力于通过法制化建设和规范化服务管理，提升中国的全球营商环境，先后制定了一系列法律法规促进外国企业在中国的发展。从最早的《中外合资经营企业法》（1979 年颁布）、《外资企业法》（1986 年颁布）和《中外合作经营企业法》（1988 年颁布）（以下简称"外资三法"）到新近的《外商投资法》（2020 年颁布），这些法律为外商企业在中国发展创造了良好的法治环境，对推动改革开放伟大历史进程发挥了重要作用。2001 年中国加入世界贸易组织，贸易壁垒进一步降低，促进了大量外国企业投资中国，从事加工贸易，开发利用中国廉价的劳动力资源。2020 年 1 月"外资三法"废止，中国开始实施《外商投资法》，其中第二章为"投资促进"，有 11 条明确规定为外国投资者和外商投资企业提供服务和便利。第三章为"投资保护"，第四章为"投资管理"，明确了外商投资准入负面清单管理制度，进一步优化了外商投资中国的便利性。

近期，国务院发布《关于进一步优化外商投资环境，加大吸引外商投资力度的意见》（国发〔2023〕11 号）、国家外汇管理局发布《关于进一步深化改革，促进跨境贸易投资便利化的通知》（汇发〔2023〕28 号）、商务部等十部门联合印发《关于进一步支持境外机构投资境内科技型企业的若干政策措施》（商财发〔2024〕59 号）等，这些政策文件表明中国始终重视外资引进，不断提升外商投资与经营环境，加大力度吸引外商投资。

近年来，美国等发达国家也出台相应的投资促进政策，尤其是在新能源等高科技产业领域有相应的投资促进政策，通过提供大量补贴吸引外国投资项目，美国分别在 2010 年、2014 年通过《美国制造业促进法案》《振兴美国制造业和创新法案》，降低企业进口关税成本来提升企业竞争力；在 2017 年政府签署《税收减免与就业法案》，该法案是自 1986 年以来美国最大规模的税收改革，将最高税率为 35% 的企业所得税累进制度改为 21% 的单一税制，通过降低企业税负来促进国内投资和吸引外资。美国政府先后在 2021 年 11 月、2022 年 8 月签署《基础设施投资与就业法案》《芯片与科学法案》《通胀削减法案》等，提供约 2800 亿美元的补贴支持芯片产业发展，其中 527 亿美元的资金补贴芯片产业，以吸引各国芯片产业转移到美国；并在 10 年内提供约 7390 亿美元资金补贴和税收优惠，其中 3690 亿美元补贴支持电动汽车、关键矿物、清洁能源及发电设施的生产和投资，其中多达 9 项税收优惠是以在美国本土或北美地区生产和销售作为前提条件。

当前，全球很多国家与地区提出了 FDI 促进政策，形成了一定的制度竞争。那么，它衍生出一系列疑问。FDI 促进政策的目标是什么？在什么条件下，FDI 促进政策是有效的，或是无效的？什么类型的 FDI 促进政策是有效的？现有的 FDI 促进政策至少可以划分为两类：一类政策是以投资自由便利化为主的外资促进政策。这一类政策是当前中国大力推行的政策，它为外资创建宽松友好的投资环境，降低投资壁垒，减少投资中的交易成本。另一类政策则是一些发展中国家和发达国家采用的投资补贴促进政策。发展中国家的投资补贴促进政策是通过吸引外资来带动本国工业化发展，促进其参与到全球产业链供应链和价值链中，实现共同发展。而美国的投资补贴政策目标则是以打造"小院高墙"为主，在全球前沿产业竞争中占据有利位置，它与战略性贸易政策类似。不同类型的 FDI 促进政策产生的经济效应不一样。有的 FDI 促进政策能够促进全球资源的合理配置，减少经济摩擦；有的 FDI 促进政策导致竞争性生产要素的价格上升，并不能完全提升东道国的经济福利；有的 FDI 促进政策能够吸引优质企业、推动东道国资源流向高附加值产业，推动产业升级；有的 FDI 促进政策则能推动东道国在全球前沿性产业中的发展。FDI 促进政策的经济效应与东道国的生产资源开发利用状况、产业关联带动性、产业发展的溢出效应以及动态发展效应等有关。当前美国采用的 FDI 促进政策是战略性产业竞争政策，希望其在全球前沿产业发展中占据有利位置，促进高额利润向其转移。

第二节　相关理论研究

关于 FDI 促进政策的经济效应研究有很多，尤其是计量实证分析方面。不过，从全球寡头竞争视角来研究 FDI 促进政策的经济效应研究并不多。这一方面的研究要追溯到战略性贸易政策的研究。20 世纪 80 年代，日美之间爆发贸易摩擦，学者们开始探讨贸易政策在贸易增长与经济增长中的作用，并指出在不完全竞争市场中，战略性贸易政策是能够发挥一定效果。例如，Brander 和 Spencer（1984）通过对寡头市场的竞争分析，指出政府可以对某些产业给予扶持，特别是那些具有比较优势且在国际市场占据较大市场份额但也面临激烈竞争的产业，应该给予它们研发支持、出口信贷支持等，因为它们能够为本国带来更多经济福利。Dixit 和 Gross-man（1986）也分析了出口促进政策在寡头竞争市场结构中的福利效应，他们指出相对于自由贸易，出口补贴政策在生产要素供给缺乏弹性条件下并不能改善一国的经济福利，因为它导致该国的那些非补贴产业受损。学者们对于战略性贸易政策的有效性是有争议的，大多数学者认为它只在市场不完全时才有效。

Glass 和 Saggi（1999）研究了寡头竞争市场结构下东道国的 FDI 补贴政策的影响效应，他们发现，在劳动要素有限的条件下，FDI 促进政策会导致劳动要素需求提升，FDI 会提升东道国的工资水平，而降低母国的工资水平，同时它提升母国跨国公司的利润水平，而导致东道国企业的利润下降。在 FDI 的交叉所有权条件下，企业数量以及相对的劳动要素供给决定 FDI 的福利效应。利润与工资之间的取舍决定最优的 FDI 促进政策（补贴政策）。

Hanson（2001）从外国资本与东道国资本的国际移动性考察 FDI 政策的有效性，FDI 政策工具包括税收政策与补贴政策，他认为如果外国资本的流动性更高，那么就应该采用低的税收政策，因为高的税收政策阻碍了 FDI 进入。另外，如果跨国公司所密集使用的生产要素供给是富有弹性的，那么跨国公司的进入将提升东道国的经济福利。它确保了 FDI 补贴政策对国内企业产生的影响效应是很小的。

陈林和罗莉娅（2014）的研究表明，设置一定程度的外资准入壁垒是以社会福利最大化为目标的发展中国家政府的理性选择。放松外资准入壁垒，建立并推广自由贸易区，会带来企业向消费者的转移支付、扩大内需、价格平抑以及国产化等积极的政策效应。上海自由贸易区以负面清单模式保留少部分产业的准入规制措施，这种渐进改革具有较强的合理性。

李磊、刘斌和王小霞（2017）利用 2000~2013 年包含中国企业的全球价值链参与和企业详细信息的微观数据集进行实证分析，发现外资的水平溢出正向影响了中国企业的全球价值链参与。外资企业的技术溢出与港澳台企业的技术溢出对内资企业全球价值链参与的影响存在差异。外商投资对内资企业全球价值链参与的促进作用还受到外资的本地化生产程度、内资企业与外资企业的技术距离以及利用外资政策的影响。

陈强远等（2017）从企业生存和产业安全的双重视角实证检验了 FDI 进入对东道国的影响和作用机制。他们利用国家工商企业登记注册数据测度企业生存率，研究发现 FDI 通过激励东道国企业新设和减少现存企业死亡率，显著提高了东道国企业生存率；FDI 在布局供应链时偏好本土民营企业，导致民营企业获得的生存促进效应更明显；外资进入通过效率和竞争机制促进了东道国企业生存率的提高；在受外资市场准入政策干预较少的行业，FDI 对东道国企业的生存促进效应更明显。从技术获得性、技术可控性和供应链安全的视角来看，FDI 在较大程度上提升了东道国产业安全水平。

刘建丽（2019）的研究显示，新中国利用外资 70 年，外资通过补缺与启动效应、增长拉动效应、竞争效应、技术溢出效应等机制对中国经济发展产生积极影响。当前，在中国加快构建形成开放型经济新体制的背景下，各级政府需针对利用外资存在的问题进行政策引导和制度创新，切实提升全方位利用外资的水平和质量，实现外资与中国本土经济成分的互融共生。

田素华、王璇和李筱妍（2020）研究了从 1995 年中国首次发布《外商投资产业指导目录》至 2019 年发布《外商投资法》等一系列政策文件，阐释了中国利用外资行业政策从正面清单到负面清单的转变。实证研究发现，行业鼓励政策能显著促进被鼓励行业的外商投资企业增加资本金，被鼓励行业中的外商投资企业的资本金投入比未被鼓励行业的外商投资企业高出 17.1%。

什么条件下的 FDI 促进政策最有效？很多研究表明 FDI 促进政策对东道国经济发展具有正向经济效应。这些研究也表明，FDI 促进政策的经济福利效应还取决于产业特性、市场结构、利益分配方式以及生产要素供给条件等。这些分析具有重要的启示意义。例如，当发展中国家的劳动要素充沛且廉价时，FDI 进入会推动就业结构的转变，劳动者从机会成本较高的农业生产转移到工业生产中，带动了东道国的经济发展。在这些国家，劳动要素开发利用的竞争效应较弱，FDI 进入促进了产业升级，带来更高的生产水平。另外，在全球前沿性产业发展中 FDI 促进政策也是有效的，因为它有助于东道国在这些前沿性产业发展中占据有利位置，并在未来的市场竞争中获利。另外，如果 FDI 具有广泛的技术溢出效应，那么 FDI 促进政策是有效的。本章从寡头竞争的一般均衡角度分析 FDI 促进政策的经济效应，尤其是关注生产要素供给条件对 FDI 促进政策的经济效应的影响。

第三节　模　型

本章对 Glass 和 Saggi（1999）的寡头市场竞争模型改进：一是考虑了母国与

东道国的企业生产率异质性（或存在差异）时的引资政策一般均衡分析；二是考虑了母国企业对东道国企业存在技术溢出时的引资政策的一般均衡分析。另外，还考察了母国与东道国的比较优势或生产要素供给差异对 FDI 促进政策的经济福利效应的影响，分析最优的 FDI 促进政策问题。

一、基本框架

假定全球经济中有两个国家，即母国与东道国。每个国家有 n 个产业，j 产业是其中一个产业。假定 j 产业投入 1 单位劳动，就能生产 1 单位的产出，且生产投入只有劳动投入。这里对生产函数做了简约假定。

进一步假定 y_j 为母国（FDI 来源国）的 j 产业的单个企业（跨国公司）的产出。母国的 j 产业有 m 个相同的企业。在东道国的 j 产业有 M 个相同的企业，每个企业的产出为 Y_j。

因此，j 产业的全球总产出为：

$$Q_j = my_j + MY_j$$

假定全球市场需求为：

$$P_j = p_j(Q_j)$$

且有 $p'_j(Q_j) < 0$，$p''_j(Q_j) < 0$。

每一个企业决定其产品是在国内生产还是在国外生产。假定相对于东道国，企业在母国生产更具优势（绝对比较优势），其生产成本更低。不过，为了吸引外资前往东道国开展生产，东道国政府对外资的每单位产出提供的 σ_j 补贴。$\sigma_j > 0$ 意味着生产补贴，$\sigma_j < 0$ 则意味着生产征税。

假定母国的企业（跨国公司）有 α_j 比例的产品在东道国生产，这也意味着 FDI 进入。另外，假定母国的劳动工资为 z，东道国的劳动工资为 Z，两者都是可变的。本书假定没有生产的固定成本投入，对于跨国公司而言，生产的边际成本为：

$$(Z - \sigma_j)\alpha_j + z(1 - \alpha_j) = c_j$$

很显然，如果有 $z > Z - \sigma_j$，则全部生产会在东道国进行，如果 $z < Z - \sigma_j$，则全部生产会在母国进行。因而，在生产均衡状态应该有：

$$z = Z - \sigma_j$$

对于两个国家而言，劳动工资是可变的，尤其是在生产资源处于竞争状态下。如果生产资源处于非竞争状态，或者低效使用状态，那么经济发展的过程有所不同。例如，在著名经济学家阿瑟·刘易斯所论述的二元经济中，发展中国家的传统部门的边际生产率几乎等于零，这表明其存在劳动力无限供给情形（Lewis，1954）。在二元经济结构中，发展中国家的劳动工资会很低，自然会吸引外国企业前来投资，推动经济发展，也无须为 FDI 提供补贴。但是，在现实经济中，由于国际生产资本的稀缺性、不同发展中国家之间的劳动资源竞争性以及东道国的生产配套设施不足等问题使得其需要提供额外投资补贴，才能吸引 FDI。

对于每个企业而言，它选择最优产量以实现利润最大化。对于跨国公司而言，有：

$$\pi_j = (p_j - c_j) \, y_j$$

对于东道国的企业而言，它的利润最大化为：

$$\prod_j = (p_j - Z) Y_j$$

同时，还有一阶条件 $z = Z - \sigma_j$。因而，求得：

$$\frac{\partial \pi_j}{\partial y_j} = p_j - c_j + p'_j y_j = p_j - z + p'_j y_j m = 0 \tag{3-1}$$

$$\frac{\partial \prod_j}{\partial Y_j} = p_j - Z + p'_j Y_j M = 0 \tag{3-2}$$

为了简化分析，假定不存在产业异质性。在母国，每个产业的劳动供需为：

$$(1-\alpha) \, my = k$$

在东道国，每个产业的劳动供需为：

$$amy + MY = K$$

因而有：

$$Q = my + MY = k + K \tag{3-3}$$

每一个产业的产出与其劳动供给数量相等。在东道国，既有本国企业，也有外国企业，因而，其对劳动的需求规模较大。值得注意的是，此时全球总产出是给定的，由母国和东道国的劳动生产资源总量决定。

二、一般均衡分析

现在求竞争均衡解，它包括每个企业的产出、两个国家的工资水平以及跨国公司最优的 FDI 投入，即最优的跨国生产量。假定 $f = \dfrac{m}{M}$，$r = \dfrac{k}{K}$，同时，$\psi = -p'$。

由式（3-1）和式（3-2）得到：

$$my = MY + \frac{\sigma}{\psi}$$

代入式（3-3），可以求得：

$$Y^* = \frac{(r+1)\ \psi K - \sigma}{2\psi M}$$

进一步求得：

$$y^* = \frac{(r+1)\ \psi K + \sigma}{2\psi m}$$

$$\alpha^* = \frac{\psi K\ (1-r)\ + \sigma}{\sigma + \psi K\ (r+1)}$$

进一步代入公式，并假定所有产业相同，即 $p = p_j$。价格是一个定值，因为两国的总产出等于 $Q = my + MY = k + K$，它是给定的，因而价格 $p = p_j$ 也给定。可以求得两国的均衡工资：

$$z^* = \frac{2p - (r+1)\ \psi K - \sigma}{2}$$

$$Z^* = \frac{2p - (r+1)\ \psi K + \sigma}{2}$$

由上述均衡等式可以发现，东道国的 FDI 补贴政策将引致本国企业的产出下降，而外资企业的产出增加，补贴还将提升外资企业在东道国的生产比例 α。同时，补贴政策也对两国的劳动工资产生影响，它导致母国的劳动工资下降，东道国的劳动工资上涨。

三、FDI 促进政策的影响效应

由上述公式还可以发现，如果东道国政府不提供 FDI 补贴政策，但是由于母国与东道国之间的生产成本差异（工资差异），也会导致跨国生产活动。例如，当 $\sigma = 0$，$\alpha^* = \frac{(1-r)}{(r+1)}$

如果 $1 > r$，则有 $\alpha^* > 0$。它表明，只要东道国的劳动要素数量规模大于母国的劳动要素数量规模，那么就会有跨国生产活动发生。因为生产要素数量规模越大，其具有生产竞争力，吸引外国投资。

可知，如果 $\sigma > 0$，即东道国的生产补贴将吸引外国投资，FDI 流入增多。并且有：

$$MY^* = \frac{k+K}{2} - \frac{\sigma}{2\psi}$$

$$my^* = \frac{k+K}{2} + \frac{\sigma}{2\psi}$$

因此，有定理 1：

定理 1：在没有投资壁垒以及两国市场统一时，母国企业与东道国企业的生产规模差异与东道国政府提供的投资补贴有关，投资补贴将进一步提升跨国公司的总产出。

另外，当 $\sigma > 0$，即东道国政府为外资提供生产补贴，将导致母国的劳动工资水平下降，而东道国的劳动工资水平提升。其原因在于母国更多的生产转移到东道国，导致东道国的劳动工资水平上升，而东道国本土企业的生产下降。与此相反，母国的劳动工资水平会下降，由于跨国生产活动的转移，母国的劳动需求下降，其劳动工资也会下降。因此，有定理 2：

定理 2：东道国的 FDI 补贴政策将吸引更多的 FDI 流入，并导致母国的工资水平下降，而东道国的工资水平上升，同时跨国公司的产出增加，而东道国企业的产出下降。

四、最优的 FDI 促进政策

对于东道国而言，它追求一国经济福利最大化，因而需要优化 FDI 促进政策。东道国的经济福利为：

$$W = M\prod + ZK$$

其中，$\prod$ 为东道国企业的利润，它没有考虑那些在东道国的外资企业利润。另外，东道国为了吸引 FDI 而提供了补贴，因此东道国的净福利为：

$$\tilde{W} = M\prod + ZK - S$$

其中，$S = \sigma\alpha my$ 为东道国的补贴投入。为了最大化东道国的经济福利，因此有：

$$\frac{\partial \tilde{W}}{\partial \tilde{\sigma}} = -\frac{\psi K + \tilde{\sigma}}{2\psi} < 0$$

因而有 $\dfrac{\partial \tilde{W}}{\partial \tilde{\sigma}} < 0$。它表明东道国对 FDI 进行补贴导致其经济福利下降。主要原因有两个方面：一是一部分生产由外资企业控制，利润归属于外资企业。FDI 进

入导致东道国的本土企业生产的减少，其利润也下降。二是东道国对外资进入进行了补贴，有支出。尽管投资补贴吸引了外资进入，促进了本国生产增加，并导致工资上涨，为东道国劳动者带来一定净福利，但是这一部分工资上涨不能完全涵盖投资补贴，所以最终导致东道国的经济福利下降。可以对比母国与东道国的工资水平，可以发现两者的差异恰好等于补贴。

定理3：对于东道国而言，FDI 补贴政策会导致其经济福利下降，因为在竞争性生产资源条件下，它导致本土企业的生产下降，利润下降，另外东道国还有一定的投资补贴支出，尽管东道国的劳动者工资上涨，但是它不能弥补以上利益损失。

不过，如果东道国可以对外资企业利润征税，那么在一定程度上可以弥补投资补贴支出。尤其是从动态角度考虑，外资在东道国发展的长期收益巨大，它能在一定程度上弥补投资补贴支出。比如，东道国政府对外资利润的所得税率为 τ，那么它会正向调节东道国的经济福利。

第四节　存在企业生产率差异的拓展分析

上述分析框架的一个重要特点就是它以产业内的平行竞争为主，母国与东道国在生产率方面相同，并展开市场竞争，因而 FDI 流入导致东道国的生产资源竞争紧张，但并不能带来更多的经济福利。例如，在引入外国投资后，东道国的总产量并未提升，仍为 K。

不过，在现实经济中，东道国的 FDI 促进政策更多聚焦于外国生产率高的企业，它能带来更高的回报率，尤其是带来更高的劳动报酬。因此，我们对理论模型进行调整，考虑两国具有不同生产率的情形，假定母国企业的劳动生产率高于东道国本土企业的生产率，前者为后者的 β 倍，$\beta>1$。东道国的企业仍是 1 单位劳动投入得到 1 单位产出。

在母国，每个产业的劳动供需为：

$$\frac{(1-\alpha)\ my}{\beta}=k$$

在东道国，每个产业的劳动供需为：

$$\frac{\alpha my}{\beta} + MY = K$$

东道国的总产量为 $\alpha my + MY$。给定 K，β 越大，则东道国总产量越大。

两国的劳动资源总和为：

$$\frac{my}{\beta} + MY = k + K$$

同样假定 $f = \frac{m}{M}$，$r = \frac{k}{K}$，同时，$\psi = -p'$。同时，两国的劳动工资水平有一阶

条件 $z = Z - \sigma$。

因而，求得：

$$\frac{\partial \pi}{\partial y} = p - c + p'my = p - \frac{z}{\beta} + p'my = 0$$

$$\frac{\partial \prod}{\partial Y} = p - Z + p'MY = 0$$

由上面公式推导得到：

$$my = MY + \frac{\sigma + z\dfrac{\beta-1}{\beta}}{\psi}$$

代入上式，进一步可以求得：

$$Y^{**} = \frac{\beta^2 \psi K (r+1) - \sigma - p(\beta-1)}{(1+\beta^2) M\psi}$$

$$y^{**} = \frac{\beta \psi K (r+1) + \beta\sigma + p\beta (\beta-1)}{(1+\beta^2) m\psi}$$

$$\alpha^{**} = \frac{\psi K (1-\beta^2 r) + \sigma + p(\beta-1)}{\psi K (r+1) + \sigma + p(\beta-1)}$$

由推论可知，如果有 $f > \beta$，那么有 $y^{**} > y^*$。

另有 $z^{**} = -\psi Y^{**} + p - \sigma$：

$$z^{**} = \frac{\beta (1+\beta)(p-\sigma) - \beta^2 \psi K (r+1) + \sigma\beta}{1+\beta^2}$$

$$Z^{**} = \frac{\beta (1+\beta)(p-\sigma) - \beta^2 \psi K (r+1) + \sigma\beta + (1+\beta^2) \sigma}{1+\beta^2}$$

显然，当 $\beta = 1$ 时，有 $z^{**} = z^*$，$Z^{**} = Z^*$，$y^{**} = y^*$，$Y^{**} = Y^*$，$\alpha^{**} = \alpha^*$。

对于其他变量也是一样的结论。且 β 变动，其他均衡变量也将变动。

可以发现，东道国的 FDI 补贴 σ 将降低母国的劳动工资水平 z^{**} 和东道国的企业产量 Y^{**}，同时提升东道国的劳动工资水平 Z^{**}，母国企业的产量 y^{**}，同时也将提升 FDI 进入比例 α^{**}。

很显然，东道国的劳动总工资 $Z^{**}K$ 将提升。因而，可以得到定理4：

定理4：当两国的劳动生产率存在差异时，东道国的 FDI 补贴将鼓励 FDI 进入，提升东道国的劳动工资总水平，有助于东道国的经济福利提升。

第五节　存在企业技术外溢的拓展分析

在这一部分，考虑技术外溢的情形，即 FDI 对东道国企业产生技术溢出，有助于提升东道国本土企业的发展，这也有助于提升 FDI 促进政策的正向经济效应。假定母国企业的劳动生产率高于东道国本土企业的生产率，母国企业的生产率为 β，东道国企业的生产率为 $\alpha\beta$。假定有 $\alpha<1$，$\beta>1$。它与母国企业在东道国的生产比例 α 有关，α 越大，技术溢出系数越高。

在母国，每个产业的劳动供需为：

$$\frac{(1-\alpha)\ my}{\beta}=k$$

在东道国，每个产业的劳动供需为：

$$\frac{\alpha my}{\beta}+\frac{MY}{\alpha\beta}=K$$

由于存在技术溢出效应，因而母国企业进入东道国将在一定程度上有利于东道国产业的发展。

两国的劳动资源总和为：

$$\frac{my}{\beta}+\frac{MY}{\alpha\beta}=k+K$$

同样假定 $f=\dfrac{m}{M}$，$r=\dfrac{k}{K}$，同时，$\psi=-p'$。同时，两国的劳动工资水平有一阶条件 $z=Z-\sigma$。

因而，求得：

$$\frac{\partial \pi}{\partial y} = p - c + p'y = p - \frac{z}{\beta} + p'my = 0$$

$$\frac{\partial \prod}{\partial Y} = p - \frac{Z}{\alpha\beta} + p'MY = 0$$

由前面公式推导得到：

$$my = MY + \frac{\sigma + (1-\alpha) z}{\alpha\beta\psi}$$

最后得到：

$$z^{***} = \frac{p\alpha\beta (1+\alpha) -\sigma-\psi K (r+1)}{1+\alpha^2}$$

可知，当 $\alpha = 1$，$\beta = 1$ 时，$z^{***} = z^*$。但是，它意味着母国生产为零，全部生产集中在东道国。同样，东道国的 FDI 进入补贴将降低母国的劳动工资水平，提升东道国的劳动工资水平。

进一步求得：

$$y^{***} = \frac{p\beta (1-\alpha) +\sigma+\psi K (r+1)}{(1+\alpha^2) \beta\psi m}$$

$$Y^{***} = \frac{p\alpha^2\beta (\alpha-1) -\sigma\alpha^2+\psi K (r+1)}{(1+\alpha^2) \alpha\beta\psi M}$$

$$Z^{***} = \frac{p\alpha\beta (1+\alpha) +\sigma\alpha^2-\psi K (r+1)}{1+\alpha^2}$$

又有：

$$(1-\alpha) my^{***} = (1-\alpha) \frac{p\beta (1-\alpha) +\sigma+\psi K (r+1)}{(1+\alpha^2) \beta\psi} = \beta Kr$$

可知，当 β 越大时，α 越小，单个企业的产出越大。

因此，有定理 5：

定理 5：当母国的 FDI 对东道国的企业有技术溢出效应时，FDI 进入可以提升东道国企业的均衡产出，同时会降低母国的劳动工资水平，提升东道国的劳动工资水平。

第六节　本章小结

本书深入考察了不同情景下的 FDI 促进政策对母国与东道国的经济福利效应。第一种情形是母国企业与东道国企业的生产率相同时，东道国的 FDI 补贴政策并不能有效提升其经济福利，它导致母国的部分生产转移到东道国，母国的劳动工资水平下降，东道国的劳动工资水平上升，但是东道国企业的均衡产量下降，因为 FDI 补贴政策导致东道国的生产资源紧张，提升了生产成本，削弱了东道国企业的竞争力。在第二种情形中，母国企业的生产率高于东道国企业的生产率，东道国的 FDI 补贴政策进一步削弱了东道国企业的竞争力，东道国企业的均衡产量下降，不过东道国的总产量提升。在第三种情形中，母国企业进入会对东道国企业产生技术溢出效应，提升东道国企业的生产率，也提升东道国企业的均衡产出。相较而言，东道国在第三种情形中采用 FDI 吸引政策是最有利的。

本书的分析表明，FDI 促进政策并非总是对东道国有效，在某些情形下，它甚至降低东道国的经济福利。只有在 FDI 进入产生较大溢出效应或动态效应时，采用补贴方式吸引 FDI 的政策是有效的。

本章参考文献

［1］Brander, J, Spencer, B. Export subsidies and international market share rivalry［J］. Journal of International Economics, 1985, 18（1-2）：83-100.

［2］Glass, A, Saggi, K. FDI policies under shared factor markets［J］. Journal of International Economics, 1999, 49：309-332.

［3］Grossman, Gene M, Dixit, A. Targeted export promotion with several Oligopolistic Industries［J］. Journal of International Economics, 1986, 21：233-249.

［4］Hanson, Gordon. Should countries promote foreign direct investment?［R］. G-24 Discussion Paper Series, No. 9, February 2001.

［5］Lewis, A. Economic development with unlimited supplies of labor［J］. The Manchester School of Economic and Social Studies, 1954, 22（2）：139-191.

［6］陈林，罗莉娅．中国外资准入壁垒的政策效应研究——兼议上海自由贸易区改革的政策红利［J］．经济研究，2014（4）：104-115.

［7］陈强远，钱则一，陈羽，施贞怀．FDI 对东道国企业的生存促进效应——兼议产业安全与外资市场准入［J］．中国工业经济，2021（7）：137-155.

［8］李磊，刘斌，王小霞．外资溢出效应与中国全球价值链参与［J］．世界经济研究，2017（4）：43-58.

［9］刘建丽，新中国利用外资 70 年：历程、效应与主要经验［J］．管理世界，2019（11）：19-37.

［10］田素华，王璇，李筱妍．行业鼓励政策对中国外商直接投资进入的促进作用——基于《外商投资产业指导目录》和微观企业数据分析［J］．复旦大学学报（社会科学版），2020（1）：174-184.

第四章

投资促进和投资便利化比较制度分析

本章在梳理投资便利化定义与内涵发展基础上，以 CPTPP 为例介绍当前高标准投资促进和便利化规则。随着中国从要素型开放向制度型开放转变，中国外商投资立法及其政策透明度、投资行政审批程序效率、外商投资监管能力以及外商投资便利化国际合作能力等都显著提升。投资便利化建设通过提升投资效率、降低投资风险与不确定性等显著促进中国外资高质量发展。不过对标 CPTPP 等高标准投资便利化规则，中国还需在拓宽市场准入、政策透明度、优化营商环境等方面继续努力。

第一节　投资便利化原则设定——以 CPTPP 为例

一、投资便利化的定义及其演变

"便利化"（Facilitation）起源于拉丁文 "Facililis"，意为 "简易、方便"。1965 年，国际海事组织通过的一项公约《国际海上运输便利化公约》是便利化首次以国际规则的形式出现。该公约旨在简化和协调国际海上运输中的各种手续和文书工作，以促进国际海上运输的便利化。自 20 世纪 70 年代起，自由化逐渐成为贸易和投资领域的关键目标，便利化也随之被提及。贸易和投资便利化首次在 1989 年由美国政府和墨西哥州政府在《关于贸易和投资便利化谈判的谅解》中提出。双方不仅限于在谅解框架内进行协商和争端解决，还试图在生产领域及相关问题上进行谈判，以促进贸易和投资，并增强国家和市场的可预测性与确定性。

20 世纪 90 年代后期，投资便利化以独立议题迅速兴起并备受关注。1993 年，第五届亚太经济合作组织（APEC）部长级会议上，代表们强调了促进投资自由化和便利化的重要性，认为投资自由化与便利化是实现区域经济一体化和经济增长的关键因素；同时讨论了国家间如何消除投资壁垒，改善投资环境，以吸引更多的国内外投资。不同于"投资促进"所具有的促使某国成为投资目的地的国别竞争性质，投资便利化可以定义为一系列旨在降低投资过程中的制度性障碍、提升投资环境的开放性、透明度和效率的政策和措施。这些措施包括简化审批程序、增强政策的可预见性、提高行政效率、促进国际合作等，目的是吸引和便利外国直接投资，同时保障东道国的监管权力和政策空间。投资便利化涉及外商投资设立、扩大以及日常经营和运作等所有环节。

2008 年，APEC 在《投资便利化行动计划》（Investment Facilitation Action Plan，IFAP）中指出，投资便利化是政府为吸引外国投资所采取的一系列措施和政策改革，目的是为减少跨境投资的障碍，提升投资环境透明度和效率。该行动计划提出提高投资政策透明性、投资手续效率、投资环境稳定、投资政策监管等 8 项框架性原则和 59 项具体措施，明确了亚太经合组织对投资便利化的理解。2009 年，亚太经合组织贸易投资委员会确定评估投资便利化的关键指标以及评估体系，并向成员国下发投资便利化行动和测度菜单。

2015 年之后，投资便利化议题成为很多多边组织的重要议题。2016 年联合国贸易和发展会议（UNCOMTRADE）发布聚焦低收入国家发展的《投资便利化全球行动菜单》，从提高制定投资政策及有关投资者的条例和程序的开放度和透明度、加强投资政策运用的可预见性和一致性、提升投资行政审批程序的效率和效果、倡导在投资政策实践中建立更具建设性的利益相关方关系、指定一个领导机构或投资促进机构承担相应职责、设立投资便利化监控和审查机制、加强投资便利化的国际合作、强化发展中伙伴国的投资便利化努力、提升发展中伙伴国的投资政策和主动投资的吸引力和加强投资促发展的国际合作 10 个维度，确立了投资便利化行动纲要，提供了迄今为止最全面的指导方针，供各国广泛地对国内政策和国际投资协定范本的投资便利化条款进行改革。APEC 继续强调 IFAP 的重要作用，2017 年 5 月，APEC 召开的部长级会议指出，"欢迎包括 IFAP 在内的 APEC 在投资领域的工作，鼓励经济体继续在投资领域开展能力建设和政策对话，推动投资为 APEC 经济体的繁荣做出贡献"。APEC 各成员在这一阶段不断推进提升电子透明度、减少投资风险和简化商业规则，其所做的努力与 UNCTAD 提出的行动方针高度一致。不过因 APEC 成员基础设施及法律环境等因素约束，再加上 APEC 的非强制约束机制，各国还需要在投资便利化上做出更多努力。

随着投资便利化具体内容和行动的不断清晰，投资便利化的量化和评估问题也成为各界关注的焦点。经合组织（OECD）自 2003 年起就推出"FDI 监管限制指数"（FDI Regulatory Restrictiveness Index），2010 年更新后的指数涵盖外资股权限制、外资监管和审批、对关键外国人员/董事的限制以及包括土地所有权、融资等在内的其他限制四个方面，用于评估 OECD 成员和潜在成员对 FDI 的政策限制。此外，OECD 还推出"投资政策框架"（The Policy Framework for Investment，PFI）报告，量化分析 OECD 国家和潜在成员国减少投资成本、简化投资流程和投资争议解决方面的表现；同时还发布"投资政策审议"（OECD Investment Policy Reviews）报告，该报告以国别报告的形式对各国投资相关措施进行审议。从 2003 年开始，世界银行则推出"营商环境指数"（Ease of Doing Business Ranking）年度报告与数据，对全球 190 个经济体的营商环境进行分析和排序，其中涉及开业、注册财产、缴纳税款、获取信贷、申请建筑许可、获得电力供应以及合同执行等与投资便利化密切相关的十个环节。学术界对投资便利化的测度主要采用多维度通过主成分分析法、简单算术平均法、熵值法以及层次分析法等方法进行评估。如 Kejzar（2011）采用市场准入、投资保护、审批程度、信贷融资与争端解决五个维度指标；Aldaba（2013）采用基础设施、投资透明度、腐败和投资激励四个维度指标；国内学者们主要从基础设施、金融环境和制度质量，以及其他维度指标如信息技术（张亚斌，2016）、宏观经济状况（马文秀和乔敏健，2016）、市场状况（乔敏健，2019）、金融与电子商务（左思明和朱明侠，2019）、劳动供给（协天紫光等，2019）和营商环境和创新技术应用（周杰琦和夏南新，2021；刘永辉和赵晓晖，2021）等。

世界贸易组织（WTO）基于贸易便利化经验，也不断探讨投资便利化行动。2017 年 11 月，由中国等部分发展中国家向世界贸易组织提交关于投资便利化的提案；2020 年 9 月，WTO《投资便利化协定》正式进入案文谈判阶段。2023 年 7 月 6 日，WTO《投资便利化协定》诸边谈判召开大使级会议，宣布《投资便利化协定》文本谈判成功结束，已有 110 多个 WTO 成员参与联署该协定。《投资便利化协定》共包括范围和总则、透明度、简化和加快行政程序、国内监管一致性和跨境合作、特殊和差别待遇、可持续投资及机构安排 7 个章节 45 个条款，其主体纪律主要包括提高投资措施的透明度和可预见性、简化和加快行政审批程序、促进可持续投资等。WTO《投资便利化协定》是投资领域完成的首个多边协议文本，不过该协定明确排除了市场准入、投资保护和投资者与国家争端解决机制等争议较大或敏感性议题，主要将投资便利化集中在透明度、行政程序简化、监管一致性和跨境合作等方面，而且参与国家多为发展中国家或最不发达国家。WTO《投资便利化协定》本身包含的范围和所涉及投资便利化的深度不高。

随着数字经济的发展和新一轮科技革命的发展，世界经济发展的模式、格局都在发生变化。国际投资范围不断扩大，金融等服务业投资开放成为重要的发展趋势；数字经济与实体经济不断融合，国际投资涉及的投资便利化涉及的内容也在不断推进。当前国际经济规则已经由关税等"边境议题"向监管一致性等"边境后议题"调整和延伸；从要素流动型开放向制度型开放转型。投资便利化涉及的内容和范围都在发生改变。投资促进或便利化涉及最前沿、内容最广泛、标准最高的规则集中体现在加拿大—欧盟"全面经济与贸易协定"（CETA）、"全面与进步跨太平洋伙伴关系协定"（CPTPP）等区域协议中。

二、高标准投资促进和投资便利化规则——以 CPTPP 为例

"全面与进步跨太平洋伙伴关系协定"（CPTPP）中并未有关于投资便利化的专门章节。按照 UNCOMTRADE 投资便利化的十个行动维度划分，"全面与进步跨太平洋伙伴关系协定"（CPTPP）中投资便利化规则主要分散在《投资》《竞争政策》《国有企业和特定垄断企业》《中小企业》《劳工》等章节，具体如表 4-1 所示。

在政策透明度方面，CPTPP 成员国需公开与服务贸易相关的法律法规和政策信息，确保外国服务提供者能够及时获得相关信息，从而更好地理解和适应当地的法律环境。CPTPP 要求成员方设立公开访问网站实施各类信息共享；在劳工章节要求提供公共意见与程序保证，同时提供合作性劳工对话和劳工磋商机制。CPTPP 成员需要向公众提供监管信息公开渠道并就监管机构的预期措施做出年度公告；CPTPP 中透明度和反腐败章节要求所有法律、法规和司法裁决需要进行公布。

在加强投资政策运用的可预见性和一致性方面，CPTPP 要求成员方就外资给予国民待遇原则和最惠国待遇原则。CPTPP 中国民待遇原则规定每一缔约方

在设立、获得、扩大、管理、经营、运营、出售或以其他方式处置在其领土内的投资方面给予另一缔约方投资者的待遇不得低于在相似情况下该缔约方给予本国投资者的待遇。最惠国待遇原则规定每一缔约方在设立、获得、扩大、管理、经营、运营、出售或以其他方式处置在其领土内投资方面给予另一缔约方的投资者的待遇不得低于在相似情况下该缔约方给予任何其他缔约方或任何非缔约方的投资者的待遇。同时 CPTPP 还规定了最低标准待遇原则，也即每一缔约方应依照适用的习惯国际法原则给予涵盖投资包括公平公正待遇及充分保护和安全在内的待遇。"公平公正待遇"包括依照世界主要法律制度中所包含的正当程序原则，在刑事、民事或行政裁决程序中不拒绝司法的义务。"充分保护和安全"要求每一缔约方提供习惯国际法所要求的治安保护水平。

在提升投资行政审批程序的效率和效果方面，CPTPP 除了公共电信服务的接入和使用以及服务者提供互联互通的义务规定外，在商务人员临时入境方面提出了更高要求，具体包括要求成员国设立商务人员临时入境委员会（第 12.7 条）并就签证处理等展开合作。在商务人员临时入境方面，CPTPP 主要规范了成员国商业临时访客的入境申请、信息公开以及允许或拒绝入境的条件，明确商务人士为"从事货物贸易、提供服务或进行投资活动的人"，临时入境指无永久居留目的的入境，要求成员国以"正面清单"列明承诺，各方根据自身情况设定要求，保证企业在内部调配关键人员、临时获得高技能全球人才时不受配额限制，也不进行经济需求测试（或劳动力市场影响评估），以增强透明度。

在倡导在投资政策实践中建立更具建设性的利益相关方关系方面，CPTPP 主要鼓励私营部门制定自律办法以促进电子商务发展，包括行为准则、示范合同、指导原则和执行机制（电子商务章节第 14.15 条）；同时环境章节中提出不得减损对环境的法律保护以鼓励投资等。在监管措施的制定中应该考虑利害关系人的利益，同时要求私营部门和社会参与。CPTPP 中第 9.17 条规定每一缔约方鼓励在其领土内经营或受其管辖的企业自愿将该缔约方赞同或支持的企业社会责任的国际公认标准、指南和原则纳入其内部政策。

CPTPP 要求各成员方应该分享政策方法的最佳实践，以保证国有和私营企业的公平竞争；开展各类活动和最佳实践分享以促进和便利能力建设；确立监管优先事项，协调或审议程序和机制并进行监管影响评估。详细见表 4-1 中加强投资便利化的国际合作中具体章节规定。同时，CPTPP 在投资便利化跨境合作中提出更高要求，如组织国际研讨会和论坛等分享国有企业公司治理和经营的信息和知识；分享替代性争议解决机制等劳工关系最佳实践等。

CPTPP 还要求成员方指定一个领导机构或投资促进机构以承担相应投资便利化的职责，比如设立"国有企业和指定垄断委员会""劳工理事会""合作与能力建设委员会""竞争力和商务便利化委员会""发展委员会""中小企业委员会""监管一致性委员会"等专门委员会促进各项便利化措施的实施与落实。

表 4-1　CPTPP 投资促进和投资便利化规则内容

主要维度	CPTPP 条款
提高制定投资政策及有关投资者的条例和程序的开放度和透明度	设立公开访问网站实现信息共享（中小企业章节第 24.1 条）； 公众意见与程序保证、合作性劳工对话和劳工磋商（劳工章节第 19.8 条、第 19.9 条和第 19.13 条）； 联络点设置（劳工章节第 19.11 条、合作和能力建设章节第 21.3 条等）； 向公众提供监管信息公开渠道并就监管机构的预期措施做出年度公告（监管一致性章节 25.5 条）； 法律、法规和裁决公布（透明度和反腐败章节第 26.2 条）
加强投资政策运用的可预见性和一致性	通过互利规则为投资建立可预见的法律和商业框架（CPTPP 序言）； 国民待遇（第 9.4 条）、最惠国待遇（第 9.5 条）待遇的最低标准（第 9.6 条）以及武装冲突和内乱情况下的待遇（第 9.7 条）； 非歧视待遇和透明度（国有企业和指定垄断章节第 17.4 条）； 投资争端解决（B 部分）； 行政程序（透明度和反腐败章节第 26.3 条）
提升投资行政审批程序的效率和效果	复审和上诉（透明度和反腐败章节第 26.3 条）； 公共电信服务的接入和使用以及服务者提供互联互通的义务（电信章节第 13.4 条和第 13.5 条）； 商务人员临时入境（第十二章），包括设立商务人员临时入境委员会（第 12.7 条）并就签证处理等展开合作（第 12.8 条）
倡导在投资政策实践中建立更具建设性的利益相关方关系	鼓励私营部门制定自律办法以促进电子商务发展，包括行为准则、示范合同、指导原则和执行机制（电子商务章节第 14.15 条）； 投资与环境、卫生和其他管理目标（第 9.15 条）； 企业社会责任（第 9.17 条和劳工章节第 19.7 条）； 不得减损对环境的法律保护以鼓励投资等（环境章节第 20.3 条）； 在监管措施的制定中考虑利害关系人的利益（监管一致性章节第 25.2 条和第 25.8 条）； 私营部门和社会参与（透明度和反腐败章节第 26.10 条）
指定一个领导机构或投资促进机构以承担相应职责	设立"国有企业和指定垄断委员会""劳工理事会""合作与能力建设委员会""竞争力和商务便利化委员会""发展委员会""中小企业委员会""监管一致性委员会"等专门委员会（参见各同题章节）

主要维度	CPTPP 条款
设立投资便利化监控和审查机制	分享政策方法的最佳实践以保证国有和私营企业的公平竞争（国有企业和指定垄断章节第 17.11 条）； 开展各类活动和最佳实践分享以促进和便利能力建设（合作和能力建设章节第 21.2 条）； 确立监管优先事项，协调或审议程序和机制并进行监管影响评估（监管一致性第 25.2 条、第 25.4 条和第 25.5 条）
加强投资便利化的国际合作	促进良好治理和法制，消除贸易和投资领域的贿赂和腐败（TPP 序言，透明度和反腐败章节第 26.7 条和第 26.8 条）； 通过地区和多边论坛促进电子商务发展并展开网络安全事项合作（电子商务章节第 14.15 条和第 14.16 条）； 组织国际研讨会和论坛等分享国有企业公司治理和经营的信息和知识（国有企业和指定垄断章节第 17.11 条）； 劳工领域国际合作，包括分享替代性争议解决机制等劳工关系最佳实践（劳工章节第 19.10 条）； 开展和强化合作与能力建设活动以促进和便利化贸易和投资（合作和能力建设章节第 21.2 条）； 就发展利益最大化举办联合活动（发展章节第 23.6 条）； 增强政府间监管合作并促进良好措施的使用（监管一致性章节第 25.2 条、第 25.7 条）
强化发展中伙伴国的投资便利化努力	鉴于各方发展水平、资源规模和相应能力不同，各方应努力为合作和能力建设提供财政和实物资源以实现目标（合作和能力建设章节第 21.5 条）
提升发展中伙伴国的投资政策和主动投资的吸引力	通过贸易、投资和发展政策的有效协调助推可持续经济增长，利用本协定所创贸易和投资优势的政策强化基础广泛的经济增长（发展章节第 23.1 条和第 23.3 条）
加强投资促发展的国际合作	国有企业需基于商业考虑作出经营决策并符合透明度要求，避免损害其他市场主体的公平竞争和协定国产业经济（国有企业和指定垄断第 17.4 条、第 17.6 条和第 17.8 条）； 不得通过腐败行为获得或保留业务或其他商业行为相关的不正当好处（透明度和反腐败章节第 26.7 条）

资料来源：王璐瑶，葛顺奇. 投资便利化国际趋势与中国的实践 [J]. 国际经济评论，2019（4）：139-155.

第二节 中国政府促进投资便利化具体举措

积极吸引和利用外商投资，是推进高水平对外开放、构建开放型经济新体制的重要内容。改革开放以来，中国政府一直在营造市场化、法治化、国际化一流营商环境，不断提升投资便利化水平。

一、中国政府在投资政策透明性的举措

（1）吸收外资相关政策的公开透明。自 2020 年 1 月 1 日起施行的《中华人民共和国外商投资法》及其实施条例取代之前的《中华人民共和国中外合资经营企业法》《中华人民共和国中外合作经营企业法》《中华人民共和国外资企业法》，统一了外资管理制度，明确了外资企业的准入和运营规则，提升了法律透明度。自 2017 年以来，中国每年公布全国外商投资准入负面清单，明确列出禁止或限制外商投资的领域，其他领域则全面开放，提供明确的投资指引。中国建立外商投资信息报告制度，要求外商投资企业通过企业登记系统和企业信用信息公示系统，按规定报送投资信息，确保政府部门及时掌握外资情况。信息报告系统为中华人民共和国商务部设立的外商投资综合管理平台网站（外商投资综合管理（mofcom. gov. cn））。该平台设立有外商投资信息报告及服务、外商投资信息报告公示和外资企业问题诉求征集办理三个大模块。在外商投资信息报告及服务模块下，该平台集中列明中国有关外商投资的法律、法规、规章、规范性文件、政策措施和投资项目信息，为外国投资者和外商投资企业提供咨询、指导等服务。

（2）外商投资信息服务透明。为向社会提供外商投资统计信息服务，商务部自 1998 年起对外编印发布年度《中国外资统计》，目前已升级改版为年度《中国外资统计公报》。外资统计公报主要介绍中国吸引外资总体情况、结构分布、资金来源、外商投资运行情况等进行公布。同时商务部也会发布《中国外商投资指引》，详细介绍中国的重大战略决策，中国基础设施、人力资源等最新数据，外商投资的法律制度，外商投资办事流程和外籍人士在华生活指南等各方面，为外商投资提供更加全面的信息服务。各省、市、自治区以及各类开发区均设有招商网站，外资企业可以详细了解各地区吸收外资在土地、税收等方面的优惠信息。

二、中国政府在加强投资政策运用的可预见性和一致性的举措

1979 年出台的《中外合资经营企业法》是我国第一部关于外商投资的专门法律。1986 年和 1988 年，全国人民代表大会又先后制定了《外资企业法》和

《中外合作经营企业法》，这三部法律被称为"外资三法"。"外资三法"主要规范外商投资企业的组织形式、组织机构和生产经营活动准则。2015年1月商务部启动对"外资三法"的修改，2019年3月15日全国人民代表大会审议通过《外商投资法》，于2020年开始实施。《外商投资法》确立对外商投资实行准入前国民待遇加负面清单管理制度。外商投资企业可以依法通过公开发行股票、公司债券等证券和其他方式进行融资。外国投资者在中国境内的出资、利润、资本收益、资产处置所得、知识产权许可使用费、依法获得的补偿或者赔偿、清算所得等，可以依法以人民币或者外汇自由汇入、汇出。行政机关及其工作人员不得利用行政手段强制转让技术。这部法律尤其是在知识产权保护、技术合作以及商业保密方面做了明确说明，为外商投资企业在中国的设立与运营提供了法律保障。

2020年开始实施的《外商投资法》第二十二条规定：国家保护外国投资者和外商投资企业的知识产权，保护知识产权权利人和相关权利人的合法权益；对知识产权侵权行为，严格依法追究法律责任。国家鼓励在外商投资过程中基于自愿原则和商业规则开展技术合作。技术合作的条件由投资各方遵循公平原则平等协商确定。行政机关及其工作人员不得利用行政手段强制转让技术。该法新增的第二十三条规定：行政机关及其工作人员对于履行职责过程中知悉的外国投资者、外商投资企业的商业秘密，应当依法予以保密，不得泄露或者非法向他人提供。与此同时，在对行政机关工作人员的违法违规行为约束条款中，又新增了"泄露、非法向他人提供履行职责过程中知悉的商业秘密"这一表述。完善外商投诉机制，中外商投资企业或者其投资者认为行政机关及其工作人员的行政行为侵犯其合法权益的，可以依法申请行政复议、提起行政诉讼。此外，《外商投资法》明确指出国家对外商投资不实行征收，在特殊情况下，国家为了公共利益的需要，可以依照法律规定对外国投资者的投资实行征收或者征用。征收、征用应当依照法定程序进行，并及时给予公平、合理的补偿。

除《外商投资法》之外，国务院、有关部门和地方还陆续制定了一大批有关外商投资的实施性、配套性法规和规章以及知识产权、不正当竞争等方面的法律法规。以确保外商投资企业在中国的权益。比如2008年国务院发布《国家知识产权战略纲要》，从知识产权保护相关的法律法规制定、执法管理体制完善、财政金融及产业政策配套等方面，制定了推进知识产权保护的各项战略，中国知识产权保护开始进入主动保护阶段。随后，中国又陆续进行知识产权"三审合一"改革、知识产权法院试点等，知识产权的司法审判体系得到进一步完善。知识产权保护和执法力度的增强降低了国内经营的风险，便利企业进行投资。

三、中国政府提升投资行政审批程序效率的举措

（1）外商投资审批制改革。2013 年以前，外资企业进入中国需要经过 14 个政府部门审批，且有可能还需要经过国家发改委、外管局的额外审批。外资企业从申请到落地，平均需要 8 个月时间。2013 年 9 月 29 日，中国（上海）自由贸易试验区挂牌后，上海自由贸易试验区对外商投资试行准入前国民待遇，制定负面清单，探索外商投资管理体制的改革。在自由贸易试验区改革经验的基础上，2016 年 9 月 3 日，党的十二届全国人大常委会第二十二次会议表决通过了《全国人民代表大会常务委员会关于修改〈中华人民共和国外资企业法〉等四部法律的决定》，对《中华人民共和国外资企业法》《中华人民共和国合资经营企业法》《中华人民共和国合作经营企业法》《中华人民共和国台湾同胞投资保护法》相关行政审批条款进行修改，将不涉及国家规定实施准入特别管理措施（负面清单）的外商投资企业和台胞投资企业的设立和变更，由审批改为备案管理。为此，商务部颁布了《外商投资企业设立及变更备案管理暂行办法》（以下简称《暂行办法》）。工商总局也颁布了《关于做好外商投资企业实行备案管理后有关登记注册工作的通知》。外商投资企业设立与变更备案制度于 2016 年 10 月正式开始实施，负面清单内的领域实施相应特别管理措施，外商投资企业的设立与变更仍然需要经过外商投资管理部门的审批。负面清单外的领域按照内外资一致的原则进行管理，外商投资企业的设立与变更实施备案制，不必再经过专门审批，并在全国推开外资企业设立商务备案与工商登记"一套表格、一口办理"。所以，从程序上大为简化，而所需要的时间也得以缩短。

（2）持续推进商事制度改革。商事制度改革聚焦企业全生命周期，优化企业注册、经营、退出各环节。在便利准入方面，2014 年，中国取消注册资本最低要求，实施注册资本实缴制改为认缴制、年检改年报、"先证后照"改为"先照后证"。在优化经营环节方面，深化"证照分离"改革。"证照分离"改革主要是针对市场主体开业前需要办理的各类许可证，通过取消审批、审批改备案、实施告知承诺等方式，最大限度地减少审批事项、优化审批流程。证照分离改革从上海浦东新区单个试点到全国 18 个自由贸易试验区全覆盖试点，再到全国范围内全覆盖推开。2015 年，全国推行"三证合一、一照一码"。2016 年，工商营业执照、组织机构代码证、税务登记证、社会保险登记证和统计登记证实现"五

证合一、一照一码",全面实行"一套材料、一表登记、一窗受理"的工作模式,申请人办理企业注册登记时只需填写"一张表格",向"一个窗口"提交"一套材料"。2017 年,全国范围内实施"多证合一"改革。到 2020 年底,企业开办时间已经由平均 22.9 天压缩到 4 个工作日以内。随着信息技术的发展,多地已经实施线上申报制度,实行名称自主申报,推行经营范围登记规范化,常态化企业开办"一日办结"。在畅通退出方面,中国修订《市场监管领域行政许可事项实施规范》,修订发布 2023 年版《企业注销指引》。进一步完善简易注销登记制度,健全强制退出机制,完善企业吊销、注销等规定,规范企业清算和注销程序。2013 年以来,企业普通注销平均耗时由 100 天下降至 60 天,简易注销平均耗时 20 天左右。

(3)用地以及工程建设和投资建设项目行政审批制度改革。用地审批是我国土地管理的一项基本制度。自然资源部组建以来,积极推动用地审批制度改革,如根据行权能力更加科学地划分不同层级政府事权,合理设定审批环节,减少不必要的"形式审查"、重复审查,提高用地审批水平和效率。2019 年 11 月 7 日,国务院出台了《关于进一步做好利用外资工作的意见》,持续深化"放管服"改革的 20 条政策措施。其中之一是持续深化规划用地"放管服"改革,加快外资项目落地进度。合并规划选址和用地预审,合并建设用地规划许可和用地批准,推进多测整合、多验合一,推进信息共享,简化报件审批材料。在工程建设领域,行政审批制度改革聚焦减资质、减等级、减流程、减环节、减时限,大力精简企业资质类和等级要求,工程勘察、设计、施工、监理企业资质类由 593 项减至 245 项,除最高等级综合资质和跨部门审批的资质外,其他等级资质一律下放至省级及以下部门审批;推进工程建设项目并联审批,实行联审、联合验收,压缩整体审批时间。一些地方将企业开办和项目开工时水电气暖"串联审批"优化为"并联审批",确保了全部审批环节并联高效运转,审批时间由过去的 300 多天压缩至 120 个工作日内。

(4)商务人员入境便利性改革。截至 2024 年 1 月底,中国已与 23 个国家实现全面互免签证安排,遍及五大洲。全面互免签证的范围不仅包括外交护照、公务护照、公务普通护照等,也包括普通护照。同时中国已与 157 国缔结了涵盖不同护照种类的互免签证协定,与 44 个国家达成简化签证手续协定或安排。此外,还有 60 多个国家和地区给予中国公民免签或落地签便利。除免签或落地签便利以外,中国政府不断放宽来华人民入境要求,精简入境人员办理程序。从 2024 年

1 日开始，中国放宽来华外籍人员申办口岸签证条件。对急需来华从事商贸合作、访问交流、投资创业、探望亲属以及处理私人事务等非外交、公务活动的外籍人员，来不及在境外办妥签证的，可凭邀请函件等相关证明材料向口岸签证机关申办口岸签证后入境。外籍人员在北京首都机场、北京大兴机场、上海浦东机场、杭州萧山机场、厦门高崎机场、广州白云机场、深圳宝安机场、成都天府机场、西安咸阳机场 9 个国际机场，推行 24 小时直接过境旅客免办边检手续。对于持 24 小时内国际联程机票，经上述任一机场过境前往第三国或地区的出入境旅客，可免办边检手续，直接免签过境。短期来华从事商贸合作、访问交流、投资创业、探望亲属、观光旅游以及处理私人事务等非外交、公务活动的外籍人员，有正当合理事由需继续在华停留的，可就近就便向停留地公安机关出入境管理机构申请签证延期换发补发。在华外籍人员因正当合理事由需多次出入境的，可凭邀请函件等相关证明材料，向公安机关出入境管理机构申请换发多次入境有效签证。外籍人员申办签证证件时，对于通过信息共享可查询到本人住宿登记记录、企业营业执照等信息的，可免予查验相关纸质证明材料；在华外籍人员办理亲属短期探亲团聚类签证的，可以用邀请人亲属关系声明代替亲属关系证明。

四、中国在投资政策实践中建立更具建设性利益相关方关系的举措

（1）提升外商投资企业跨境金融便利化。中国资本项目外汇管理改革不断深化，以促进跨境投融资便利化。人民币资本项目可兑换取得显著成效。直接投资项下已实现基本可兑换。放宽境外直接投资（ODI）前期费用规模限制。取消境内企业境外直接投资前期费用累计汇出额不超过等值 300 万美元的限制，但累计汇出额不得超过中方拟投资总额的 15%。便利外商投资企业（FDI）境内再投资项下股权转让资金和境外上市募集资金支付使用。境内股权出让方（含机构和个人）接收境内主体以外币支付的股权转让对价资金，以及境内企业境外上市募集的外汇资金，可直接汇入资本项目结算账户。资本项目结算账户内资金可自主结汇使用。境内股权出让方接收外商投资企业以结汇所得人民币资金（来源于直接结汇所得或结汇待支付账户内的人民币资金）支付的股权转让对价资金，可直接划转至境内股权出让方的人民币账户。

（2）促进中小企业外商投资企业发展。2018 年 3 月，在北京市中关村国家自主创新示范区开展跨境融资便利化试点，允许中小微高新技术企业在一定额度内自主借用外债，不受净资产规模较小的限制。目前，试点地区扩展至 17 个省

（市）全域，试点主体在高新技术企业基础上增加"专精特新"企业，并将已开展试点的 9 个省（市）区域的企业便利化额度统一提高至 1000 万美元，可覆盖全国 80% 的高新技术和"专精特新"企业，其中中小微企业占比超七成。其他地区辖内符合条件的高新技术、"专精特新"和科技型中小企业，可在不超过等值 500 万美元额度内自主借用外债。

五、中国在投资便利化监控和审查机制上的举措

在外资监管方面，长期以来，我国对于内资和外资都实行内外有别的政策法律，比如《中华人民共和国外商投资企业和外国企业所得税法》对外资企业规定的"两免三减半"的税收政策。各地方政府为了吸引外资，制定了很多包括税收、土地、信贷等各方面的优惠政策，使外资企业在许多方面享受了内资企业无法享受的超国民待遇。另外，对于一些行业许可、政府采购、上市融资、国标制定等外资又受到了不合理的限制。2020 年的《外资投资法》统一了外资管理的法律框架，将中外合资经营、中外合作经营和外资企业进行统一管理，同时该法律也规定了外商投资在准入后享受国民待遇，国家对内资和外资的监督管理，适用相同的法律制度和规则。例如在投资促进这一章中，第九条规定"外商投资企业依法平等适用国家支持企业发展的各项政策"。第十五条规定"国家保障外商投资企业依法平等参与标准制定工作，强化标准制定的信息公开和社会监督"。第十六条规定"国家保障外商投资企业公平参与政府采购活动"。另外，外商投资企业也同等享受政府支持政策、平等参与标准化工作、公平参与政府采购活动、与内资企业一样享有融资便利。外商投资企业与本土企业一样也受到中国国内《反垄断法》《公司法》《商标法》《专利法》《反不正当竞争法》等各类法律的约束。

另外，全国"一网通办"审批服务平台的推进外资企业可通过该平台办理设立、变更等手续，减少地方差异。在事中事后监管上通过"双随机、一公开"监管机制和信用监管体系，全国正在统一各地的监管标准和执法力度，建立全国统一的企业信用信息公示系统，推动跨部门、跨地区的联合监管。

六、中国政府在投资促进和便利化国际合作上的举措

随着中国在国际经济事务中影响力不断增强，中国在投资促进和便利化上的国际贡献和合作也不断增多。2017 年 4 月，中国发起成立"投资便利化之友"，

旨在提升全球投资便利化水平，积极推动 WTO 的《投资便利化协定》的谈判达成。另外，中国积极践行通过政府间合作，给予发展中国家与最不发达国家在投资便利化上给予援助和能力建设支持。中国于 2013 年提出"一带一路"倡议后，不仅发起成立丝路基金和亚投行（AIIB）等机构以解决融资难题，同时还加强政策与机制的互联互通，推动沿线国家的标准、规则和法规对接，探索区域投资治理新框架，借助跨境园区、双边和"16+1"等多边平台形成多层次多元化的投资便利化合作新体系。中国在近几年签订的区域一体化协议中投资便利化合作的条款成为重要议题，也在积极践行合作条款的完成。2015 年，签署的《中国—韩国自由贸易区协定》不仅就协定双方和公众对拟议措施进行磋商和评论设立渠道以促进更具建设性的利益相关方关系，还针对"扩大适用经济特区或区域内试点的管理实践"，创新性地引入地方经济合作条款。在实践中，中国威海和韩国仁川自由经济区作为地方经济合作区，高标准打造了中韩自由贸易试验区地方经济合作示范区产业园、智慧谷产业园等一批对韩交流合作载体。

在投资便利化建设方面，中国不断与国际接轨，对标高标准，打造市场化、法治化、国际化一流营商环境。中国贸促会发布的《2023 年度中国营商环境研究报告》显示，2023 年，80% 以上受访外资企业对 2023 年中国营商环境评价为"满意"以上，90% 以上认为中国市场富有吸引力，近 70% 看好未来五年中国市场前景。美国管理咨询公司科尔尼近期发布 2024 年外商直接投资信心指数报告显示，中国未来 3 年作为跨国投资目的地的吸引力排名从 2023 年的第 7 位跃升为第 3 位。这充分反映了中国在投资便利化建设上的成效。

七、中国政府在投资促进和便利化中的集成创新改革

长期以来，中国一直持续推进投资便利化措施改革。当前，中国促进投资便利化改革已经由以往各部门单打独斗式改革向集成式制度创新改革发展。这种集成式制度创新改革集中体现在自由贸易试验区的投资便利化改革中。自由贸易试验区自诞生之日起，就被中央赋予"大胆闯、大胆试、自主改"，尽快形成一批"可复制、可推广的新制度"的使命和职责。自由贸易试验区围绕产业发展全链条、企业发展全周期，开展系统集成改革，推动贸易、投资、金融、科技等领域改革创新，推动资本、技术、人才、数据等各类要素的自由便捷流动，促进创新链产业链深度对接，营造市场化、法治化、国际化的营商环境。各自由贸易试验区根据自身条件，对标国际经贸规则最高标准，已成为中国改革开放的"试验

田"。证照分离，土地审批制度改革、项目行政审批程序简化等多项措施同时实施，使自由贸易试验区成为中国对外贸易与对外直接投资的排头兵。自由贸易试验区在贸易投资便利化的改革从一开始就注重打破各部门之间的藩篱，各部门齐头并进实现贸易投资便利化的集成式改革模式。2021年，国务院印发关于推进自由贸易试验区贸易投资便利化改革创新若干措施的通知，从提升贸易、投资、国际物流、金融服务实体经济，以及探索司法对贸易投资便利的保障功能等方面，提出了19条改革措施。在投资便利化方面，通知要求加大对港澳投资开放力度，进一步下放审批权限；放开国际登记船舶法定检验，允许依法获批的境外船舶检验机构对自由贸易试验区内国际登记船舶开展法定检验，同时在自由贸易试验区实行产业链供地，对产业链关键环节、核心项目涉及的多宗土地实行整体供应。在提升金融服务实体经济便利度方面，针对期货交易，措施提出进一步丰富商品期货品种，加快引入境外交易者参与期货交易，完善期货保税交割监管政策。开展本外币合一银行账户体系试点。推进融资租赁公司外债便利化试点。在符合条件的自由贸易试验区规范探索知识产权证券化模式；措施还探索司法对贸易投资便利的保障功能。通知出台后，各自由贸易试验区根据自身地理与经济条件，纷纷出台推进贸易投资便利化的具体措施。从2013年到2023年，中国自由贸易试验区率先实施外商投资准入前国民待遇加负面清单管理模式，推动投资管理体制实现历史性变革；率先建立以国际贸易"单一窗口"为核心的贸易便利化模式，有力支撑贸易强国建设；商务、海关、财税、外汇等部门协作；率先以跨境服务贸易负面清单管理模式为代表推进服务业综合开放，推动各类高端要素自由便捷流动；率先实施"证照分离"等政府管理改革，随后实施注册资本实缴制变认缴制，审批改备案、实施告知承诺，先照后证、证照分离、一业一证等多项制度改革，促进营商环境改善和政府职能加速转变；率先探索自由贸易账户，促进跨境资金流动自由便利。截至2023年9月，自由贸易试验区共向全国复制推广302项制度创新成果。

2023年7月，国务院印发了《关于在有条件的自由贸易试验区和自由贸易港试点对接国际高标准推进制度型开放的若干措施》（以下简称《若干措施》），率先在上海、广东、天津、福建、北京5个具备条件的自由贸易试验区和海南自由贸易港开展试点。《若干措施》对接国际高标准经贸规则，聚焦知识产权、竞争政策、政府采购、环境保护、商务人员临时入境等领域，提升便利化，增加透明度，进一步深化改革，着力营造公平透明、可预期的营商环境。2023年11月，为了对标 CPTPP 的高标准规则，国务院又印发了《全面对接国际高标准经贸规则推进中国（上海）自由贸易试验区高水平制度型开放总体方案》，在上海自由贸易试验区规划范围内，率先构建与高标准经贸规则相衔接的制度体系和监管模式。总体方案中提出进一步推进金融开放，鼓励金融机构和支付服务提供者推出电子支付系统国际先进标准；深化金融科技国际合作，便利金融机构开展跨境资产管理；优化跨国公司跨境资金集中运营管理政策，支持跨国公司设立资金管理中心；研究符合条件的资产管理公司（不含金融资产管理公司、基金管理公司、地方资产管理公司）开展资产支持证券跨境转让业务，探索融资租赁资产跨境转让并试点以人民币结算等。加强知识产权保护，充分公开国外地理标志（含意译、音译或字译）在中国获得保护的法律手段；加大行政执法监管力度和对权利人的司法保护力度，进一步完善商业秘密保护制度，为商业秘密权利人提供全面法律救济手段。同时，总体方案还提出推动相关"边境后"管理制度改革，具体包括国有企业改革、劳动者权益保护、环境保护等这些以往未涉及的改革内容。这些制度型开放措施的实施和推进，不仅涉及一个方面而是在多个方面齐头并进，相互配合，为自由贸易试验区更高水平的投资便利化程度打下基础。

第三节　中国促进投资便利化与外资高质量发展

外资高质量发展是推进高水平对外开放的重要内容，也是经济高质量发展的重要体现。投资便利化建设通过减少外商投资市场准入，缩减外商投资进入成本，降低风险等显著促进中国高质量利用外资。

一、中国投资便利化建设对外资高质量发展的促进作用

1. 投资便利化建设提高市场准入促进高质量外资进入

外商投资法规定，国家对外商投资实行准入前国民待遇加负面清单管理制度。自 2017 年外商投资准入特别管理措施（负面清单）逐年修订，中国会发布全国版外商投资准入特别管理措施（负面清单）和自由贸易试验区外商投资准入特别管理措施（负面清单）。此外，国家还设有市场准入负面清单，该清单中明确列出在中国境内禁止、限制投资经营的行业、领域、业务等。在两类负面清

单中列出的禁止投资领域，外国投资者不得投资；清单内规定限制投资的领域，外国投资者进行投资应当符合负面清单规定的条件；外商投资准入负面清单和市场准入负面清单以外的领域，按照内外资一致的原则外商投资企业均可进行投资，实施管理。自2017年以来，中国已经连续6年修订了外资准入负面清单，持续放宽制造业外商投资领域，推进电信、医疗以及金融等高端服务业市场准入。2021年，全国版外资准入负面清单减至31项，自由贸易试验区版外资准入负面清单减至27项。

全面取消制造业领域外资准入限制措施，取消或放宽外资在汽车、船舶以及飞机制造等领域持股比例，这大大推进高端制造业外资进入。以汽车制造为例，2018年中国取消专用车、新能源汽车外资股比限制；2020年取消商用车外资股比限制；2022年取消乘用车外资股比限制，同时取消合资企业不超过两家的限制。当前，汽车行业对于外资股比的限制措施已全面放开。宝马于2018年增加了其在华晨宝马的持股占比达75%；2020年12月，大众增持江淮大众股份比例达75%①。特斯拉成为了首个进入中国市场的外资独资汽车厂商。特斯拉上海超级工厂已成为特斯拉全球重要的制造基地。特斯拉等高端汽车制造在中国的投资或再投资不仅促进中国汽车制造业发展，也吸引了其他高端汽车零部件及研发机构进入中国，稳固了中国汽车产业链，促进中国新能源等汽车出口。

证券、银行、保险、职业培训等众多领域的开放，吸引大量海外优质金融、保险等跨国企业进入中国市场。以保险行业为例，2018年以来，首家外资独资保险控股公司、首家外资独资保险资产管理公司相继成立，外资险企通过收购股权、增资、成立分公司等方式不断加快布局步伐。2020年1月1日起，经营人身保险业务的外资持股比例被取消。截至目前，已有友邦人寿、安联（中国）保险控股、汇丰保险（亚洲）外商独资寿险公司获批。这些外资保险企业进入中国不仅促进中国商业养老保险、健康保险的发展，同时也有利于中国人才尤其是海外人才居住环境优化，进一步促进高质量外资发展。

2. 投资便利化提升投资效率促进外资高质量发展

首先，中国商事制度改革大幅度减少企业从开设到注销的行政审批环节，简化审批程序，加快审批速度，单一窗口受理、一网通办、证照分离等系列便利措

---

① 资料来源：制造业领域外资准入将全面取消汽车股比限制已悉数放开—荆楚网—湖北日报网（cnhubei.com）。

施,大大提高外商投资者进入市场效率,降低进入成本。

其次,中国不断简化和优化土地审批流程,使得外资企业能够更快地获得土地使用权,减少了等待时间。而工程建设和投资建设项目行政审批程序简化再加上工程建设速度的提升,使外资企业能够迅速开展项目建设和运营,从而加快投资进度。商事制度改革和各类行政审批程序简化提升投资效率,帮助外商投资企业快速进入中国并进行盈利,有助于吸引高效率和高质量外资企业进入。作为中国首个外商独资整车制造项目,特斯拉第一家海外超级工厂于 2019 年落户上海临港自由贸易试验区。特斯拉超级工厂一期项目于 2018 年 7 月 10 日签署投资协议;2018 年 10 月 17 日,特斯拉项目签订土地出让合同;2019 年 12 月 28 日,获得首张施工许可证。2019 年 1 月 7 日,特斯拉中国超级工厂(一期)奠基仪式;10 个月不到的时间,一期工程的竣工验收已全部完成;到 2019 年 12 月 30 日,第一批 15 辆 Model 3 已正式向内部员工交付。这种高效率的超级开工交付速度在五年后让特斯拉上海储能超级工厂继续落地上海临港。2024 年 5 月 23 日,特斯拉上海储能超级工厂开工仪式在临港新片区举行,这是特斯拉入华 10 年以来,继上海超级工厂之后,在中国的又一大型投资项目。2024 年 3 月,世界知名汽车零部件供应商法雷奥集团实现 24 个小时内"数证齐发",开工建设位于上海市嘉定区的"舒适及驾驶辅助系统生产研发基地"。2024 年 5 月,赛意信息华东研发总部实现 24 小时"拿地即开工"落户虹桥国际中央商务区[①]。上海年年出台营商环境优化措施,提升投资便利化,这使上海成为各大高端制造和服务业龙头企业投资的热土。

最后,随着信息化的发展,中国加快电子政务建设,便利外商投资者信息收集。中国商务部设有专门外商投资一站式平台,同时各地区也设有专门的招商网站和外商投资服务平台。外商投资者不仅可以了解中国外商投资相关法律政策和市场信息,也可以及时反馈遇到的问题。信息化建设和专业化服务可以缓解外商投资者信息不对称,帮助企业获取更及时有效的信息,降低信息收集成本,便利投资者做投资决策,提高投资效率。

3. 投资便利化提高政策透明度和可预见性促进外资长期投资

中国不断完善外商投资立法,确保外商投资企业在国内的合法权益和安全

---

① 资料来源:制造业领域外资准入将全面取消汽车股比限制已悉数放开-荆楚网-湖北日报网(cnhubei. com)。

性。一方面降低政策不确定性，使外资企业能够更准确地预见和规避潜在的法律和市场风险。另一方面投资政策透明度提升也有助于增强中国政府的公信力，从而更愿意进行长期投资。

明确、公开的审批标准和流程可以避免审批过程中的随意性和不确定性，使外商投资者能够预见审批结果和时间，便于投资进度规划和实施。而且政策透明性可以减少寻租与腐败等非生产性行为，有利于外商投资者将更多配置到创新性生产活动中（协天紫光等，2019），提高外资企业预期收益，增加投资。

二、促进外资高质量发展的投资便利化建设需求

当前虽然中国不断加快投资便利化建设，但对标 CPTPP 高标准投资便利化规则，中国投资便利化建设还需要进一步推进，才能更好地服务外资高质量发展。

第一，外商投资准入范围和限制需持续放宽。CPTPP 等国际经贸规则中的负面清单包含了不能倒退的棘轮原则，目前中国并未纳入这一原则。尽管中国尤其是自由贸易试验区外商投资准入特别管理措施（负面清单）大幅缩减，但重点领域特别是高端服务业的准入还面临很多壁垒。另外，当前 CPTPP 金融服务业中涵盖了大量新金融服务业务的准入，而中国在传统金融服务的开放还存在限制，更没有关于新金融服务外资准入的具体规定，同时对新金融服务缺乏完善的"金融审慎例外"制度。未来，中国应该进一步放宽高端服务业外资市场准入，同时加快国内金融制度建设，形成审慎金融监管制度，吸引高质量服务业外资进入中国市场。

第二，进一步优化营商环境，建立公平市场竞争制度。尽管中国国内行政审批流程进行了多次改革，效率大幅提升。但在某些领域行政审批程序依然烦琐且耗时，增加了企业的时间成本和不确定性；而且不同部门之间信息共享不畅，还存在审批流程重复和低效率问题。另外，地方政府和中央政府在政策执行上的差异，不同地区行政审批程序和办事效率不一，可能导致外资企业在不同地区面临不同的规定和要求，增加了运营复杂性。这不利于外资企业在全国的经营。中国在行政审批上应加快全国行政审批平台建设，进一步优化审批流程，实现不同部门不同地区信息共享，加快营商环境建设。

国内知识产权保护力度仍需加强，侵权现象仍然存在，特别是在高科技和创新领域；知识产权保护的法律执行力度不够，侵权案件的处理周期长、赔偿金额低，对侵权行为威慑力不足，不利于外商投资者尤其是高技术行业投资者在华投资。由此，中国应该进一步加快知识产权法律法规建设，同时加大知识产权保护的法律执行力。

第三，进一步提升外商投资政策的透明度。国内吸收外资的相关法律法规或政策变动频繁，外资企业难以预测和适应，从而增加了经营风险。此外，虽然中国有比较明确的外商投资法律法规以及各类行政程序审批等规定，但在政策具体执行时还存在很多隐形做法，无形中增加了外商投资企业运营成本，并使企业对政府公信力认知下降。中国应进一步提升各类政策和行政做法的透明度。

第四节　本章小结

贸易投资便利化一直是国际经济领域重要的话题之一。当前虽然各界对投资便利化涉及的内容和范围定义不同，但投资便利化改革的发展趋势相对比较明确。根据联合国对投资便利化涉及范围的划分以及 CPTPP 等高标准国际经贸规则来看，投资便利化改革已从注重外资准入的边境制度改革向国内公平管理、规制与标准统一、规则透明等边境后制度改革转变。投资便利化改革涉及的范围和领域不断拓宽。自改革开放以来，中国一直将投资便利化作为改革的重点领域，不断降低外资准入门槛、提升投资政策透明度，加强投资政策运用的可预见性和一致性，推进审批制改革和商事制度改革等提升投资行政审批程序效率，完善投资便利化监控和审查机制，并不断加强在投资便利化问题上的国际合作。中国投资便利化制度改革提升了中国对世界各国投资者的吸引力。近年来，中国在投资便利化方面的改革以自由贸易试验区为抓手、以 CPTPP 等高标准经贸规则为标准，不断推进边境后管理、规制、标准和规则等集成式创新改革，成为促进外资高质量发展的重要推动力。不过也可以看到，中国投资便利化改革上面还存在比如知识产权保护不力、服务业开放性不够、政策透明性不够以及各地政策、规则与管理不够统一等系列问题。未来，中国还需继续对标高标准国际经贸规则，持续推进投资便利化改革，进一步促进高水平对外开放。

本章参考文献

[1] 高凌云．更大力度吸引和利用外资的意义、挑战与推进建议［J］．国际贸易，2023（11）：38-43．

[2] 王胜本，孟庆强．通往双循环之路：高水平对外开放赋能扩大内需［J］．宁夏社会科学，2023（3）：100-106．

[3] 曾宪奎．高水平对外开放下我国加大利用外资问题探析——兼谈当前的返程投资问题［J］．当代经济管理，2023（6）：1-8．

[4] 张亚斌．"一带一路"投资便利化与中国对外直接投资选择——基于跨国面板数据及投资引力模型的实证研究［J］．国际贸易问题，2016（9）：165-176．

[5] 崔日明，黄英婉．"一带一路"沿线国家贸易投资便利化评价指标体系研究［J］．国际贸易问题，2016（9）：82-94．

[6] 周杰琦，夏南新．"一带一路"国家投资便利化对中国 OFDI 的影响［J］．亚太经济，2021（5）：82-94．

[7] 彭云．涉企行政审批制度改革：进展、问题及深化——基于多省份自由贸易试验区"证照分离"改革调查［J］．中国市场监管研究，2023（3）：68-73．

[8] 赵雅玲，朱燕．投资便利化措施对企业绿地投资与跨国并购模式选择的影响［J］．产业创新研究，2022（7）：9-14．

[9] 刘永辉，赵晓晖．中东欧投资便利化及其对中国对外直接投资的影响［J］．数量经济技术经济研究，2021（1）：83-97．

[10] 王璐瑶，葛顺奇．投资便利化国际趋势与中国的实践［J］．国际经济评论，2019（4）：139-151．

[11] 马文秀，乔敏健．"一带一路"国家投资便利化水平测度与评价［J］．河北大学学报（哲学社会科学版），2016（5）：85-94．

[12] 协天紫光，樊秀峰，黄光灿．东道国投资便利化建设对中国企业对外直接投资二元边际的影响［J］．世界经济研究，2020（4）：120-134．

[13] 左思明，朱明侠．"一带一路"沿线国家投资便利化测评与中国对外直接投资［J］．财经理论与实践，2019（2）：54-60．

[14] Aldaba, R, M. Getting ready for the ASEAN Economic Community 2015;

Philippine investment liberalization and facilitation ［R］. Discussion Papers，2013.

　　［15］Kejžar，K，Z. Investment liberalisation and firm selection process：A welfare analysis from a host-country perspective ［J］. The Journal of International Trade & Economic Development，2011，20（3）：357-377.

第五章

外资并购反垄断与
安全审查比较制度分析

本章讨论了美国、欧洲和中国外资并购反垄断与安全审查制度的发展历程和主要内容，对中国进一步完善在此基础上对中国政府和企业应对欧美等国家日益收紧的安全审查制度提出了建议。

第一节 引 言

随着经济全球化的不断深入，FDI 规模不断扩大，成为推动各国经济增长的重要因素之一。绿地投资和外资并购是 FDI 的两种主要形式，明确两者的基本概念和发展历程为研究奠定了基础。绿地投资又称新建投资，指外国投资者直接在东道国境内依据东道国法律创立部分或全部资产所有权归外国投资者所有的企业的一种投资行为。绿地投资直接促进了东道国的资本市场发展，同时带来了生产能力、产出和就业的提高。外资并购指外国投资者通过一定的法律和程序取得东道国现有企业部分或全部财产所有权的一种投资行为，其中并购是企业兼并（Merger）和收购（Acquisition）的简称，兼并和收购是通过不同途径获得企业控制权的同层次概念。

外资并购可以快速进入东道国开拓市场并控制企业的资源配置，因此，从20 世纪 80 年代至今，外资并购已经取代绿地投资成为国际市场中的主要投资方式，但是在我国直到 2002 年外资并购才逐步发展。20 世纪 90 年代初，随着中国改革开放的实行和社会主义市场经济体制的建立，中国市场迎来了外资并购的首次高潮。然而出于对国内经济的调整和外资并购的谨慎，此后很长一段时间里我国相关法律法规都对外资并购做出了限制。直到 21 世纪初，外资并购相关法律出现松动，以 2001 年中国加入 WTO 为契机，作为资本市场开放的必然结果，更多与外资并购相关的规定迅速出台，外资并购重新在中国活跃起来。

为了规范市场行为，维护国家安全，对外资实行市场准入限制是世界上主要国家的普遍准则。美国是世界上最早建立外资并购反垄断与安全审查制度的国家，自 20 世纪早期开始，就在吸引外资促进国内市场和建立外资监管程序保护国家安全之间寻求平衡。经过近一个世纪的发展，最终形成了一套细致完整的审查程序。欧洲则建立起了欧盟层面区域一体化审查和各成员国本国的审查制度，形成了独特的双轨制审查制度。中国的外资并购反垄断与安全审查制度起步较晚，如何在不断促进外资流入中国市场的同时保护市场竞争和国家安全是未来需要着重考虑的问题。

第二节　美国外资并购反垄断与安全审查制度

一、美国对外资并购反垄断制度

美国是世界上最早颁布反垄断法的国家，开创了人类历史上反垄断立法的先河。经过一百多年的发展，美国反垄断法拥有完善的立法体系和实施程序，在外资并购反垄断审查方面，美国主要实行国民待遇原则，即内资外资遵循相同的反垄断法律。

美国企业并购反垄断审查的法律依据主要包括三部分：一是联邦立法，包括《谢尔曼法》《克莱顿法》《联邦贸易委员会法》《塞勒—凯弗威尔法》《哈特—斯科特—罗迪诺反托拉斯改进法》（Hart-Scott-Rodino Antitrust Improvements Act，以下简称 HSR 法）。1890 年，美国颁布《谢尔曼法》，《谢尔曼法》是美国第一部反垄断法，授予美国司法部执行《谢尔曼法》的权限。1914 年，美国颁布《克莱顿法》，对《谢尔曼法》进行了实体性的补充，同年颁布了《联邦贸易委员会法》，建立联邦贸易委员会（FTC）作为负责执行反垄断法律的行政机构。1936 年颁布《罗宾逊—帕特曼法》，1950 年颁布《塞勒—凯弗威尔法》，对《克莱顿法》进行修订，禁止一切减少竞争的合并。1976 年，国会颁布 HSR 法对美国反垄断法做出了程序性规定。二是法院判例法。美国是判例法国家，相似案件审查遵循法院判决。三是司法部和联邦贸易委员会颁布的《并购指南》。2023 年，美国司法部和联邦贸易委员会联合发布了《并购指南》的征求意见稿，在经营者集中反垄断控制方面对企业并购发挥导向作用。

在反垄断法实施上，执法机构主要是司法部反垄断局和联邦贸易委员会。除此之外，私人、法院和州政府也在反垄断实施中发挥着一定作用。司法部反垄断局主管企业兼并和托拉斯行为，掌握强大的调查权限，有权提起诉讼和发布企业并购指南。联邦贸易委员会作为独立的机构，不具有刑事起诉权，但在其他方面享有和司法反垄断局相似的权力。联邦贸易委员会还负责追缴垄断者违法所得分发给受害者，保护消费者和制止各种不正当竞争行为。

HRS 法是美国审查并购的程序法，对并购前审查监管做出了规定。HRS 法规定满足申报门槛的并购当事人必须在并购实施前向美国司法部和联邦贸易委员会进行申报，美国司法部和联邦贸易委员会评估该并购计划对竞争的危害，审查期限一般为 30 天，现金并购为 15 天。

二、美国外资并购安全审查制度

外资并购国家安全审查制度指国家有权对威胁本国国家安全的外资并购行为进行安全审查，并采取一定的限制性措施消除威胁和规制外资并购行为的法律制度。美国是世界上最早提出并建立外资并购国家安全审查制度的国家，对外资影响国家安全的审查可以追溯到一战时期出台的《对敌国贸易法》，经过 100 多年的发展，美国外资并购国家安全审查制度得到了建立、成熟和强化。

美国长期以来实行贸易和投资自由化政策，外国直接投资对促进美国经济繁荣发挥了重大作用。外国投资曾是美国第二次工业革命的重要资本和技术来源，直接推动了美国的工业化进程和经济发展。在美国成立初期的 100 多年里，美国在法律上对外资没有特别的安全审查程序。随着经济竞争、意识形态等因素影响，美国一方面担心外资控制国内关键行业，造成技术泄露，另一方面又依赖外国投资，用以弥补国内低储蓄率的缺陷。基于维护国家安全的诉求，美国开始对外资进行审查以期望在对外开放和维护国家安全中实现平衡。

1. 美国外资国家安全审查制度的演变

（1）萌芽期（1917～1973年）。美国是世界上最大的投资和贸易国，对外资长期实行较为宽松的监管政策。1791年，时任美国财政部长汉密尔顿向国会提交了关于制造业的报告，呼吁美国向外来投资者打开大门。从18世纪到19世纪，外资推动了美国公路、桥梁、运河和铁路建设，外国人拥有一半的美国政府债券和大量房地产。第二次工业革命期间，英法两国将大量资本和技术投向美国，化学、电子通信、交通运输、机械等重要的产业部门得到了跨越式的发展，第二次工业革命结束后，美国基本实现工业化，完成了从农业国到工业国的转化。

第一次世界大战爆发后，德国对美国的投资主要集中在化学和制药行业。而美国在宣布参战后更加担心外资对国家安全的影响并加速了法案的出台，一方面，美国不直接参与对外资项目的管理；另一方面，美国经济由外资主导和把持，潜在的外资国家安全风险促使美国开始立法对外资进行管理。1917年，美国国会通过了《与敌国贸易法》（Trading with the Enemy Act），其中第5条规定必要时可以对任何涉及国家安全的交易行为进行调查，并有权采取管制、阻止等措施。总统有权在战争期间或国家紧急状态下处理与敌国的贸易关系以及没收和征用外国控制的商业机构在美国资产的权力。

《与敌国贸易法》出台后，美国陆续对部分特殊产业专门立法以限制外资进入这些产业部门。1920年，美国国会通过《海运法》和《矿产土地租赁法》，前者规定外资不得进入海运领域和商事航海，且限制外国航船在美国登记注册。后者规定美国所有土地矿产只向美国公民和有意向成为美国公民的人开放，煤炭、磷酸盐等矿藏行业禁止外资进入，除非美国有权开采外资所属母国矿产。1926年，美国国会通过《商业航空法》和《航空公司法》，限制外资进入航空业。1934年，美国国会通过《通信法》，一方面，限制外资在通信和广播领域投资和经营。另一方面，在报纸和杂志领域的外国投资会受到更多审查，但是没有被禁止。1940年，美国国会通过《投资公司法》，规定在美国从事商务投资的公司需要在美国证券交易委员会（SEC）登记。

（2）建立期（1973～2001年）。20世纪70年代，美国战后黄金时代结束，经济进入"滞胀"阶段，物价上涨，美元贬值，美国陷入了长达十余年的经济衰退。与此同时，石油危机爆发，石油价格大幅上涨，欧佩克国家在这一时期攫取了大量资本，并大举投资美国市场，引起美国社会各界震动。这一时期，美国对欧佩克具有严重依赖，从欧佩克进口原油量占美国原油进口总量的70%以上。

1974年，国会通过《外国投资研究法》。1976年，国会通过《国际投资调查法》，1977年，国会通过《国际紧急经济权力法》，授予总统、商务部和财政部监测外商对美投资的权利。这些法律仍然和萌芽阶段类似，属于对具体行为或者行业的单行法律。

在行政上，1975年，时任美国总统福特签署11858号行政令，正式创立美国外国投资委员会（CFIUS），使其作为一个由美国财政部领导，对外国在美直接投资进行评估、协调美国外资政策实施的跨部门机构。在CFIUS成立后的数十年里，CFIUS的职权都非常有限。事实上，根据11858号行政令，CFIUS的主要职责是协助美国商务部获取和使用外国投资信息，因此这一时期的CFIUS对外资安全审查的作用非常有限。

20世纪80年代到90年代，美国刚刚走出"滞胀"危机，而日本经济在完成战后恢复之后迎来了高速增长阶段，日本逐渐降低对美国的经济依赖，美日在经贸领域摩擦日益加深。随着日本对北美投资占比超过对亚洲地区投资，日本对外投资进入急剧增长阶段，而对美国投资则是日本的主要目标，日本对外投资每年有40%左右流向美国。1980年，日本对美国直接投资47亿美元，1985年达到191亿美元，直接投资增长3.6倍。日本对美国投资涉及金融、保险、新兴高科技工业等多个行业，投资主体包括工业公司、银行、保险公司和其他金融机构。除了大规模的直接投资外，对美国间接投资规模更是达到1610亿美元，日本购买了大量美国国债及其他政府债券。日本取代美国成为世界上最大的债权国，美国却面临大额财政赤字和对外贸易逆差，成为世界上最大的债务国，来自日本的大规模投资让美国感到巨大的经济威胁。

1985年，美国为了提高产品出口量，改善国际收支不平衡，联合日本、德国、法国以及英国签订了《广场协议》，干预外汇市场，推动美元对主要货币贬值。此后，日元进一步升值，日本对美投资持续增长。

1992年，《埃克森—弗洛里奥修正案》迎来了首次修改，国会通过《伯德修正案》，规定由外国政府控制或参与的外国企业在美进行收购并购等行为时需要接受美国国家安全审查。引发本次修改的是法国Thomson-CSF公司收购美国LTV公司案。LTV是美国一家钢铁公司，1986年面临破产，出售其导弹业务。LTV公司是美国国防部的承包商之一，掌握美国国防部的多份资料和机密技术，如果收购成功，法国Thomson-CSF公司将获得美国国防部的敏感技术。不仅于此，法国政府持有 Thomson-CSF 的母公司 Thomson S. A. 59.2%的股份，美国国会怀疑该收购行为受到法国政府操控。经过 CFIUS 审查和谈判后，该收购案最终以 Thomson-CSF 公司和美国 Loral 公司联合收购 LTV 导弹业务的方式得到美国政府批准。

（3）成熟期（2001～2017 年）。2001 年后陆续发生多起大额并购案（2004 年中国联想集团收购 IBM 个人电脑业务、2005 年中国海洋石油有限公司竞购美国尤尼科、2006 年阿联酋迪拜世界港口公司收购英国半岛及东方航运公司 6 大港口运营权），成为 2007 年出台《外国投资与国家安全法》（Foreign Investment and National Security Act，FINSA）的导火索。FINSA 正式确立了 CFIUS 的法律地位，拓展了国家安全审查范围和考虑的因素，标志着美国外资并购安全审查制度走向成熟。

FINSA 规定 CFIUS 负责该法的实施，明确了其组织架构、职责、工作程序等，实现了审查机构法定化。使 CFIUS 不再只是服从总统领导的授权机构，而是接受国会监督的执法机构。

FINSA 仍然没有对"国家安全"做出明确规定，从而给予 CFIUS 极大的自由裁量权。2008 年，CFIUS 公布了《关于外国投资委员会实施的国家安全审查的指南》，对"国家安全担忧"做出了解释：是指与交易相关的、对国家安全有潜在影响以致在判断交易是否对国家安全构成削弱威胁时应与考虑的相关事实或情况。这一指南在一定程度上对外国投资者在美投资提供了指导，但对国家安全的指引十分有限，CFIUS 的管辖范围也充满了不确定性。

与《关于外国投资委员会实施的国家安全审查的指南》同时出台的还有《关于外国人收购、兼并和接管的条例》（Regulations on Mergers，Acquisitions and Takeovers by Foreign Persons），作为 FINSA 的实施细则。

（4）强化期（2017 年至今）。2018 年，特朗普签署通过《外国投资风险评估现代化法案》（Foreign Investment Risk Review Modernization Act，FIRRMA），作为 2007 年 FINSA 出台的首次修订，FIRRMA 对中国在美投资造成严重阻碍，2018 年中国对美投资额仅为 48 亿美元，相较于 2017 年 290 亿美元水平，下降幅度高达 84%。FIRRMA 在关键技术和不动产交易领域扩大并细化了安全审查的范围，使得中国赴美投资领域缩小、投资风险变大。

2. 实质性内容

（1）审查机构。美国外国投资委员会（CFIUS）成立于 1975 年，隶属于财政部，涉及十六个部门，负责对外国投资进行监督和审查的跨部门委员会。CFI-US 初步审查为有疑虑的企业的调查结果将直接上报总统，总统裁定是否允许或者禁止外国投资行为且结果不受司法审查。另外，CFIUS 每年向国会定期汇报审查结果，形成了总统、国会和 CFIUS 三权相互制衡的外资安全审查体系。

CFIUS 的发展伴随着美国外资安全审查制度的完善，从最初只负责政策咨询和信息收集的机构发展到今天掌握外国投资审查权力的权威性国家安全机构，CFIUS 体现了美国对外资影响国家安全的高度重视，对保障国家安全起到了重要作用。FIRRMA 对 FINSA 进行了修订，在多个方面加强了 CFIUS 的审查权。

强化重启审查权。FINSA 赋予了 CFIUS 在交易完成后重新启动审查的权力，前提是交易方涉嫌提交虚假信息或者隐瞒重要信息，或者存在主观上故意的违法行为。FIRRMA 则删去了这一前提性表述，对于已经通过安全审查的交易，委员会有权重新启动安全审查。

新增中止交易权。FIRRMA 的新规定赋予了 CFIUS 之前不具有的中止交易权，在此之间，只有总统才有权中止交易，CFIUS 需要向总统汇报等待总统的裁决。FIRRMA 规定 CFIUS 有权对怀疑威胁美国国家安全的交易行使中止权而不必依靠总统做出决断，并且中止条件由 CFIUS 自行决定，只要 CFIUS 怀疑交易威胁美国国家安全，就有权自行行使中止交易权，CFIUS 的权力获得大幅提升。

扩大司法审查豁免权。在 FINSA 的规定中，总统做出的审查决定不接受司法审查，FIRRMA 进一步扩大了 CFIUS 的审查合法性，CFIUS 的决断也拥有司法豁免权，不承担司法责任。FIRRMA 未完全剥夺投资者的申诉权，投资者只能在审查结束后 60 天内在哥伦比亚巡回上诉法院提起民事诉讼，严格的申诉时间和机构使投资者的司法救济渠道被压缩。

延长 CFIUS 的审查时间并收取审查费。FIRRMA 将初步审查时长从 30 天延长到 45 天，CFIUS 还有权根据交易的复杂程度再度延长审查期限到 60 天。审查时间的延长也增加了投资者风险和成本。FIRRMA 还首次提出了审查费用，CFI-US 可以向投资者收取交易价值的 1% 或 30 万美元的审查费。

（2）审查对象。FIRRMA 提出了"特别关注国家"这一全新概念，即可能对美国国家安全造成不利影响或者威胁的国家，对于来自被美国认定为特别关注国家的投资，CFIUS 将进行更为严厉的审查。一方面，FIRRMA 要求美国商务部每两年向国会和 CFIUS 提交中国企业在美投资情况报告，说明中资企业在美投资、生产和经营情况。另一方面，FIRRMA 却授权 CFIUS 建立外国投资豁免名单，即来自这些国家的投资将免予 CFIUS 的审查。

（3）审查范围。FIRRMA 规定的审查范围包括了四种交易活动：一是涉及关键技术和重要基础设施等领域的投资；二是特定不动产投资；三是任何可能引起美国企业权利变化的外国投资；四是试图规避 CFIUS 审查的其他任何交易。

在 FIRRMA 颁布之前，外国投资者在半导体、芯片等敏感行业的投资已经常常受到 CFIUS 的干预，FIRRMA 进一步扩大了审查范围。FIRRMA 对关键技术的定义进行了更为详细的扩充，不仅包括武器、国防、核电和药物方面的关键技术。与 FIRRMA 一同出台的还有《出口管制改革法案》（Export Control Reform Act，ECRA），ECRA 首次提出了"新兴和基础技术"（E-merging and Foundational Technology，EFT）的概念，进一步扩大了美国对出口技术管制的范围。相应地，FIRRMA 对关键技术的定义还包括了 ECRA 提出的"新兴和基础技术"。

重要基础设施领域则被美国视为对美国国家安全至关重要的资产，包括但不限于能源、电力、金融、通信和运输等关键领域的重要基础设施，界定标准以 CFIUS 列举的具体例子为参照。

FIRRMA 首次以明文规定对特定不动产交易进行安全审查。以可能收集情报和受到监视为由，外国人购买或者租赁靠近机场或者港口、美国军事基地或者其他敏感地点的不动产将受到 CFIUS 的审查。CFIUS 对审查标准拥有自由裁量权，对于外国投资者来说充满不确定性。

FIRRMA 将审查范围从准入阶段延伸到企业后续的权利变化，外国投资者实际控制美国企业和外国投资者在上述领域未实际控制的投资皆需要接受 CFIUS 审查。

（4）审查程序。FIRRMA 对申报程序做出了修订，在完整的审查阶段前增加了申报程序，审查阶段分为初步审查、正式审查、提交总统决定三个阶段。对于涉及关键技术、重要基础设施等法案规定的领域的交易，采取强制申报制度，交易方提交书面、简短的申报书。交易方不申报将面临最高金额的罚款，CFIUS 有权直接禁止交易。申报程序使 CFIUS 能够及时根据申报材料做出反馈，提高工作效率。若审查进入初步审查阶段，CFIUS 将在 45 天之内完成初审认定，正式审查期限也为 45 天，特殊情况下 CFIUS 有权延长至 60 天。正式审查后向总统报告，总统决定时间最长为 15 天，因此一个完整的审查周期最长可以达到 120 天。

第三节　欧洲对外资并购反垄断与安全审查制度

一、欧盟外资并购反垄断与安全审查制度

(一) 欧盟外资并购反垄断制度

欧盟作为世界上最大的经济体，并购行为活跃，建立起了较为完善的反垄断体系。1957 年签署的《建立欧洲经济共同体条约》构成了欧盟竞争法的基础，条约规定禁止企业"滥用市场支配地位"的行为。1989 年，欧盟理事会通过《并购控制条例》（第 4064/89 号条例），以"严重损害市场竞争"为标准对企业并购进行反垄断审查。2004 年，欧盟理事会通过《关于欧盟企业间并购控制条例》（第 139/2004 号条例）和一系列实施细则，共同构成了欧盟现行的企业并购反垄断法律体系。

欧盟委员会是负责反垄断规制的执行机构，对欧盟有影响的外资并购案件将申报给欧盟委员会，并由欧盟委员会评估和裁定。欧盟委员会享有较大的自由裁量权，不仅能对并购行为进行审查，还有权对案件进行调查和起诉。

(二) 欧盟外资并购安全审查制度

长期以来，欧盟层面对外国投资保持较为开放的态度，主要依靠成员国各自立法对外资进行安全审查。而欧盟内部经济发展水平也有较大差异，各成员国对外资审查的立场也较为不同。截至 2017 年，欧盟 27 个成员国里只有 11 个建立了自己的外资审查制度，大部分成员国对在欧盟层面建立统一的外资安全审查制度也保持谨慎的态度。

在德国和法国的大力推动下，2017 年欧盟出台了《欧盟外国直接投资审查条例》草案，首次从欧盟层面提出外资安全审查制度。2019 年正式通过《建立欧盟外国直接投资审查框架条例》（以下简称《审查条例》），标志着欧盟正式建立起外资安全审查制度。

1. 原因

（1）中国投资。欧盟作为世界上最大的贸易集团之一，倡导自由开放的投资政策，在投资自由化和全球化的潮流下吸引了大量外资拉动欧洲经济，欧盟是

贸易自由化背景下的最大受益者。欧盟政治稳定、经济发达、法制健全，也成为中国投资者海外投资最大输入地之一。2010 年，中国企业在欧盟的年投资额只有 21 亿欧元，2016 年已经飙升至 372 亿欧元。这一时期，中国企业在欧盟发起大量并购交易。一方面，中国对欧盟投资行业多元化，包括科技、制造等核心产业。另一方面，对欧盟投资主体主要是国有企业，2012 年，对欧盟直接投资中国有企业投资占比达到 88%，之后略有下降但是仍保持较大份额。

（2）德法推动。欧盟成员国中，德国和法国建立了相对完善的外资审查机制，也大力推动在欧盟层面强化对外资的安全审查。其中法国一直以来实行投资保护主义，德国则实现了从开放向严格的外资审查转变。一些北欧国家支持贸易自由化，反对不利于资本流动的机制。而中东欧国家经济发展相对不平衡，寻求外资促进本国经济增长。

2017 年，德国、法国和意大利向欧盟委员会提交联合申请，呼吁建立欧盟层面的外资审查制度。2019 年通过的《审查条例》中某些规定与德国和法国相关条例具有相似性，德法对于欧盟建立外资安全审查制度发挥了强大的推动作用。

（3）世界趋势。世界贸易保护主义抬头，加强外资并购安全审查成为全球外资领域的大趋势。美国作为全球最大的外资流入地，外资审查制度已经有 40 多年历史，建立起了较为完善和严格的外资安全审查制度。2018 年，美国通过《外国投资风险评估现代化法案》，赋予 CFIUS 更大管辖权。2019 年，日本修订《外汇及外国贸易法》，限制涉及敏感技术行业的外国投资。2015 年，澳大利亚修订《外国收购与接管法》，扩大了外资审查范围。发达国家收紧外资安全审查制度给欧盟带来了巨大压力，作为欧盟的主要贸易伙伴，来自这些国家的外国投资者进入欧盟时获得开放与便利，而欧盟国家的对外投资可能受到较大阻碍，这种不对等的待遇迫使欧盟转变外资监管态度，建立欧盟层面的外资并购安全审查制度以维护自身利益。

2. 建立

《里斯本条约》2007 年在葡萄牙首都里斯本通过并于 2009 年正式生效，进一步推动了欧洲一体化进程。在《里斯本条约》之前，涉及外资安全审查的权力属于各成员国，欧盟层面无权干涉。《里斯本条约》生效后，欧盟委员会掌握了外资审查领域的管辖权，出于国家主权的考虑，涉及国家安全的管辖仍然由成员国自主决定。

在这之后，以德国、法国、英国为代表的国家陆续建立起本国的外资并购安全审查机制，并向欧盟施加压力推动建立欧盟层面的外资安全审查框架。2007年，欧盟出台了《欧盟外国直接投资审查条例》草案，着手建立欧盟外资安全审查制度。草案确立了一个以欧盟成员国审查为主、以欧盟层面审查为辅的双轨制审查制度。2009年，欧盟通过《建立欧盟外国直接投资审查框架条例》（以下简称《审查条例》），《审查条例》于2020年正式生效，标志着欧盟正式建立起外资安全审查制度。

3. 实质性内容

（1）审查主体。《审查条例》规定审查主体为各成员国和欧盟委员会。只有当成员国未对外国投资启动安全审查且涉及"联盟利益"时，欧盟委员会才具有审查启动权。欧盟委员会的意见不具有法律约束力，但是成员国需要酌情考虑欧盟委员会的评论和建议，如果成员国拒绝欧盟委员会的意见则需要出具说明，最终决定权仍然属于各成员国。

（2）审查对象。《审查条例》规定审查对象为外国投资者对欧盟进行的可能涉及欧盟安全和公共秩序的外资并购行为。安全和公共秩序可以等同于欧盟对于国家安全的定义，但是安全和公共秩序的定义又是模糊不清的，使各成员国和欧盟的审查对象和范围具有不确定性。对于可能被审核的投资包括拟进行的投资、正在进行的投资和已经审查过的投资，只要可能对欧盟安全造成损害的即可进行审查，而欧盟对投资的安全审查不包括绿地投资和证券投资。

（3）审查范围。《审查条例》规定审查范围为所有适用"安全与公共秩序"标准的外国直接投资。鉴于安全与公共秩序没有明确的定义，《审查条例》通过非穷尽式列举为审查范围提供参考。《审查条例》指出成员国在审查时应当考虑的范围有：关键基础设施、关键技术和关键投入，尤其要考虑受第三国政府或军队控制的投资项目和外国投资者是否从事非法活动。

其中"关键基础设施、关键技术和关键投入"涉及的行业有：①关键基础设施，包括能源、交通、通信、数据处理或存储、国防、选举或金融基础设施等；②关键技术，包括人工智能、机器人、半导体、网络安全、核技术以及军民两用物品等；③关键投入，包括能源、原材料及食品安全供给；④获取或控制，包括个人数据在内敏感信息的渠道；⑤媒体自由与多元化。

（4）审查程序。《审查条例》呼吁但是并未强制各成员国建立本国的安全审查机制，因此对于已经建立和尚未建立外资安全审查制度的国家分别具有不同的审查程序。对于已经建立外资安全审查机制的成员国，成员国向其他成员国和欧盟委员会主动通报接受审查的外资项目，其他成员国和欧盟委员会将根据是否危害本国和欧盟公共秩序安全做出反馈，成员国在考虑其他成员国和欧盟委员会的基础上对外资审查具有最终决定权。对于尚未建立外资安全审查机制的成员国，若有可能危害欧盟及全体成员国利益的外资项目，则由欧盟向成员国发出意见，成员国在收到欧盟意见后独立做出决定。

《审查条例》建立了具有欧盟特色的外资审查合作机制，成员国之间相互评议和成员国与欧盟之间沟通协作既加强了成员国之间的信息互通，又保障了各成员国和欧盟的整体利益。

二、英国外资并购与安全审查制度

1. 英国外资并购反垄断制度

英国反垄断法律体系以《竞争法》（Competition Act 1998）、《企业法》（Enterprise Act 2002）和《企业和监管改革法》（Enterprise and Regulatory Reform Act 2013）为基础。1988 年《竞争法》的出台，对之前的各个立法文件进行了整合，标志着英国现代反垄断立法系统化的开始。2002 年《企业法》的出台，对《竞争法》（1988）做了修改和补充。2013 年，《企业和监管改革法》进一步完善了英国的反垄断法律制度，并新设竞争与市场管理局（Competition and Market Authority，CMA）取代公平贸易办公室和竞争委员会作为主要的反垄断执法机构。

公平贸易办公室的设立可以追溯到《公平贸易法》（1973），此时公平贸易办公室还不具有实际决定权。2002 年《企业法》赋予了公平贸易办公室实体法人地位，使其自主行使反垄断执法权。竞争贸易委员会（Competition Commission，CC）于 1998 年依据《竞争法》设立，对公平贸易办公室移交的案件进行深入调查。2013 年，竞争与市场管理局的设立彻底改变了英国反垄断执法体制，CMA 通过执行反垄断法律制度，维护英国的市场竞争。CMA 作为独立的非内阁政府部门，CMA 向对英国议会提交年度计划和报告，具有一定的独立性和权威性。

2. 英国外资并购安全审查制度

英国长期实行贸易自由政策，是世界上最开放的经济体之一，外国投资享有和本国投资同等待遇。近年来，随着国际形势的变化，英国政府逐渐收紧外资安全审查制度，并在 2017 年发布《国家安全和基础设施投资审查》改革报告（以下简称"绿皮书"），对英国外资并购安全审查制度进行改革。

2002年，英国出台了《企业法》，建立了初级的外资并购安全审查机制，设立公平贸易办公室和竞争委员会作为企业合并审查的权力机构。2013年出台了《企业管理改革法案》，新设了位于商业、能源和工业战略部下的竞争和市场管理局（Competition and Markets Authority），取代原有的竞争委员会和公平贸易办公室行使审查职能。《企业管理改革法案》规定，英国进行国家安全审查的根本目的是维护国家安全和公共秩序，即维护公共利益。"公共利益"的含义也是不固定的，从而有利于英国自由且全面地维护国家安全和公共利益。

2002年后，经济发展和科技进步对国家安全审查提出了更高要求。2017年，英国发布《国家安全和基础设施投资审查》改革报告（又称"绿皮书"），正式从短期和长期两个方面对外资并购安全审查制度进行改革。其中短期改革主要通过修订《企业法》，将先进技术领域纳入安全审查范围，及时弥补现行规定的漏洞。2018年，英国通过《企业法》修正案，将被投资企业的审查门槛从7000万英镑降至100万英镑。凡是特定先进技术领域的投资，且被投资企业年营业额达到100万英镑，或者市场占有率达到25%，则该项投资需要接受安全审查。对于长期改革，绿皮书提出了三种方案：一是维持现有的自愿申报制度；二是采用强制申报制度；三是将前两种方案混合，英国政府最终决定以第一种方案为基础重塑英国外资并购安全审查制度。

2018年，英国颁布《国家安全和投资：立法改革建议的咨询》（以下简称"白皮书"），全面阐述了英国政府对长期审查制度改革的意见。2021年4月，英国《国家安全和投资法》（National Security and Investment Act，NSI法案）获准通过，2022年，《国家安全和投资法》法案正式生效，标志着英国完成了对外资审查制度的长期改革。《国家安全和投资法》新设了专门机构负责国家安全审查，不再由竞争和市场管理局负责，延伸了英国国家安全审查的权限和范围，实现了英国外资国家安全审查制度和反垄断程序的分离。

3. 实质性内容

（1）审查主体。《国家安全和投资法》规定，英国商务、能源及产业策略部（Department for Business，Energy & Industrial Strategy，BEIS）作为外国投资的主管部门。BEIS又成立了新的下属部门"投资安全事务署"（Investment Security U-nit，ISU）作为直接负责部门，负责受理当事人申报并提供指引。

（2）审查对象。英国对判断对英投资并购是否需要申报规定了明确的判定标准。当投资英国的合格实体或者合格资产并获得控制权时，就会触发英国政府介入。投资非英国的实体或者资产，但是在英国境内开展活动或者为英国实体提供商品或服务，同样受到审查约束。新制度下审查对象不仅包括外资并购，还包括知识产权等无形资产的收购，是对实体资产和无形资产、商品和服务、直接投资和间接投资的全面审查。

（3）审查范围。英国将所有外商投资所涉行业分成自愿申报和强制申报两大类别。《国家安全和投资法》详细规定了需要进行强制申报的17类关键敏感领域，这17类关键敏感领域分别为先进材料、人工智能、先进机器人、计算机硬件、通信、数据基础设施、加密认证、民用核能、能源、国防、军用或军民两用技术、量子技术、卫星和太空科技、合成生物学、政府部门关键供应商、应急服务部门关键供应商、交通运输。在涉及强制申报以外的其他情况下，英国鼓励投资者自愿选择申报。

（4）审查程序。在实质审查阶段之前，交易方提交申报书，审查部门将在30个工作日内完成初步审查。进入实质审查阶段后，又分为三个阶段：第一阶段、第二阶段和第三阶段。在实质审查阶段，审查部门主要从标的风险、收购方风险和控制风险三个方面判断交易是否对国家安全造成损害。大致上说，标的风险指被收购方是否属于17个敏感领域以及是否靠近敏感基础设施。收购方风险指收购方是否因为实际控制人、投资历史、科技能力、犯罪背景等原因可能对国家安全造成损害。控制风险指收购方对资产的控制程度是否对国家安全造成影响，通常来说，控制程度越高越可能带来更高的国家安全风险。

进入实质审查的30个工作日内为第一阶段，审查部门认为有必要继续审查的则进入第二阶段，第二阶段为第一阶段结束后的45个工作日。如果确实有必要则可以进入第三审查阶段，第三阶段审核期限由申报方和审查部门共同约定。

三、德国外资并购反垄断与安全审查制度

1. 德国外资并购反垄断制度

德国历史上对外资持开放态度，对卡特尔行为也较为宽容。1949年德国开始制定反垄断法，1957年正式颁布《反限制竞争法》，《反限制竞争法》在随后的几十年里经历多次修改，成为德国全面监督和管理垄断行为的基础。

《反限制竞争法》以"市场支配地位"为基本规范，对企业合并做出合理评价。实践中这一规定存在一定局限性，未达到市场支配地位的企业仍有可能牟取

单边利益。德国联邦卡特尔局作为执行机构，负责对并购交易进行事前和事后审查并决定是否禁止，享有较高权限。此外，在实际发生并购交易的时候，还有当地垄断委员会向卡特尔局提出意见。

2. 德国外资并购安全审查制度

德国现行的外资并购安全审查体系，以《对外经济法》（AWG）和《对外经济条例》（AWV）为主体。《对外经济法》颁布于 1961 年，经过多次修订但是一直未对外资并购做出特别的限制。2004 年，《对外经济法》经过修订，规定外国企业收购德国国防相关企业股份超过 25%需要接受安全审查。2009 年，《对外经济法》将原先针对国防相关企业规定扩大到所有行业，对于外资收购德国企业 25%以上股份的交易，德国联邦经济与技术部有权对其审查，判断该交易是否危害德国国家安全。这一修订标志着德国初步建立起外资并购安全审查制度。

《对外经济法》和《对外经济条例》自颁布以来经历多次修订，对外资并购德国企业的审查力度不断收紧。2018 年，《对外经济条例》经过修订规定，外资入股关键基础设施行业和国防行业的审查门槛从 25%降低到 10%。2020～2021 年，《对外经济法》和《对外经济条例》的修订进一步扩大了安全审查范围，收紧安全审查标准。

德国与美国相同，不对国家安全做出详细规定，对于"国家安全"的定义采用的是"公共秩序和安全"，参照欧洲法院的判例。根据欧洲法院的裁决，电力、天然气、石油等领域或者"基本服务"领域属于"公共安全"的范畴。在《对外贸易和支付法》中也指出，用于军事装备和准备军事行动的物资、处理国家机密材料的 IT 产品或产品组件等用于国家信息安全相关的产业也属于"社会根本利益"的范畴。

德国联邦经济与能源部作为主导部门行使审查权，国会享有一定的监督和干预权。必要时，联邦经济与能源部需要和德国外事办公室以及财政部协商是否决交易或者附加并购限制条件，涉及特定行业时也需要向相关部门征求意见。

德国作为欧盟成员国之一，对于来自欧盟成员国之内和成员国以外的投资者采取不同的规定。对来自欧盟成员国的投资者原则上不做审查，有特殊情况的除外。对来自欧盟成员国以外的投资者，并购德国公司获得 25%以上股权时需要接受联邦经济与能源部审查。

四、法国外资并购反垄断与安全审查制度

1. 反垄断

1953 年，法国成立了卡特尔技术委员会，但是此时的关注点仍然是控制通货膨胀。1986 年通过了《自由定价和竞争条例》，奠定了市场经济的基础，结束了价格监管，并成立了竞争委员会，该委员会具有对卡特尔等行为进行调查和实施处罚的权利，并扩大了咨询的职责。对并购案件的审查权属于经济部长，竞争委员会只负责向经济部长提供审查意见。2008 年，根据《经济现代化法》成立了新的竞争管理局取代之前的竞争委员会，竞争管理局的权力被进一步扩大。竞争管理局作为独立的行政执法机构，被赋予审查并购的权利，从而更少受到法国政府的影响。竞争管理局拥有广泛的调查权和裁决权，主要履行的四项职能是：打击卡特尔和滥用市场支配地位；审查并购交易；对竞争问题向政府提出意见；规范受监管的法律职业。

2. 外资并购安全审查

目前，法国外资安全审查制度的主要依据是《货币和金融法典》，并有其他外资安全审查的规定散见于经济法、商法、国防法及司法判例之中。《货币和金融法典》规定，外国投资者在"涉及公共秩序、公共安全和国防等关键领域"的投资必须提前申报并接受法国政府的安全审查。

20 世纪 60 年代，法国建立了对外国投资审查的制度并在之后的几十年里进行多次修订，但是这时的外资安全审查制度还较为松散。2005 年，美国百事公司收购法国达能公司的传闻引起法国社会关注和不满，最终推动法国通过《第2005—1739 号法令》。《第 2005—1739 号法令》作为《法国货币和金融法》第 L. 151 条补充条款，通过法律设置了审查的行业清单，标志着法国外资安全审查制度在法律层面的正式确立。

2010 年后，欧洲国家经济陷入衰退，法国进一步收紧对外资的监管。2014 年，美国通用电气收购法国阿尔斯通能源公司能源业务一案，暴露了法国在外资并购安全审查领域的严重不足。这一收购案促使法国政府迅速通过《第2014—479 号法令》，为保护关键基础设施，将能源、运输、通信网络等领域纳入监管范围内。

2018 年，法国颁布《第 2018—1057 号法令》，将人工智能、网络安全、航空航天、半导体等"未来技术"纳入外资安全审查范围中。2019 年，法国颁布

《推动企业增长与转型行动计划》（PACTE 法案），将量子技术、能源储存、粮食安全、新闻四个部门纳入监管领域。

疫情发生以后，法国进一步强化外资安全审查制度。2020 年，经济部出台《关于法国的外商投资的命令》，"生物技术"被永久纳入外资安全审查的技术清单。

3. 实质性内容

（1）审查主体。法国外资安全审查主体采取"一主多辅"模式，经济部为主要审查部门，其他部门有权辅助审查。经济部通过外国投资部际委员会（le Comité Interministériel des Investissements étrangers en France，CIIEF）与各相关部门联合，共同对外商投资进行审查，最终审查决定由经济部做出。

（2）审查对象。《货币和金融法典》规定，"为确保维护国家利益，法国政府可以根据主管部门的报告，以法令形式要求外国投资者申报在法投资以及清算等行为，并实施事前审查"。《法典》对"外国投资者"做出了规定：①任何不拥有法国国籍的自然人；②税收居所地在国外的法国自然人；③依据外国法注册成立的任何实体；④依据法国法的标准，以上三类单独或共同控制的任何实体。

外国投资者取得法国实体的控制权，或者收购法国实体的全部或部分业务，或者直接或间接、单独或共同持有法国实体超过 25% 的表决权（上市公司为 10%），需要接受安全审查。

（3）审查范围。《法国外资安全审查年报》将审查范围划分为两类：一是敏感领域，主要包括国防海外安全部门相关；二是基础设施领域，主要包括水资源、能源、粮食安全、卫生等领域相关。《货币与金融法典》详细列举了需要履行报审程序的领域：军事目的的武器、弹药、火药和爆炸物或战争物资；军民两用产品和技术；国防秘密；为重要基础设施的公共/私人运营者提供信息系统安全服务；为国防部的利益直接或分包签订合同的实体；为实现属于敏感活动的商品或服务而开展的活动；数字加密；拦截通信、远程检测对话或捕获计算机数据；根据《关于评估和认证信息技术产品和系统提供的安全的第 2002-535 号法令》规定的条件，与经批准的评估中心提供服务有关的活动；博彩（赌场除外）；恐怖活动中非法使用病原体或有毒制剂；敏感数据的处理、传输或存储涉及关键基础设施、商品或服务的活动；能源、供水、运输、空间活动、电子通信网络和服务的运营、《国防法典》框架下的重要机构、设施和工程及其信息系统的运作、粮食安全（农产品的生产、加工和销售）、公共卫生、新闻出版物、公共安全活动（警察、宪兵、民防、海关害和经批准的私营安保企业）；关键技术：网络安全、人工智能、机器人、添加剂制造、半导体、量子技术、生物技术、能源存储和可再生能源的研发。

欧盟成员国投资者不再享受豁免，也需接受严格的申报审查。

（4）审查程序。法国外资安全审查机制包含事前问询制度。在投资者提交申报材料之前，投资者可以就其交易对经济部进行问询，请求经济部判断该交易是否触发安全审核，经济部需要在两个月内作出答复。

投资者提交申报材料后的审查程序包含初步审查和实质审查两个阶段。初步审查阶段，经济部在收到申报材料后的 30 个工作日内做出审查决定，决定内容包括：①该投资不触发外商投资安全审查，不需要进行批准；②该投资触发外商投资安全审查，但给予无条件批准；③该投资触发外商投资安全审查，且需要进入全面审查阶段。经济部做出第三种决定后，审查程序进入实质审查阶段，即全面审查阶段。全面审查阶段需要在 45 个工作日内做出决定，决定内容包括：①无条件批准；②附条件批准，投资者需要执行经济部要求的缓和措施；③不予批准。初步审查和全面审查阶段，经济部超出规定期限未回复的视为禁止交易。

第四节　中国对外资并购反垄断与安全审查制度

一、中国外资并购反垄断制度

中国关于外资并购的反垄断立法主要是 2008 年 8 月 1 日开始实施的《反垄断法》和 2008 年 8 月 3 日公布的《国务院关于经营者集中申报标准的规定》（以下简称"合并指南"）。《反垄断法》的正式实施标志着中国对于外资并购的反垄断规制开启了一个新的阶段。在此之前，对于外资并购的反垄断审查与监管规定散见于各部委的行政法规，体系性不强，缺乏权威。《反垄断法》明确规定将外资并购中的垄断行为纳入审查范围，为更好地监管外资并购中的反垄断行为提供了法律基础。《反垄断法》并没有区分外资并购和内资并购的审查规定，同大多数国家一样，外资并购和内资并购适用相同的法律。

《反垄断法》使用了经营者集中的概念代替并购，主要包括经营者合并和以股权、资产和合同等方式取得其他经营者控制权的情形。在认定经营者集中时，需要考虑的两个重要因素是相关市场和市场集中度，《反垄断法》没有给出清晰的界定和计算方法，不利于法律的具体执行。

2008 年，根据《反垄断法》规定成立国务院反垄断委员会，反垄断委员会不直接参与反垄断案件的审查工作，主要负责政策制定和协调反垄断工作等宏观内容。承担反垄断执法职责的机构包括商务部、国家发展和改革委员会和国家工商行政管理总局。其中商务部主要负责经营者集中的审查，享有对外资并购境内企业的反垄断审查权，国家发展和改革委员会主要负责禁止涉及价格的垄断行为，国家工商行政管理总局主要负责禁止不涉及价格问题的垄断行为。

这种"1+3"式的审查机构有其存在的合理性，符合各个执法机构的权责划分情况，为反垄断执法初期工作做出了重要贡献。但是随着市场经济的发展，对反垄断执法机构进行改革、建立统一的反垄断执法机构是世界趋势。2018 年，国家市场监督管理总局成立，并对反垄断委员会和执法机构实行"三合一"改革，将反垄断委员会设在国家市场监督管理总局，继续负责反垄断委员会的具体工作。国家市场监督管理总局下设反垄断局，整合商务部、国家发展和改革委员会和国家工商行政管理总局的职责，负责反垄断统一执法。

2021 年，国家反垄断局正式挂牌，反垄断体制机制进一步完善，体现了反垄断执法的独立性和权威性。国家市场监督管理总局下设的反垄断局调整为反垄断执法一司、反垄断执法二司和竞争政策协调司。这一机构调整有利于增强执法力量，促进反垄断执法工作全面有效开展。

二、中国外资并购安全审查制度

（一）建立

改革开放到 21 世纪初，我国主要通过引进外资促进国内经济的发展，政府颁布多部改善投资环境、扩大外商投资领域的规定，这一时期对外资安全审查的关注较少。2001 年，中国加入 WTO，外商投资相关立法逐渐和国际接轨，外资进入带来的消极影响也引起了人们的关注。2006 年，商务部等发布《外国投资者并购境内企业的规定》，明确维护国家经济安全，对涉及国家经济安全的外资并购进行审查。

2011 年后，随着我国经济的进一步发展和世界全球化趋势，我国外资并购国家安全审查制度逐渐建立。2011 年，国务院办公厅出台了《国务院办公厅关于建立外国投资者并购境内企业安全审查制度的通知》（以下简称《通知》），商务部出台了《商务部实施外国投资者并购境内企业安全审查制度的规定》（以下简称《规定》），标志着我国初步建立起外资并购安全审查制度。

2019 年，全国人民代表大会通过《外商投资法》并于 2020 年正式实施，《外商投资法》确立了我国新时期外商投资国家安全审查法律制度的基本框架。2020 年，国家发展改革委、商务部发布《外商投资安全审查办法》（以下简称《安审办法》）并于 2021 年正式实施。《安审办法》作为我国第一个体系化的外商投资安全审查制度，标志着我国外资安全审查制度走向成熟，对推进高水平对外开放、促进经济高质量发展具有重要意义。

（二）实质性内容

1. 审查主体

审查主体上，我国采取"一主多辅"模式。《安审办法》规定，工作机制办公室设在国家发展改革委，由国家发展改革委、商务部牵头，承担外商投资安全审查的日常工作，对涉及的其他行业，其他部门参与其中。

2. 审查对象

《安审办法》规定，外国投资者在中国境内通过新建投资、企业并购和其他方式进行的可能影响国家安全的投资行为需要接受安全审查，其中可能影响国家安全的证券投资行为适用规定由国务院证券监督管理机构会同工作机制办公室共同制定。

3. 审查范围

《安审办法》规定，涉及以下领域的外商投资应当在投资前主动向工作机制办公室申办：①军工、军工配套等关系国防安全的领域，以及在军事设施和军工设施周边地域投资；②关系国家安全的重要农产品、重要能源和资源、重大装备制造、重要基础设施、重要运输服务、重要文化产品与服务、重要信息技术和互联网产品与服务、重要金融服务、关键技术以及其他重要领域，并取得所投资企业的实际控制权。

4. 审查程序

《安审办法》规定，外国投资者需要在发起投资活动之前向工作机制办公室主动提交申报材料，工作机制办公室也有权强制要求外国投资者提交申报材料。特别地，我国审查制度中增设了咨询程序，当事人在申报做出投资前可以向工作机制办公室咨询相关问题。工作机制办公室在收到申报材料的 15 个工作日内做出是否通过安全审查的决定并书面通知当事人。进入审查程序后，若当事人修改投资方案则需重新计算审查期限，若当事人取消投资计划则审查程序直接结束。

其中审查程序分为一般审查程序和特别审查程序。工作机制办公室在决定是否对当事人做出安全审查的决定后进入一般审查程序，一般审查程序在30个工作日内完成，期间当事人不得进行投资。经一般审查，认为申报的外商投资不影响国家安全的，工作机制办公室应当做出通过安全审查的决定；认为影响或者可能影响国家安全的，工作机制办公室应当做出启动特别审查的决定。工作机制办公室做出的决定应当书面通知当事人。

第五节　对策

一、影响

（一）美国外资并购安全审查制度对中国的影响

1. 投资领域受限

FIRRMA的出台扩大了外国在美投资受到审查的范围，从关键技术领域、重要基础设施领域到特定不动产领域，CFIUS的权力进一步增强。

（1）关键技术领域。根据CFIUS向美国国会提交的年度审查报告，2022年CFIUS共审查了154份简要申报和286份正式申报。正式申报作为向CFIUS提交文件的传统方式，文件复杂且审查耗时较长。CFIUS通常要求中国提交正式申报文件，因此长期以来，中国投资者提交的正式申报数量在所有国家占据首位。2020~2022年，中国投资者提交书面交易通知数量总和达到97份，占比13.0%。当前，在美国收紧对中国投资审查的背景下，2022年中国提交了5分简要申报和36份正式申报，然而根据最近的报告，2023年中国对美投资已经降至17年来的最低水平。

中国在美投资主要集中于高新技术产业，CFIUS提交的审查报告中曾指出，中国对美国先进技术公司尤为关注，截至2018年底，中国连续5年成为被美国安全审查最多的国家。中国企业并购失败的项目也主要集中在互联网、通信技术、半导体等高新技术行业。

FIRRMA 还特别指出关键技术包括新兴基础技术，新兴和基础技术的具体内容则由《出口管制改革法案》（Export Control Reform Act，ECRA）确定，使得关键技术的具体含义随着 ECRA 的变化而同步更新，同时 ECRA 也将参考 CFIUS 的审查内容对新兴基础技术进行认定。这建立起了外资安全审查制度和出口管制制度的联动，实现了在贸易和投资领域对技术出口的双重封锁，维护美国在关键技术领域的领先优势。

（2）重要基础设施领域。美国国家安全审查将重要基础设施领域与国家安全相联系，认为对重要基础设施领域的投资可能对美国国家安全造成不利影响。2016 年起，基础设施领域也成为中国赴美投资的重要领域，FIRRMA 出台后进一步限制了中国赴美投资范围。但是 FIRRMA 未对重要基础设施的界定做出详细阐述，而是授权 CFIUS 通过列举具体例子提供参照，从而使 CFIUS 拥有较大的自由裁量权。

（3）特定不动产领域。FIRRMA 扩大了特定不动产领域的审查范围，认为交易的不动产可能为外国人提供情报或者受到外国人监视则需要受到 CFIUS 审查，具体标准仍然由 CFIUS 决定，使得任何在美国的不动产投资都有可能被认为违反美国国家安全审查制度，中国企业在美投资不动产市场受到审查的可能性增大。

2. 投资风险提高

FIRRMA 赋予 CFIUS 重启审查权和中止交易权。重启审查权使得已经完成交割的交易仍有可能被 CFIUS 重启审查。重启审查的规定是该交易实质性违反"风险减缓协议"或附加条件，但是对于实质性违反的标准也由 CFIUS 决定，重新审查的风险大大提高。2018 年之前，所有的申报都以自愿为基础，CFIUS 很少审查已交割完成但未经申报的交易，而目前美国政府在审查过去的交易方面投入了大量资源并在审查中扩张解释了威胁美国国际安全的含义。

3. 企业投资成本增加

FIRRMA 延长了 CFIUS 的审查期限，从原先的 30 天延长到 45 天，特殊情况下甚至可以延长到 105 天。但是对特殊情况的界定也由 CFIUS 自行决定，审查时长也具有不确定性。审查期限延长造成了投资成本的增加，企业在美投资的运营管理、所需各项人力物力的投入成本会增加。另外，审查范围扩大和审查标准的不确定性让规避审查的成本增加，包括为了顺利通过审查实现交易所需的法律服务费用、申报费用、磋商阶段费用等。通过审查后甚至还要面对重启审查风险，需要再次付出审查成本。若最终被禁止交易，企业还面临罚金大幅提高的成本压力。

（二）欧洲外资并购安全审查制度对中国的影响

中国对欧洲投资起步较晚，但是存在巨大的增长潜力。2017 年，流向欧洲的投资为 184.6 亿美元，创历史最高值，同比增长 72.7%。2017 年《欧盟外资审查条例》草案的出台对中国在欧洲直接投资造成重大影响，2018 年流向欧洲的投资为 65.9 亿美元，同比下降 64.3%，占当年对外直接投资流量的 4.6%。对欧盟投资 88.7 亿美元，同比下降 13.6%。2019 年后，中国对欧洲直接投资增量有所恢复，对欧洲直接投资流量为 105.2 亿美元，同比增长 59.6%。

1. 国有企业投资面临更严格的审查

《条例》规定，在审查外国投资是否会对国家安全和公共秩序造成影响时，要特别关注外国投资者是否受第三国政府控制，即欧盟明确指出关注国有企业投资，将"是否受到政府控制"作为影响国家安全的重要因素。中国对欧投资中，国有企业占主导地位，2015 年以前，国有企业投资占中国对欧盟投资总额的 70% 以上，近年来这一比例逐渐下降，2021 年已经降至总投资的 12%。

2. 敏感行业的投资受到限制

《条例》对欧盟审查范围进行了非穷尽列举，对欧洲核心产业、敏感行业等加强了重点审查。中国企业在欧洲的主要投资行业都被囊括在内，中国企业在欧洲投资的范围和行业进一步缩小。尤其在高新技术领域，中国企业想要通过并购提升自身实力，2022 年，中国企业在欧盟投资科学研究和技术服务业 6.3 亿美元，增长 2.7 倍，占总投资的 9.2%。而欧盟出于维护自身竞争力的需要，必定对这些领域的投资加强审查，中国企业在欧投资面临的审查不确定性提高。

二、应对策略

（一）对于美国反垄断政策的应对

1. 国家层面的应对策略

（1）优化中国企业对美投资安全审查服务，从国家层面为中国企业赴美投资提供服务和支持。建立专业的海外投资风险评估机构，为中国企业赴美投资提供合理的指引，完善的风险预期有助于企业积极应对安全审查带来的困难。发布外资并购安全审查信息指南，对外资并购安全审查制度进行详细的介绍，有助于企业解决信息不对称困境。

（2）积极推进和美国地方政府的沟通合作。美国作为联邦体制国家，州政府不从属于联邦政府，国会议员代表各州利益，因此应该加大与各州政府的沟通，努力获取州政府支持。

（3）主动学习其他国家在美投资的成功经验。

2. 企业层面的应对策略

（1）加强对美国安全审查制度的学习。中国企业对美开展外资并购前，应当充分学习美国外资并购安全审查制度的具体规定，借助律师及其他专业人士为投资提出建议，在充分遵守美国相关规定的前提下捍卫自己的合法权益。

（2）积极配合申报和审查程序。在美国对中国企业并购安全审查愈加严格的背景下，CFIUS 拥有较大的裁量权，中国企业应当主动配合审查，为通过 CFIUS 的审查争取机会。通过磋商与 CFIUS 进行充分交流，有利于后续工作的开展。

（3）主动规避敏感领域投资。美国将敏感领域的外资并购作为安全审查的重点，想要降低审查不通过的可能性，就尽力规避在这些领域的投资。

（二）对于欧洲反垄断政策的应对策略

1. 国家层面的应对策略

（1）推动中欧投资协定生效。中欧投资协定自 2014 年开始，历经 7 年 35 轮谈判，在新冠疫情发生的艰难背景下如期完成，为促进中国和欧盟的双边贸易提供了一个良好的制度规范。中欧投资协定涵盖了市场准入承诺、公平竞争规则、可持续发展和争端解决四个方面内容，为中国企业投资带来更多机会和平等待遇。2021 年，欧洲议会冻结批准中欧投资协定的动议，中欧投资协定的生效充满阻碍。中国应坚定立场，积极推动中欧投资协定生效，在维护自身利益的同时扩大中国投资开放，为经济全球化健康发展贡献中国力量。

（2）加强沟通和交流。中欧合作潜力巨大，欧洲希望维持自身竞争力，来自中国的资金有利于促进欧洲产业的发展，也希望中国对等开放市场。因此，中欧应加强合作沟通，妥善解决现有的问题，促进更加紧密的合作。

（3）优化中国企业对欧投资安全审查服务。深入对欧洲外资并购安全审查机制的研究，从国家层面为中国投资者提供专业咨询和帮助。

2. 企业层面的应对策略

（1）调整投资战略。长期以来中国企业在欧洲投资都以并购行为为主导，近年来逐渐向绿地投资转变。2021 年，中国对欧洲的绿地投资达到 33 亿欧元，占中国对欧洲直接投资总额的近 1/3。2022 年，中国对欧洲的绿地投资增长了 53%，达到 45 亿欧元，占中国对欧直接投资总额的 57%，自 2008 年以来首次超过并购。

（2）加强与专业机构的合作。中国企业应在法律、金融、税务等方面寻求专业机构合作，为企业并购提供专业知识援助，最大限度降低交易过程中的风险。中介机构应为企业面对安全审查时提供帮助，帮助企业学习审查程序和相关案例，尽力规避风险，提高交易成功率。

（3）做好充分的市场评估。企业应根据自身发展战略选择合适的投资领域，在投资前应该充分了解并购面临的审查规定和潜在风险。在敏感行业审查力度加大的背景下，减少在关键技术和基础设施领域的并购，对于涉及安全审查的并购交易要做好充分准备，积极应对以维护自己的合法权益。

第六节　本章小结

本章对外资并购反垄断与安全审查制度进行了全面深入的分析，通过聚焦美国、欧洲和中国在这一领域的具体实践，梳理了各国外资并购反垄断与安全审查制度的发展历程和主要内容，揭示了不同国家在平衡外资促进与国家安全保护之间的策略差异，也对中国完善这一制度提供了借鉴和建议。

美国作为反垄断立法的先驱，建立了较为完善的反垄断制度框架，对内资和外资实行相同的反垄断法律。美国反垄断法体系以《谢尔曼法》为核心，形成了包含联邦立法、法院判例法和《并购指南》三个部分的反垄断法律体系。在实施上，司法部反垄断局和联邦贸易委员会作为主要的执法机构监督企业并购行为、维护消费者权益。在外资并购国家安全审查制度方面，美国经历了萌芽、建立、成熟和强化四个阶段，形成了完善的审查机制。

欧盟层面的反垄断体系可以追溯到1957年《建立欧洲经济共同体条约》，现行的企业并购反垄断法律体系以2004年欧盟理事会通过的《关于欧盟企业间并购控制条例》为主体，以欧盟委员会作为负责反垄断规制的执行机构。而欧盟建立外资并购安全审查制度较晚，长期以来各成员国根据自己的需要各自对外资进行安全审查。在世界范围内经济低迷、保护主义复兴的背景下，2019年欧盟正式建立外资并购安全审查制度，形成了"欧盟+成员国"的双轨制安全审查制度，成员国不仅需要考虑本国意见还要考虑其他成员国和欧盟委员会的意见，有利于维护欧盟的整体利益。英国、德国和法国是推动欧盟建立外资并购安全审查制度的主要力量，也建立了相对完善的外资审查机制。

相较之下，中国的外资并购反垄断与安全审查制度起步较晚。2008 年《反垄断法》的正式实施开启了中国对于外资并购的反垄断规制新阶段，2021 年国家反垄断局正式挂牌促进了反垄断体制机制进一步完善。2020 年《外商投资安全审查办法》标志着我国外资安全审查制度走向成熟，中国在借鉴国际经验的基础上，结合本国国情，致力于在促进外资流入与维护国家安全之间找到平衡点，不断完善中国外资并购反垄断与安全审查制度。

通过分析，本章发现不同国家的外资并购反垄断与安全审查制度均体现了对市场竞争和国家安全的重视。在全球化背景下，外资并购的复杂性和敏感性日益凸显，各国在制度设计上需不断适应新形势、新挑战。当前，中国对外投资受到各国安全审查限制，国家和企业应密切关注欧美等国家的相关政策，采取积极措施应对潜在的贸易壁垒和投资限制，确保外资并购活动在合法合规的前提下有序进行，促进中国经济的持续健康发展。

本章参考文献

［1］Bradford A，Chilton A，Linos K，et al. The global dominance of European competition law over American antitrust law ［J］. Journal of Empirical Legal Studies，2019，16（4）：731-766.

［2］Clougherty J A，Zhang N. Foreign investor reactions to risk and uncertainty in antitrust：US merger policy investigations and the deterrence of foreign acquirer presence ［J］. Journal of International Business Studies，2021，52：454-478.

［3］Hall R，Zach D K. Antitrust Developments in M&A ［J］. The Review of Securities & Commodities Regulation，2022，55（12）：123-137.

［4］Mehta M N，Srinivasan S，Zhao W. The politics of M&A antitrust ［J］. Journal of Accounting Research，2020，58（1）：5-53.

［5］Shapiro C. Protecting competition in the American economy：Merger control，tech titans，labor markets ［J］. Journal of Economic Perspectives，2019，33（3）：69-93.

［6］Sawyer L P. US antitrust law and policy in historical perspective ［M］. Harvard Business School，2019.

[7] Westbrook A D. Securing the nation or entrenching the board：The evolution of CFIUS review of corporate acquisitions [J]. Marquette Law Review，2018，102（3）：643-699.

[8] Zimmerman E J. The foreign risk review modernization act [J]. Berkeley Technology Law Journal，2019，34（4）：1267-1304.

[9] 肖海军，李茜. 外资安全审查标准：缺憾、价值取向与进路——以总体国家安全观为视域 [J]. 湖南大学学报（社会科学版），2023，37（5）：134-143.

[10] 何迎新，夏春秋. 发达经济体外资安全审查机制演变趋势、影响及应对 [J]. 海外投资与出口信贷，2023（3）：27-31.

[11] 韩露，贾皓宇. 拜登政府时期美国外资安全审查制度特点与发展趋势分析 [J]. 对外经贸实务，2023（4）：4-9.

[12] 黄陆河. 欧盟外资安全审查新趋势的中国因应 [J]. 中国外资，2023（5）：38-43.

[13] 马骉. 美国外资安全审查下的投资壁垒与中国企业的应对策略 [J]. 太平洋学报，2022，30（11）：68-81.

[14] 熊灵，向欣宇. 美国外资安全审查新规：制度变化、投资影响与中国应对 [J]. 边界与海洋研究，2022，7（5）：87-108.

[15] 张昕，孟翡，张继行. 德国外资安全审查机制：特征、影响及我国应对举措 [J]. 国际贸易，2022（8）：43-52.

[16] 褚晓，熊灵. 欧盟外资安全审查制度：比较、影响及中国对策 [J]. 国际贸易，2022（6）：53-61.

[17] 项松林. 西方国家外资安全审查的发展历程与政策趋势 [J]. 兵团党校学报，2022（3）：66-72.

[18] 邢政君，程慧. 欧盟外资安全审查制度改革与中国的战略应对 [J]. 国际经济合作，2022（1）：68-75.

[19] 姜建刚，尹玉琴，张建红. 外资安全审查对中国海外并购的影响研究：基于 OECD 国家的经验 [J]. 世界经济研究，2021（11）：49-63+135-136.

[20] 董静然. 美国外资并购安全审查制度的新发展及其启示——以《外国投资风险审查现代化法案》为中心 [J]. 国际经贸探索，2019，35（3）：99-112.

［21］郑聿舒，安丽．中美外资并购国家安全审查制度的对比研究［J］．四川省干部函授学院学报，2019（2）：130-133.

［22］滕乐．外资并购的反垄断规制［J］．中国外资，2018（13）：53-54.

［23］张怀岭．德国外资并购安全审查：改革内容与法律应对［J］．德国研究，2018（3）：57-71+150.

［24］慕雨果．外资并购安全审查欧盟没有统一机制［J］．中国外资，2018（7）：48.

［25］郑男，王佳．中企美国并购国家安全审查问题［J］．法制与社会，2018（12）：67-68.

［26］黄蓓，邢鑫一．外资并购反垄断审查法律问题探析［J］．法制与社会，2017（31）：71-73.

第六章

基于维护市场中性原则比较制度分析

公平竞争的投资环境对于 FDI 尤为重要，国有企业可能因其与政府的特殊关系而破坏市场公平性。20 世纪 90 年代以来，竞争性原则最先由澳大利亚提出，逐步被各国所接受，并体现在各国国内法和国际经贸规则中。竞争性原则是为了保持市场竞争，政府不能给予国有企业特殊优惠或安排，防止破坏市场公平竞争的非歧视性原则。本章立足于中国对外开放，从市场中性原则概念出发，对比世界三大贸易协定有关竞争中性条款内容，从国有企业方面、非歧视待遇和商业考虑方面、补贴透明度方面、透明度方面比较分析其异同，对基于中性原则的中国国内制度改革进行分析，梳理中国在 FDI 引进过程中出台和修改相关政策和法律法规适应竞争中性原则要求，并提出基于竞争中性深化改革的建议。

第一节 引言：中性原则研究相关文献综述

"竞争中性"（Competitive Neutrality）（也称为"竞争中立"）最早是由澳大利亚提出并实施的。随着对外投资和全球化竞争加剧，竞争中性原则逐渐被国内外的社会提及，各国法律和政策也相应对国有企业进行规范。国内学者从 2012 年开始对"竞争中性规则"展开研究，在 2017 年研究发表文献数量最多，之后慢慢降低。唐宜红、姚曦（2013）通过梳理 OECD 发布的相关报告，提炼出竞争中立的基本概念、适用范围、政策宗旨以及监管手段等要素。赵春明、赵远芳（2014）通过 TPP、TTIP（跨大西洋贸易与投资伙伴协定，Transatlantic Trade and Investment Partnership）的谈判作为切入点，概括国际经济和贸易领域的新规则特性，分析这些新规则给我国带来的挑战，并探讨我国应采取的策略以有效应对这些挑战。在应品广（2015）的研究探讨了竞争中立的不同表现形式，并在此基础上分析了国际间推广与实施竞争中立的策略。张占江（2018）则从中国反垄断法律框架出发，考察了政府行为实现竞争中立的可能性。史际春、罗伟恒（2019）在剖析了竞争中立的核心及其在中国现行政策与法规体系中的适用性后，提出对竞争中立概念及其中的非中立要素持批判态度，同时建议在国际经济贸易规则的制定过程中有选择地采纳其合理成分。沈伟（2021）从国际投资和国际贸易领域出发，分别讨论了 ICSID 中的"投资者"和美式 BIT 中"公共机构"的认定标准，并对国有企业如何摆脱身份困境提出了建议。刘敬东（2022）强调了新规则与市场经济理念的契合，并指出国有企业与市场经济之间并无固有矛盾，从而支持了中国国有企业改革与新规则在市场经济价值追求上的一致性。韩立余（2016）、刘瑛（2016）、徐昕（2017）分别深入探讨了国有企业章节中国有企业的定义、商业考量、非歧视性待遇的扩展、非商业援助制度对补贴规则的影响、透明度的高标准要求，以及对国有企业司法管辖豁免的限制。宋泓（2022）通过对比分析指出，新规则中的国有企业章节在 SCM 协定的基础上加强了对国有企业补贴的监管。刘雪红（2018）在国内改革方面主张对投资协定中的"投资者"条款进行系统性改革，以明确国有企业投资者的法律地位，避免国际层面的解释争议和司法造法问题。

国际层面，欧盟、OECD 等组织发布的一些报告对竞争中性原则的相关内容、具体措施等进行了全面、详细的论述。比如 Rennie 和 Lindsay（2011）全面概述了澳大利亚联邦及各个州的竞争中性框架，分析了澳大利亚竞争改革的成功因素，并就澳大利亚框架的成败及其对其他司法管辖区的适用性得出结论。Milhaupt 和 Zheng（2015）通过深入剖析中国的企业经营体制，发现中国企业在所有制上的差异并不显著，认为将企业简单划分为国有企业和民营企业的传统分类方法在中国的情境下可能并不完全恰当。Jaemin Lee（2019）通过深入分析 TPP 及 CPTPP 的关键条款，探讨了涉及国有企业章节的主要特征，认为竞争中性原则并不意味着对国有企业的所有活动进行彻底的监管，也不等同于政府对国有企业采取的措施都应受到限制。

第二节 市场中性原则设定原则——以 CPTPP 为例

目前，竞争中性原则的内涵主要有以下几种版本，即"澳大利亚版本""欧盟版""OECD 版""美国版"。虽然它们都暗含"公平竞争"的观点，但是由于价值取向不同，导致内涵也有所差别。本节将通过对不同版本中的竞争中立的梳理，解决竞争中立的概念、目的以及内容问题。同时，考察 CPTPP 竞争中立原则的具体内容。

一、市场中性原则的基本内涵

"澳版"竞争中性的出现是为了弥补澳大利亚竞争法的不足。澳大利亚竞争中性原则的发展历程（如图 6-1 所示），从 1993 年的《希尔默报告》，到 1995 年的《竞争原则协议》，最后纳入到 1996 年的《澳大利亚联邦竞争中立政策声明》。《希尔默报告》提出了"竞争中性"概念；《竞争原则协议》《行为准则协议》《实施国家竞争政策及相关改革的协议》的出台，意味着"竞争中性"成为国家层面的政策框架；《澳大利亚联邦竞争中立政策声明》第一次明确了"竞争中性"概念的含义（见表 6-1）。规范政府从事的商业行为，消除其净竞争优势是"澳版"竞争中性的核心观点。它强调企业的公共活动和商业活动不能混为一谈，国有企业不能因其"国有"性质而拥有其他企业不具备的竞争优势。

图 6-1 "澳版"竞争中性原则发展历程

表6-1　澳大利亚有关竞争中性原则概念

年份	名称	概念
1993	《国家竞争政策》（National Competition Policy）	政府直接进行的商业活动（国有企业）不得因其所有权的性质获得额外的竞争优势
1995	《竞争原则协议》（Competitive Principles Agreement）	政府的商业活动不得因其公共部门的所有权属性而享有任何净竞争优势。竞争中性原则仅适用于公共部门的商业活动，而不适用于非商业及非营利活动
1996	《澳大利亚联邦竞争中立政策声明》（Commonwealth Competitive Neutrality Policy Statement）	仅仅因为公共部门所有权，政府商业活动不能享有相对于私营部门竞争者净竞争优势（Net Competitive Advantage）

在区域层面上，欧盟将竞争中性理念贯彻其竞争法多年的实践中。欧盟运行条约（Treaty on the Functioning of the European，TFEU）规定了国有企业的非市场竞争优势，旨在实现欧盟内部统一和公平竞争秩序。在欧盟中，欧洲议会和法院推进了欧盟国有企业竞争中性规则的确立，形成其区域内独特的竞争中性规则。欧盟国有企业竞争中性要求以所有权中立为基础，赋予国有企业与私营企业相同的市场竞争地位，注重福利国家的平衡，保证市场能够进行公平竞争①。根据 TFEU 第107条规定，欧盟约束国家资助包括两点：一是各成员国政府对特定产业或产业的资助行为应该受到约束，二是对国有企业的行为给予特殊规范。② 欧盟有专门处理国有企业竞争中立问题的专门实施机构——欧盟委员会竞争总司和欧盟法院，负责审查国家资助的申报、调查并作出处罚，受理有关国家资助的诉讼。此外，欧盟还通过一系列判例进一步丰富竞争中性原则的内涵。

OECD 版本的"竞争中性"概念是以澳大利亚版本的竞争中立概念为基础，将竞争中性的概念推广到更广泛的领域。表6-2总结了 OECD 发布的报告中有关竞争中性的内容。随着 OECD 多份专项工作报告的发布，逐步形成了竞争中立的"八大基石"：简化国有企业运营方式、核算特定职能成本、给予商业化回报、厘清公共服务义务、税收中立、监管中立、债务及补贴中立、公共采购中立③。

①　翟巍. 欧盟国家限制竞争行为反垄断规制及对我国启示——基于公共经济利益服务研究视域 [M]. 北京：法律出版社，2016：392.

②　Treaty on the Functioning of the European Union. https：//eur-lex. europa. eu/EN/legal-content/summary/treaty-on-the-functioning-of-the-european-union. html. 访问日期：2024 年 3 月 18 日。

③　张久琴. 竞争政策与竞争中立规则的演变及中国对策 [J]. 国际贸易，2019（10）：3+27-34.

OECD 主要通过关注国有企业的治理，进而推动竞争中性政策的实施。OECD 的竞争中性原则针对的是国际市场，强调整个市场环境的中立性。虽然 OECD 关于竞争中立方面的报告没有落到实处，但是 OECD 对竞争中立的推动影响了其成员国国内规范并逐渐引起国际关注①。

表 6-2　OECD 有关竞争中性原则概念

年份	名称	概念
2009	《国有企业和竞争中立原则》 （State Owned Enterprises and the Principle of Competitive Neutrality）	将竞争中立视为一个监管框架，在这种框架中，公共和私营公司适用相同的规则，与国家的接触不会给市场竞争者带来优势
2012	《竞争中立——维持国有企业和私营企业间的公平竞争环境》 （Competitive Neutrality—Maintaining a Level Playing Field between Public and Private Business）	政府必须保证各市场主体之间的公平竞争，当市场中任何实体都不具有不公平的竞争优势或劣势时，即处于竞争中立的状态
2012	《竞争中立：经合组织建议、指引与最佳实践纲要》 （Competitive Neutrality：a Compendium of OECD Recommendations Guidelines and Best Practices）	在经济市场中运营的任何企业都没有不当的竞争优势或竞争劣势

美国并没有官方的"竞争中性"定义，美国国务院副国务卿罗伯特·霍尔马茨（Robert D. Hormats）在 2011 年《确保全球竞争的稳固基础：竞争中性》（Ensuring a Sound Basis for Global Competition：Competitive Neutrality）的报告中提出："竞争中性意味着政府支持的商业活动不因其与政府的联系或从政府获利而享受私营部门竞争者所不能享受的人为竞争优势。"② 美国推行的竞争中性政策所要规制的主要内容体现在其签署的双边或区域贸易协定中，比如跨太平洋伙伴关系协定（Trans-Pacific Partnership Agreement，TPP）及后来的 CPTPP、美墨加协定（United States-Mexico-Canada Agreement，USMCA）等，其中最具有代表性的是 TPP。美国竞争中性的主要特征是使用"政府支持的商业活动"。这就使只要与政府有联系市场商业活动都被纳入到"竞争中性"的适用范围内。

① 沈伟."竞争中性"原则下的国有企业竞争中性偏离和竞争中性化之困 [J]. 上海经济研究，2019：11-28.

② Hormats RD. Ensuring a Sound Basis for Global Competition [J]. Competitive Neutrality，2011.

二、CPTPP 设定下的竞争中性原则

CPTPP 是目前标准最高、影响最广的国际经贸规则协定。CPTPP 里有关"竞争中性"的章节很多，其中直接与之相关的章节主要是第 17 章"国有企业和指定垄断"，该章节是以往国际经贸规则的重要延续和发展，落实多边经贸规则中提出的一些重要原则，代表了西方国家对于国有企业的共同诉求，为未来国际经贸规则的新升级带来示范效应。

根据该章节的规定，国有企业指主要从事商业活动的企业且缔约方在该企业中：（a）直接拥有 50% 以上股份资本；（b）通过所有者权益控制 50% 以上投票权的行使；（c）拥有任命董事会或其他同等管理机构过半数成员的权力[①]。CPTPP 通过列举的方式做出了一些例外规定，这些例外规定明确了国有企业和指定垄断规则不适用的情况。这些例外规定允许各缔约方在特定情况下，不完全遵守 CPTPP 中的国有企业和指定垄断规则，从而为各缔约方提供了一定的灵活性，同时也平衡了对保护主义的限制和对国家经济主权的维护。表 6-3 对 CPTPP 中有关竞争中性的内容作了具体描述。

表 6-3　CPTPP 有关竞争中性主要条款

主要条款	条款位置	条款主要内容
非歧视待遇和商业考虑条款	第 17.4 条	（1）CPTPP 规定缔约方应确保：①指定垄断和国有企业在从事商业活动时，采购或销售货物或服务需基于商业考虑；②国有企业和指定垄断购买或销售相关货物或服务时不得对另一缔约方的企业或投资企业进行歧视（需满足最惠国待遇和国民待遇）；③指定垄断不得使用其垄断地位，包括指定垄断的内部交易，在缔约方领土内的非垄断市场上从事反竞争行为，从而影响缔约方之间的贸易或投资；但缔约方可通过实施其普遍适用的竞争法规和经济监管法规以满足指定垄断不得滥用其垄断地位的要求。 （2）商业考虑和非歧视规则存在如下例外：①非歧视规则不阻碍国有企业或指定垄断基于有差别的条款或条件（包括与价格相关的条款和条件）购买或销售货物或服务，也不阻碍其拒绝购买或销售货物或服务，前提是该等差别待遇或拒绝购买、销售应基于商业考虑；②有关国有企业的商业考虑和非歧视规则不适用于国有企业为取得其他企业权益而进行的股份买卖活动，即对其他企业的资本参与。需要注意商业考虑和非歧视的义务的承担主体并不是国有企业或指定垄断，而是缔约方政府有义务"确保"其国有企业和指定垄断不违反上述义务，如果国有企业或指定垄断采取了规则所约束的行为，则其行为归因于缔约方政府

[①]　中华人民共和国商务部.《全面与进步跨太平洋伙伴关系协定》（CPTPP）中英对照文本，2021 年。

主要条款	条款位置	条款主要内容
非商业援助	第17.6条	(1) CPTPP 规则下的所谓"非商业援助"本质上是指专门提供给国有企业的补贴。非商业援助行为可分为两类：一是直接的资金转移或间接的资金或债务转移，例如赠予和债务免除、优于商业可获得条件的融资、不符合通常投资实践的投资；二是一般性基础设施除外。 (2) CPTPP 要求各国政府不得对国有企业进行任何形式的"非商业援助"，即减少政府及其支持机构市场干预行为，以免其对其他缔约方利益造成不良影响
透明度	第17.10条	缔约方应公开的信息分为主动公开的信息和应请求公开的信息两类。主动公开是指缔约方在协定生效后的6个月之内向其他缔约方提供或在网站公布国有企业的名录，并在此后每年更新；应请求公开是指在另一缔约方的书面请求下，一缔约方应及时将被申请公开的国有企业的董事会、股权结构等信息提供给申请方
监管中立	第17.5条	①涉及国有企业的行政监管和诉讼管辖规则对各类企业保持一致；②给予法院向国外国有企业提起的民事诉讼的管辖权

综上所述，竞争中性原则是 CPTPP 第17章"国有企业和指定垄断"章节的核心思想，强调确保所有市场主体商业行为的公平竞争，因为公平竞争是促进市场经济繁荣发展的基本要素，也是市场机制保持高效运行的前提条件之一。它要求所有缔约方都要围绕公平竞争议题进行国内立法，并确保竞争执法的程序公正，特别要求保证国有企业遵循"竞争中性"原则，确保其从事商业活动时遵循非歧视待遇与商业考虑原则，对其受到各种非商业援助情况做出明确约束规定，防止其商业行为扭曲市场，禁止其利用获得优势地位对其他市场主体造成实质性损害①。

第三节　市场中性原则各个维度的比较制度分析

由于 WTO 在国有企业参与国际市场竞争方面缺少明确的规范和有效的争端解决程序，这促使许多国家开始独立制定自己的国有企业规则。本节将采用比较制度分析，选择世界三大贸易协定即 CPTPP、USMCA 和中欧全面投资协定（EU-China Comprehensive Agreement on Investment，CAI），对其中涉及的竞争中性规则进行比较，为后续国内制度改革论述做铺垫。

---

① 刘向东. 对接 CPTPP 完善中国竞争规则基础制度的建议 [J]. 全球化，2022（4）：93-101.

一、"国有企业方面"的比较制度分析

1. 名称和界定

CPTPP 和 USMCA 这两个协定中，国有企业规则明确将该类企业命名为"国有企业"（State-owned Enterprise），有单独的章节；CAI 中却采用了"涵盖实体"（Covered Entity）替代"国有企业"表述。一部分学者认为 CAI "涵盖实体"没有实际含义，只是一个名称[①]。另一部分学者认为，"涵盖实体"与"国有企业"相比，能减少欧美国家对所有制的敏感性，并且降低欧美国家将国有企业联系为"国家资本主义"工具的概率[②]。

结合表 6-4，我们可以看出，CPTPP 中的国有企业定义是一种妥协、折中的界定，目的是在各缔约方之间寻找并达成一个最广泛的共识。USMCA 要求企业以从事商业活动为前提，满足表 6-4 中四个条件中的任意一个即国有企业。CAI 对"涵盖实体"的定义内涵主要包括两个方面：首先，它指的是缔约方通过特定方式拥有或控制的企业；其次，它包括那些由缔约方明确指定，在市场中占据独特地位并具有排他性权利的企业，也就是通常所说的指定垄断企业。

表 6-4　CPTPP、USMCA 和 CAI 国有企业比较

	CPTPP	USMCA	CAI
名称	国有企业	国有企业	涵盖实体
定义	国有企业为主要从事商业活动的企业且缔约方在该企业中：（a）直接拥有 50% 以上股份资本；（b）通过所有者权益控制 50% 以上投票权的行使；（c）拥有任命董事会或其他同等管理机构过半数成员的权力	在企业从事商业活动的前提下，国有企业是指政府直接或间接享有以下权益的企业：（a）政府控制过半数的股权；（b）政府享有过半数的投票权；（c）政府通过其他方法控制企业；（d）政府有权任命多数管理人员	涵盖实体在各级政府中，指下列实体：（a）一方直接或间接参与其中的企业：拥有 50% 以上的股本；或通过所有者权益控制 50% 以上的表决权的行使；或拥有任命董事会或任何其他同等管理机构多数成员的权力；或通过任何其他所有者权益，包括少数股权，拥有对企业决策的控制权；（b）一方根据其法律法规有权依法主导行动或以其他方式行使同等控制权的企业；（c）在一方领土内的相关市场上，由该方正式或有效地授权或成立，作为某一商品或服务的唯一供应商或购买者的任何公共或私营实体，包括其任何子公司或财团，但不包括仅由于该等授权而被授予独家知识产权的实体；（d）一方正式或事实上指定的两家或少数几家公营或私营企业，包括其任何子公司，在该方领土内相关市场上作为某一特定商品或服务的唯一供应商或购买者

---

① 叶斌.《中欧全面投资协定》与监管权：战略机遇及外部风险 [J]. 国际法研究，2021（6）：3-21.
② 荆鸣.《中欧全面投资协定》竞争规则初探——"接合面制度 2.0"在投资协定中的应用 [J]. 上海金融，2021（5）：72-79.

	CPTPP	USMCA	CAI
名称	国有企业	国有企业	涵盖实体
控制形式	对于股权的控制要求"直接"控制，对投票权和任命权没有作出说明	在股权、投票权和任命权的控制上要求"直接"或"间接"控制	在股权、投票权、任命权和其他所有者权益上均明确要求是"直接"或"间接"的控制，在法律指示控制上不要求"间接"控制达到

2. 适用例外

协定中一般都会设置"例外条款"或者"保留条款"，以便针对相关条款做出例外规定，CPTPP、USMCA 和 CAI 都规定了不同方面的例外规定。在"范围"（Scope）和"例外"（Exceptions）条款中有 CPTPP 的适用例外，"范围"条款明确指出了 CPTPP 中关于"国有企业与指定垄断"章节的不适用情况。而"例外"条款则主要阐述了国有企业在运营时应遵守的规则——如非歧视性待遇、商业考虑因素以及非商业性援助——的不适用情况，这些例外包括在政府授权下提供的金融服务，以及因抵押品丧失赎回权或与债务违约相关的法律诉讼等情形①。USMCA 的例外情形主要涉及金融监管、信贷、汇率政策和破产清算等，旨在避免缔约国不当利用关于国有企业的规定，以免影响到其他国家国有企业履行其特殊职能以及企业进行正常商业活动。另外，企业在行使政府职权时提供的服务也不受本章规制，主要涉及政府采购、独立养老基金等项目。

就金额标准而言，CPTPP 和 CAI 在实施"竞争中性规则"时设定了 2 亿特别提款权（SDRs）的阈值，意味着只有那些在最近三个连续财政年度中的任何一个年度商业收入达到或超过 2 亿 SDRs 的国有企业才会受到这些规定的约束；而 USMCA 所设定的门槛金额则相对较低，由 CPTPP 中规定的 2 亿 SDRs 下调至 1. 75 亿 SDRs。由此，我们可以看出 USMCA 在传统所有权量化指标的基础上扩展了国有企业界定，扩大了国有企业范围。

值得注意的是，CPTPP 和 USMCA 中相关规定仅对中央政府级别国有企业适用，对次级政府（缔约方的地区级和地方级政府）的国有企业不适用。但 CAI 的相关规定涵盖缔约方所有层级的国有企业。

---

① United States–Mexico–Canada Agreement. https：//ustr. gov/trade-agreements/free-trade-agreements/united-states-mexico-canada-agreement. 访问日期：2024 年 3 月 18 日。

二、"非歧视待遇和商业考虑"比较制度分析

1. 非歧视待遇和商业考虑

从"非歧视待遇"角度来看，CPTPP 和 USMCA 都要求缔约方提供最惠国待遇和国民待遇，但是 CAI 仅要求缔约方给予国民待遇，这就意味着 CAI 在非歧视待遇部分对国有企业的要求相对较低。从"商业考虑"角度来看，CPTPP 和 USMCA 将"商业考虑"定义为私有企业在商业决策中通常考虑的因素，而 CAI 中的"商业考虑"省略了对于企业所有制的限定。具体内容如表6-5所示。

表6-5　CPTPP、USMCA 和 CAI 非歧视待遇和商业考虑比较

	CPTPP	USMCA	CAI
非歧视待遇	延续了 TPP 在非歧视待遇和商业考虑部分的内容；要求缔约方提供最惠国待遇和国民待遇	在购销同类货物或服务时，缔约方对另一缔约方企业的待遇不低于另一缔约方、任何其他缔约方或任何非缔约方的企业	首先涵盖实体在从事商业活动时不得对另一缔约方客户或国内客户实施具有歧视性的行为；其次非歧视待遇适用的领域除货物贸易外，还包括服务贸易，既适用于采购环节，又适用于销售环节。非歧视待遇仅涉及国民待遇
商业考虑	在私营企业市场活动中通常考虑价格、质量等因素	私营企业在相关行业进行经营决策时通常考虑购销因素，包括盈利能力、销售途径、运输成本等条件	基于利润并受市场力量约束的价格质量等因素

2. 非歧视待遇和商业考虑的关系

非歧视性待遇和商业考虑之间的关系，WTO 上诉机构在"加拿大小麦出口与进口谷物处理措施案"（Canada-Measures relating to exports of wheat and treatment of imported grain，DS276）中裁定，商业考虑的义务是从属于非歧视性待遇义务的，即以国有企业是否遵循非歧视原则作为其是否满足商业考虑的标准。相较之下，CPTPP 和 USMCA 将商业考虑视为与非歧视待遇地位相等同的独立义务，不再将商业考虑作为非歧视待遇的次要条件。这意味着，如果国有企业的经营活动未能完全基于商业考虑，即便它们遵守了非歧视原则，也构成违规，而 CAI 则没有对这两项义务的关系作出明确规定。

三、"透明度"比较制度分析

对于透明度的比较，我们从信息披露方式和信息披露内容两个角度来分析，表6-6列出了 CPTPP、USMCA 和 CAI 关于透明度的相关内容。其中，CPTPP 强调主动和定期的透明度，USMCA 增加了股本注入透明度要求，而 CAI 是相对被动、非机制化的信息披露。相较之下，CPTPP 和 USMCA 规定的信息披露范围更为广泛，信息共享的程度更为深入，这使得各缔约方能够更加有效地监督对方履行义务的情况。

表6-6 CPTPP、USMCA 和 CAI 透明度比较

	CPTPP	USMCA	CAI
信息披露方式	要求国有企业定期和主动披露。所有 CPTPP 成员方必须在网站上公示其所有国有企业的名单目录，并实时更新	两种披露方式：主动披露；申请后披露。主动披露是指各方应按时以各种方式提供其国企名单，并及时更新。申请后披露是指缔约一方经过书面申请后，被申请方需提供：（a）企业的相关信息。（b）有关非商业援助政策或者计划的资料	以相对被动和非机制化的方式进行，仅规定了基于另一缔约方请求而应履行的信息披露义务
信息披露内容	要求强制披露垄断信息，按请求披露国有企业或政府垄断相关信息、与非商业援助有关的政策或计划等信息	除 CPTPP 的规定外，USMCA 增加了关于股本注入情况的透明度要求，缔约方披露的义务更加系统化、全面化	除某些细节措辞不同外，CAI 与 CPTPP 对于应当披露的内容大致相同

第四节　市场中性原则下的国内制度改革

我国的国有企业改革一直朝着政企分开和市场化方向发展，包括为了适应市场化改革要求，国有经济从竞争性领域退出或者进行国有企业改制，党的十八大以来推行混合所有制改革，允许民营资本参与国有企业，以及国有企业的上市，引入机构战略投资者，改善国有企业治理结构，提高国有企业的绩效。所以在吸引 FDI 流入过程中，外资最担心进入中国市场后，国内的国有企业会利用与政府的关系，获得额外的补贴或税收优惠，从而获得额外的竞争优势。所以随着中国经济的进一步开放，中国需要适应竞争中性原则要求进行相应的改革。

一、中国 FDI 引入与竞争中性

在改革开放初期，中国开始实施改革开放政策，逐步放宽市场准入，吸引外资。在这一时期，中国出台了一系列优惠政策，如税收减免和土地使用优惠，以吸引外国投资者，使外资企业获得超国民待遇，再加上中国廉价要素等区位优势，使外企企业凭借这种超国民待遇在中国市场获得快速发展。所以在 2008 年内外资所得税合并之前，并不存在国民待遇下竞争中性问题。为了适应竞争中性原则的要求，中国修订了相关法律法规，以确保内外资企业在市场准入、税收、用地、用工等方面的公平竞争。中国进一步降低金融和运输等服务业市场准入门槛，改善营商环境，保护知识产权，强化并践行"竞争中性"原则，这对于吸引技术和研发行业与服务业 FDI 尤为重要。2019 年 3 月 15 日，中国通过了《中华人民共和国外商投资法》，该法律旨在为外国投资者提供更加公平、透明的投资环境，并强化知识产权保护。与《中华人民共和国外商投资法》同步配套实施的《中华人民共和国外商投资法实施条例》，进一步明确了外商投资的相关规定和操作细节。随着社会主义市场经济的发展和对外开放的深化，中国的法律体系也在不断完善，以适应经济发展的需要和国际社会的期待。通过这些措施，中国在引进 FDI 的过程中，不仅促进了经济的快速发展，还逐步构建了一个公平竞争的市场环境，体现了中性原则的要求。

在 2020 年 12 月达成的 CAI 框架下，欧盟指出，虽然中国经济规模庞大，但欧盟对中国的投资相对有限，也就是说中国市场对外资仍然具有吸引力。但劳动力成本已不再具有明显的竞争优势，并且在制造业领域面临总体产能过剩的问题，因此，坚定地实施"竞争中性"原则，对于吸引技术和研发领域的 FDI 以及服务业的 FDI 非常重要。

二、国有企业分类改革

"竞争中性原则"无论是作为国际经贸的规则谈判还是作为特定国家国内经济改革的因应制度，都强调其适用于商业性活动而排除非商业性活动①。我们通

---

① 宋彪. 竞争中性的渊源、政策目标与公共垄断改革［J］. 经济法研究，2017（1）：12+179-199.

过比较不同版本的竞争中性原则，发现"商业性"是适用竞争中性原则的前提和基础，而且并非所有的国有企业都适用竞争中性（见表6-7）。

表6-7 不同版本竞争中性的适用对象

版本	适用对象	使用例外
澳大利亚	重要的政府商业活动	政府的非商业活动
欧盟	从事商业活动的实体	非商业实体
OECD	政府商业活动和从事商业活动的国有企业	从事非商业活动的国有企业
CPTPP	重大的商业性国有企业	非商业性国有企业

由表6-7可知，不同版本竞争中性的适用对象不同。若要实施竞争中性原则，就必须满足竞争中性的适用条件[①]，这个共同的适用条件就是"商业性"+"国有企业"或"政府商业活动"，如果仅仅是国有企业并不构成适用条件，显然如果是非商业活动的国有企业，例如社会公共服务企业并不一定以营利为目的，并不适用于"竞争中性"原则，因为企业所处的市场本身就不是一个竞争性市场，所以也就谈不上竞争中性了。因此"商业性"或者企业所处的市场为竞争性市场是竞争性原则适用的前提。

目前，我国国有企业不同的功能性质将企业划分如表6-8所示。显然，商业性或竞争性国有企业适用竞争中性，而其他两类要根据其业务活动的性质是否为商业性，采用竞争中性政策。我们对商业性和竞争性国有企业的改革主要集中在通过混合所有制改革来优化国有资本的配置，遵循竞争中性原则，以实现资本回报的最大化。

对于提供公益或公共产品的国有企业，改革的焦点是提高公共产品和服务的质量，加强对成本和价格的监管，重视其社会效益，而不是单纯追求经济效益。至于具有战略性或特定功能的国有企业，改革的关键在于在进一步完善国有资本布局的基础上，调整企业的职能定位，明确其主要业务方向，以执行国家特定的任务为核心。对于那些可以市场化的部分，我们应借鉴商业性或竞争性国有企业的做法，确保这些业务能够获得合理的利润。

---

① 和军，张依. 基于"竞争中性"原则的国有企业分类改革 [J]. 广东社会科学，2020（5）：3+22-31.

表 6-8 国有企业改革分类、竞争中性适用性与改革重点

分类	分布领域	监管主体	是否适用竞争中性	改革重点
商业性或竞争性国有企业	装备制造、化工、建筑、汽车、电子信息、有色金属加工、钢铁、勘察设计、科技等行业	国有出资人以《公司法》等其他法律为依据行使股东的监管权益，以及一般市场监管	适用，国企与非国企处于平等竞争的地位	合理调整国有资本的布局，加强市场竞争能力，实现国有资本保值增值
公益性或公共性国有企业	基础公共设施行业，如电网、电力、电信、公路交通、供水、邮政、港口、机场等行业	国有出资人、政府相关行业主管机构、社会公众集体监督	合理核算其履行公共服务的成本情况下豁免竞争中性	监管企业提供的公共产品及服务的质量和效率，以及产品的生产成本及各项资金使用情况
战略性或特定功能性国有企业	石油石化、矿产资源开采、军工、粮棉油肉糖等储备的行业、自然垄断行业、前瞻性战略性产业	由国有出资人与政府相关行业主管机构共同监管	部分适用，适用于企业的商业性业务	完善国有资本布局，通过定位调整引导企业明确主业，完成国家布置的专项任务

资料来源：和军、张依（2020）。

因此，针对以"竞争中性原则"为基础的国有企业分类改革，我们必须完善和强化分类监管体系和相应的法律框架。这意味着为不同类型的国有企业定制和应用相应的监管法规，同时不断改进与分类监管相关的辅助法律体系，以提高监管措施的效力。此外，将竞争中性的理念整合入法律体系，并根据国内的具体情况，进一步扩展竞争中性的深度和广度。

三、公平竞争审查制度的完善

鉴于"地方保护、区域封锁，行业壁垒、企业垄断，违法给予优惠政策或减损市场主体利益等不符合建设全国统一市场和公平竞争的现象仍然存在"，国务院自 2016 年起推行建立公平竞争审查制度[①]，旨在"规范政府有关行为，防止出台排除、限制竞争的政策措施，逐步清理废除妨碍全国统一市场和公平竞争的规定和做法"，"保障各类市场主体平等使用生产要素、公平参与市场竞争、同

---

① 《国务院关于在市场体系建设中建立公平竞争审查制度的意见》（国发〔2016〕34 号），https：// www. gov. cn/gongbao/content/2016/content_5086310. htm。

等受到法律保护",体现了竞争中性中的监管中性,要求参与市场经济的主体享有平等的政策环境。党的十九大和党的二十大分别提出了"打破行政性垄断"和"破除地方保护和行政性垄断"的要求,作为一项旨在从根本上预防和限制反竞争政策文件制定的机制,公平竞争审查制度必须发挥其关键作用。在过去,理论和实务界常常担忧公平竞争审查制度会由于其法治化程度不足,而难以有效发挥作用,但随着反垄断修法的完成和国务院相关行政法规开始起草,公平竞争审查制度站上了法制化的新起点。

(1)完善公平竞争审查制度的程序。程序是制度的生命线,想要完善公平竞争审查制度,离不开对程序的完善。一方面,借鉴 CPTPP 和 USMCA 的做法,建议要求国有企业定期且主动披露经营情况,特别是关于企业股权结构、决策过程、政府干预、政府援助等信息。同时,应建立一个集中便捷的信息披露平台,像 CPTPP 所要求的那样,在政府官网上定期发布国有企业的名录,并要求实时更新。此外,国有企业往往涉及多个政府部门,因此,竞争审查应涉及多部门的协作,包括财政部、商务部、国务院国有资产监督管理委员会、国家发展和改革委员会等部门,确保国有企业的竞争行为被全面审查,并避免地方政府或行业部门在推动国有企业竞争中存在的保护主义倾向。另一方面,建议设立独立的竞争审查委员会,负责对国有企业行为、竞争中性原则的执行进行监督。除由政府主导外,还应借鉴 CAI 中引入外部专家意见的做法,定期邀请学术界、行业专家和社会公众参与竞争审查过程。

(2)健全公平竞争审查的体制机制保障。根据 CPTPP 和 USMCA 的做法,建议根据国有企业的控制权、股权结构等明确划定国有企业的定义,涵盖中央政府以及地方政府的国有企业,以避免不同层级政府在竞争中性问题上的监管盲区。基于 CPTPP 和 CAI 的规定,可以通过修订相关法律,规定所有国有企业应当在公平竞争环境中开展商业活动,不得滥用政府支持或采取排除竞争对手的行为。根据 USMCA 和 CPTPP 的例外条款,建议在公平竞争审查制度中增设对违反竞争中性规则的国有企业的处罚机制,包括经济罚款、限制市场准入、撤销政府支持等惩罚措施。最大限度地发挥出反行政垄断执法和公平竞争审查制度在落实党的十九大和党的二十大提出的"打破行政性垄断"和"破除地方保护和行政性垄断"等要求的关键作用,推动构建高水平社会主义市场经济和全国统一大市场建设,服务高质量发展。

四、基于竞争中性深化改革建议

基于我国的实际情况，合理吸取国际上制度变革的经验，从企业角度、政府政策、市场环境等多个维度逐步实现与竞争中性原则的一致性，以加速构建一个高效、规范、公平竞争且高度开放的全国性统一市场。

（1）以竞争中性原则为指导，消除对所有制形式的偏见，促进各类企业的均衡发展。竞争中性原则并不排斥国有企业作为市场参与者，而是反对政府通过补贴和优惠政策为国有企业创造优势，主张国有企业与其他所有制企业在市场中公平竞争。根据竞争中性原则，我国应以公平竞争为基础，依法制定合理的竞争政策，既减少政府对国有企业的过度保护，也消除对私营企业的歧视，同时有效解决行政过度干预和垄断行为导致的不公平竞争问题。简言之，我们应以竞争中性原则为基础，寻求企业、政府和市场间的最大公平共识，确保各类企业能够在市场上公平竞争。

（2）加强国有企业的独立性，严格预算约束，提升其竞争力。要求建立合理的董事会和管理层分权机制，实现政企分离，优化企业治理结构，完善相关政策。对于积极响应政策、拓展国际市场的企业，政府可以通过调整持股比例来支持其海外发展。同时，要减少对企业的补贴，特别是在企业亏损时，建立健全的问责机制，明确权责关系，防止权力滥用。

（3）政府职能需转变，提高服务和监管水平，减少不合理市场干预。减少干预并非禁止政府作用，而是限制歧视性干预。改革实质在于科学规范政府和国企行为，避免监管和干预混淆，通过公平竞争审查。根据《反垄断法》禁止滥用行政权力排除、限制竞争的相关法律要求，按照竞争中性原则要求，规范政府与国企关系，减少企业依赖政府支持，构建具有中国特色的现代国企制度。

（4）借鉴国际实践经验深化国企治理现代化，加快企业国际化步伐。立足实际，借鉴澳大利亚、OECD、欧盟、CPTPP 等竞争中性规则。

第五节　本章小结

本章从中国对外开放的宏观背景出发，深入探讨了市场中性原则的内涵及其在国际贸易中的重要性。通过对世界三大贸易协定 CPTPP、USMCA 和 CAI 中关于竞争中性条款的比较分析。本章明确了市场中性原则的基本要求，即所有经营实体在市场中应享有平等地位，不受不当竞争优势或劣势的影响。在此基础上，对比分析了三大贸易协定对竞争中性原则的具体规定，指出了它们在国有企业定义、非歧视原则和商业考虑、补贴透明度要求等方面的共性与差异。本章着重分析了中国在引进外国直接投资（FDI）的过程中，为适应竞争中性原则要求所进行的政策调整和法律法规改革。从《中华人民共和国外商投资法》的出台到《中华人民共和国反垄断法》的修订，再到政府采购法的平等对待原则，本章展示了中国在构建公平竞争市场环境方面的积极努力和显著进展。最后，本章在全面分析的基础上，提出了基于竞争中性原则深化改革的建议。这些建议旨在促进中国国内市场与国际规则的更好对接，提升中国在全球化进程中的竞争力和影响力。

"市场中性原则"的核心是要求政府处理好政府与企业关系，破除由于政府对于企业的政策干预而导致对其他市场主体形成不公平竞争，中国统一大市场建设的重要举措就是要打破地方行政壁垒和行业垄断，使得资源得到更大范围的优化配置。在开放经济下，外资企业是参与中国经济的重要力量，在 2008 年内外资税收合并之后，外资结束了"超国民待遇"时代，市场"竞争中心"原则显得尤为重要，这也是 CPTPP、CAI 等经贸规则中所强调的。中国目前已经积极申请加入 CPTPP，也显示了坚定进行国有企业改革的决心。如何在不依赖于政府帮助的情况下保持国有企业的竞争力，是商业性国有企业在这一原则下所要面临的考验。经过数十年的国有企业改革，中国已经摸索出了一套适合中国国情的国有企业改革道路，国有企业逐步完成了市场化转型，形成了富有竞争力的现代公司治理体系。在竞争中心原则下，反过来也将进一步推进中国的国企改革和政企改革，不断提升我国的国有企业市场竞争力。

本章参考文献

［1］Hormats R. D. , Ensuring a Sound Basis for Global Competition：Competitive Neutrality（2011-05-05），2011.

［2］Jaemin L. , "Trade Agreements' New Frontier-Regulation of State-owned Enterprises and Outstanding Systemic Challenges," Asian Journal of WTO & International Health Law & Policy, 2019, 14（1）：33-72.

［3］ Milhaupt C. J. & Zheng W., "Beyond Ownership：State Capitalism and the Chinese Firm", Georgetown Law Journal, 2015, 103（13）：665-722.

［4］ Rennie M. & Lindsay F., "Competitive Neutrality and State-Owned Enterprises in Australia：Review of Practices and their Relevance for Other Countries," OECD Corporate Governance Working Papers 4, 2011.

［5］ Treaty on the Functioning of the European. https：//eur-lex. europa. eu/EN/legal-content/summary/treaty-on-the-functioning-of-the-european-union. html.

［6］ "United States-Mexico-Canada Agreement", https：//ustr. gov/trade-agreements/free-trade-agreements/united-states-mexico-canada-agreement.

［7］ 韩立余. TPP 国有企业规则及其影响［J］. 国家行政学院学报，2016（1）：83-87.

［8］ 和军，张依. 基于"竞争中性"原则的国有企业分类改革［J］. 广东社会科学，2020（5）：22-31.

［9］ 黄颖慧. 国际经济新秩序下的竞争中立规则及我国对策研究［J］. 华东政法大学，2017 年.

［10］ 荆鸣. 中欧全面投资协定竞争规则初探——"接合面制度2.0"在投资协定中的应用［J］. 上海金融，2021（5）：72-79.

［11］ 刘敬东. CPTPP 语境下国有企业新规则：背景、特点及其应对［J］. 学术论坛，2022（5）：33-43.

［12］ 刘向东. 对接 CPTPP 完善中国竞争规则基础制度的建议［J］. 全球化，2022（4）：93-101.

［13］ 刘雪红. "国家资本主义论"下的国企投资者保护——基于投资协定革新的视角［J］. 法学，2018（5）：15-27.

［14］ 刘瑛.《跨太平洋伙伴关系协定》国有企业章节的中国应对［J］. 东方法学，2016（5）：55-62.

［15］ 潘泽清. 完善国有资本投资运营公司治理结构的建议——基于对淡马锡模式的分析［J］. 财政科学，2022（12）：66-75.

［16］ 沈伟. "竞争中性"原则下的国有企业竞争中性偏离和竞争中性化之困［J］. 上海经济研究，2019（5）：11-28.

［17］ 沈伟. 国际经济活动中的国有企业身份困境——国际规则的分析［J］.

华侨大学学报（哲学社会科学版），2021（4）：103-118.

[18] 史际春，罗伟恒．论"竞争中立"[J]．经贸法律评论，2019（3）：101-119.

[19] 宋彪．竞争中性的渊源、政策目标与公共垄断改革 [J]．经济法研究，2017（1）：179-199.

[20] 宋泓．CPTPP 国有企业和指定垄断条款及其影响分析 [J]．国际贸易，2022（1）：26-32.

[21] 唐宜红，姚曦．竞争中立：国际市场新规则 [J]．国际贸易，2013（3）：54-59.

[22] 王建文．论淡马锡董事会制度在我国商业类国有公司改革中的运用 [J]．当代法学，2018（3）：60-67.

[23] 徐昕．国有企业国际规则的新发展——内容评述、影响预判、对策研究 [J]．上海对外经贸大学学报，2017（1）：14-26.

[24] 叶斌．中欧全面投资协定与监管权：战略机遇及外部风险 [J]．国际法研究，2021（6）：3-21.

[25] 应品广．竞争中立：多元形式与中国应对 [J]．国际商务研究，2015（6）：62-69.

[26] 翟巍．欧盟国家限制竞争行为反垄断规制及对我国启示——基于公共视域 [J]．北京：法律出版社，2016.

[27] 张久琴．竞争政策与竞争中立规则的演变及中国对策 [J]．国际贸易，2019（10）：27-34.

[28] 张占江．政府行为竞争中立制度的构造——以反垄断法框架为基础 [J]．法学，2018（6）：80-98.

[29] 赵春明，赵远芳．国际贸易新规则的挑战与应对 [J]．红旗文稿，2014（21）：18-20.

[30] 中华人民共和国商务部．全面与进步跨太平洋伙伴关系协定 [J]．（CPTPP）中英对照文本，2021.

第七章

投资者—国家争端解决机制比较分析

国际投资通常周期较长，一国投资者可能因东道国征收等监管措施遭遇损失。与投资者之间的争端解决不同，由于东道国的国家身份，投资者与国家争端解决（Investor-Sate Dispute Settlement，ISDS）更关注公权力与私主体的公私矛盾的平衡和解决。传统的 ISDS 机制包括协商、调解、仲裁、东道国国内救济等方式，其中投资仲裁是最主要的 ISDS 方式。目前，投资仲裁存在透明度不足、裁决不一致等问题，国际社会正在推动 ISDS 机制改革。比较中国已申请加入的 CPTPP，与具有代表性的美国、欧盟以及巴西的 ISDS 模式，有助于中国作出应对和选择。

第一节　区域自由贸易协定中的投资者— 国家争端解决机制——以 CPTPP 为例

一、CPTPP 投资章节概要

美国、日本等 12 个国家于 2016 年 2 月正式签署的《跨太平洋伙伴关系协定》（TPP）提供了一套符合当时世界贸易和投资发展需要的规则体系[①]。TPP 投资章节在投资规则的基本原则和实体内容以及争端解决程序方面做出了全面规

---

① 杨国华.《跨太平洋伙伴关系协定》文本研究［J］. 国际商务研究，2017（6）：16-25.

定，涵盖包括国民待遇、最惠国待遇、禁止非法征收等投资保护内容，成为当今国际投资规则的基本内容①。随着美国在 2017 年 1 月正式宣布退出 TPP，日本发挥主导作用，于 2018 年 3 月签订《全面与进步跨太平洋伙伴关系协定》（CPTPP），该协定已于 2018 年 12 月 30 日正式生效。CPTPP 并没有采用重新制定的方式，总体保留了 TPP 框架和主要内容，对部分条款予以冻结，即缔约方暂停适用协定附件列出的条款内容，直至缔约方同意终止暂停适用这些条款中的一项或多项为止。CPTPP 投资章节集中于第 9 章，大致可分为三个部分，A 节是有关投资自由化和投资保护的实体条款，B 节是有关投资者与东道国争端解决（ISDS）的程序规则，附件是投资章节有关概念的释义及各成员的补充和负面清单承诺②，其中冻结的条款分别是定义、提交仲裁请求、仲裁员的选择、准据法以及相关附件。

二、CPTPP 投资争端解决机制

CPTPP 的 ISDS 机制将磋商和谈判作为投资争端解决的首选办法。外国投资者与东道国之间如有投资争端，双方应当首先采取磋商和谈判的方式，包括使用无约束力的第三方程序如斡旋、调解或调停来解决争端。启动磋商程序时，外国投资者应当向东道国递送书面磋商请求，在书面磋商请求中对被申请人采取的至少一项争议措施进行简要的事实说明，同时应当明确表明启动磋商和谈判程序不得理解为承认仲裁庭的管辖权。

如果双方在东道国收到外国投资者的书面磋商请求后 6 个月内仍没有解决投资争端，那么外国投资者可以以自身的名义，或代表其直接或间接拥有或控制的东道国法人企业，针对东道国违反 CPTPP 第 9 章 A 节的义务以及由此遭受的损失提请国际仲裁。但是，外国投资者在提起国际投资仲裁请求前至少 90 天，应当以书面形式向东道国递送国际投资仲裁请求意向通知，以便东道国能提前知晓外国投资者准备采取仲裁行动。在国际投资仲裁请求意向通知中，外国投资者应当列明：①投资仲裁申请人的姓名和地址，如果是代表企业提交请求，则应当写明企业的名称、地址和注册地；②每一项仲裁请求，被申请人被指控违反的 CPTPP 协定、投资授权或投资协议的具体条款内容；③每一项仲裁请求的法律和事实根据；④请求救济和赔偿的大致金额。

---

① 葛顺奇，万淑贞．TPP 透视："投资"议题分析与对策选择［J］．国际经济合作，2015（12）：4-7.
② 中国法学会 WTO 法研究会 CPTPP 课题组．加入 CPTPP，中国需要做什么［J］．武大国际法评论，2021（5）：1-26.

第二节　美国投资者—国家争端解决机制

一、美国投资协定签署概况

美国自 1982 年与巴拿马达成第一份双边投资条约至今共签订 47 份双边投资条约（BIT），其中 39 个处于实施状态。21 世纪后，美国分别于 2005 年和 2008 年与乌拉圭和卢旺达签订了 BIT。美国已签订的附有投资条款的非双边投资条约共计 73 个，47 份为贸易投资框架协定（TIFA），12 份为自由贸易协定（FTA）[①]。

二、美国投资仲裁实践

美国投资者作为申诉方向国际投资争端解决中心（ICSID）提起的仲裁案件数量为 196 件，美国政府被诉的投资仲裁案件数量为 12 件[②]。涉美投资仲裁案件中时间跨度大且赔偿数额颇高的为加拿大公司 TC Energy 诉美国政府案。2008 年 9 月，TC Energy 公司的前身横加公司向美国国务院递交申请，拟跨越加拿大和美国边境建设三条石油管道，被时任总统奥巴马否决。2012 年 5 月，横加公司再次提出申请，时任国务卿克里以不符合美国国家利益为由再次否决。2016 年 1 月和 6 月，横加公司先后提出仲裁意向通知和仲裁申请，向美国政府索赔 150 亿美元。横加公司认为，美国政府无理拖延审查过程、无理否决项目申请和歧视横加公司的行为，违反了《北美自由贸易协定》（NAFTA）有关习惯国际法下的最低待遇标准、免于未经补偿的征收、国民待遇和最惠国待遇。2017 年 3 月，美国总统特朗普宣布批准横加公司石油管道项目，横加公司随即终止对美国的投资仲裁程序。2021 年，美国总统拜登就职后立即签署行政令撤销了对横加公司石油管道项目的总统许可。因此，2021 年 7 月，TC Energy 公司再度向美国国务院送达仲裁意向通知，索赔 150 亿美元。该案目前尚在审理中[③]。

---

① https：//investmentpolicy. unctad. org/international-investment-agreements/countries/223/united-states-of-america.

② https：//icsid. worldbank. org/cases/case-database.

③ https：//icsid. worldbank. org/cases/case-database/case-detail？ CaseNo＝ARB/21/63.

三、USMCA 投资争端解决机制

作为 NAFTA 的升级版，2020 年 7 月生效的《美墨加协定》（USMCA）进一步提升了国际贸易规则水平，体现了实体性规则与程序性规则的深度融合①，在投资章节设计上，其对投资的定义、国民待遇、最惠国待遇以及公平公正待遇的具体适用作出了特别规定，对于企业社会责任标准作出了进一步具体规定，为企业实现相关目标提供更明确的引导②。USMCA 为缔约国创设了不同的投资争端解决机制，创造性地构建了未来北美地区投资争端解决的"三国四制"③。

由于 USMCA 是 NAFTA 的更新版，USMCA 规定了过渡期，即美国、墨西哥和加拿大及其投资者正在进行中的 NAFTA 投资争端和 NAFTA 失效后 3 年内提起的投资争端，仍可继续采用 NAFTA 投资仲裁。过渡期后的投资争端，不同成员方做出了特殊的保留安排。以加拿大为例，除非符合 USMCA 附件 14C 规定的特殊情形，加拿大与美国的投资争端、加拿大与墨西哥的投资争端，不得依据 USMCA 提请投资仲裁解决，只能通过国内法院、国家间仲裁或其他救济方式解决④。虽然美国和墨西哥及其投资者之间特定的投资争端仍然可以通过投资仲裁解决，但是仲裁争端范围受限，仲裁之前须受当地救济的限制。当投资者是涵盖政府合同的一方当事人时，投资者可针对东道国违反政府合同义务的行为提起国际仲裁。如开采、提炼、运输、分配或销售石油、天然气等；代表政府向公众提供的能源生产服务；代表政府向公众提供的通信服务；代表政府向公众提供的交通服务；或公用基础设施的所有或管理，如公路、铁路、桥梁、隧道、大坝等非政府专用的设施。因此，涉及有关石油、天然气、能源生产、通信、公共交通、基础设施领域的投资争端仍可使用 ISDS 机制解决⑤。

---

① 白洁，苏庆义.《美墨加协定》：特征、影响及中国应对 [J]. 国际经济评论，2020（6）：7+123-138.

② 张生. 从《北美自由贸易协定》到《美墨加协定》：国际投资法制的新发展与中国的因应 [J]. 中南大学学报（社会科学版），2019（4）：51-61.

③ 池漫郊：《美墨加协定》投资争端解决之"三国四制"：表象、成因及启示 [J]. 经贸法律评论，2019（4）：14-26.

④ 翁国民，宋丽.《美墨加协定》对国际经贸规则的影响及中国之因应——以 NAFTA 与 CPTPP 为比较视角 [J]. 浙江社会科学，2020（8）：20-29+44+155-156.

⑤ 张庆麟，钟俐. 分析《美墨加协定》之 ISDS 机制的改革——以东道国规制权为视角 [J]. 中南大学学报（社会科学版），2019，25（4）：41-50.

第三节 欧盟投资者—国家争端解决机制

一、欧盟投资协定签署概况

欧盟在《里斯本条约》（The Treaty of Lisbon）生效后取得对外直接投资的专属权能，作为独立签约方启动与多个国家之间的双边经贸谈判。《里斯本条约》之前，欧盟成员国各自对外签订的投资条约已经接近 1400 个。截至目前，欧盟对外共签订含有投资条款的条约 27 份，其中包括与韩国、新西兰签署的自由贸易条约和与新加坡、越南签订的投资保护协定（IPA)[①]。

二、欧盟投资仲裁实践

2019 年 9 月，欧盟作为被申请人的首个投资仲裁案件[②]，起因是欧盟对天然气投资管制作出的 2019/692 号指令，修改了早前的 2009/73/EC 指令。注册地在瑞士的能源领域投资者 NordStream 认为指令修改违反了《能源宪章条约》中公平公正待遇、充分保护与安全标准、国民待遇，指令的修改存在不合理且具有歧视性，构成征收，严重损害投资的经济价值。瑞士投资者在常设仲裁法院（PCA）提起对欧盟的投资仲裁，目前案件尚在审理中[③]。

三、CETA 投资争端解决机制

2016 年 2 月，欧盟与加拿大重新公布《全面经济贸易协定》（CETA）。CE-TA 投资章节是新一代投资规则的代表，其创设的投资争端解决规则与传统 ISDS 机制相比有制度性的革新。CETA 要求争端方首先采取友好方式解决争议，规定了详细的磋商程序和调解程序，允许在包括仲裁开始后的任何时候友好解决争议。欧盟希望通过加强磋商机制和引入调解条款，从而鼓励争端早期解决，而不

---

① https：//investmentpolicy. unctad. org/international－investment－agreements/countries/237/european－union.

② Nord Stream 2 AG v. The European Union（PCA Case No. 2020－07）.

③ https：//pca－cpa. org/en/cases/239/.

是一开始就诉诸仲裁①。

CETA 组建常设法庭以取代临时性的仲裁庭。如果投资争端未能通过磋商得到解决，投资者可以自己名义或代表其直接或间接拥有或控制的在当地企业向法庭提出申诉，可根据《ICSID 公约》《ICSID 仲裁程序规则》《ICSID 附加便利规则》《联合国国际贸易法委员会（UNCITRAL）仲裁规则》或争议各方同意的任何其他规则提出索赔。投资者在提起索赔要求时，可建议由一名法官独任方式审理索赔要求。被申请人应当考虑设置独任法官的请求，特别是当投资者为中小型企业或索赔金额较低的情况下。CETA 还设置了上诉庭，明确了上诉审查范围，上诉庭有权支持、修改或撤销初审庭决定。

CETA 第 8.29 条明确阐明欧盟在推进 ISDS 机制改革的同时，在双边领域推进设立常设投资法庭是阶段性目标，最终目标是建立一个国际通行的、多边的国际投资法院。从国际合作的视角来看，多边化国际投资法院的设立可以降低发展中缔约国为设立国际投资仲裁法院所支付的成本，有利于保障裁决的一致性，促进承认和执行，避免国际投资仲裁上诉机制碎片化的缺陷②。

第四节　巴西投资者—国家争端解决机制

一、巴西投资协定签署概况

巴西作为新兴经济体代表，虽然在国际投资治理话语权方面不如美欧，但其采取的独特的投资争端解决模式越来越受到国际社会关注。巴西 1994 年 2 月与葡萄牙签署第一个双边投资协定（BIT），到目前为止共签订 28 个 BIT③。早期的巴西投资协定并不排斥投资仲裁方式，允许投资者采用 ICSID 仲裁、临时仲裁或 ICSID 附加仲裁方式解决与东道国之间的争端④。2015 年的巴西投资合作和便利

---

① 叶斌. 欧盟与加拿大全面经济贸易协定对投资者诉国家争端解决机制的司法化 [J]. 国际法研究，2017（6）：115-126.

② 衣淑玲. 欧盟 FTA 国际投资争端上诉仲裁庭运作之前瞻性探析 [J]. 烟台大学学报（哲学社会科学版），2018，31（0）：33-45.

③ https://investmentpolicy.unctad.org/international-investment-agreements/countries/27/brazil.

④ 参见 1998 年巴西与荷兰 BIT。

化协定范本成为其晚近签订的 BIT 模板。新一代巴西 BIT 主要通过指定联络中心（National Focal Point）或巡查员（Ombudsmen）以缓解投资者与东道国的对立，方便争端的解决①。

二、巴西投资仲裁实践

尽管巴西从未在国际投资争端解决机制下被外国投资者提起仲裁，巴西投资者也未向外国政府提起过仲裁②，但这并不影响外国资本涌入巴西市场。数据显示，2021 年巴西外国直接投资流入 510 亿美元，位居全球资本输入经济体第六，2022 年增长至 860 亿美元，升至全球第五③。作为国际投资的热土，巴西却无法向外国投资者提供国际通行的投资争端解决途径④。巴西运用投资便利化安排化解投资争端的实践有待进一步观察。

三、ICFT 投资争端解决机制

2020 年，巴西与印度签署《投资合作和便利化协定》（ICFT），在投资争端解决的程序条款上主要吸收了 2015 年巴西投资合作和便利化协定范本的内容，突破了现有国际投资规则的框架和内容。《巴西—印度 ICFT》既是全球有影响力的新兴发展中大国推动国际投资协定新发展的重要成果，又是新兴发展中大国力图联合打破欧美主导投资规则格局的重大尝试，在一定程度上代表发展中国家间投资合作的新方向⑤。

《巴西—印度 ICFT》没有遵循传统投资协定中解决投资争端采取磋商、调解、东道国当地救济和投资仲裁等方式，而是构建了先争端预防后缔约方仲裁的复合程序。缔约双方政府应当根据 ICFT 分别设立各自的国家联络点或巡查员，共同设立联合委员会。当缔约另一方投资者在投资活动遇到困难时，可以向国家联络点或巡查员寻求帮助。国家联络点或巡查员负责协助处理政府机构与投资者的投资事宜，帮助预防投资争端。如果国家联络点无法化解投资矛盾，缔约一方政府可向联合委员会提起书面请求，书面请求应当写明涉案的政府措施、涉及的

---

① 参见 2015 年巴西与马拉维 BIT。
② https：//icsid. worldbank. org/cases/case-database.
③ https：//unctad. org/system/files/official-document/wir2023_overview_ch. pdf.
④ 陶立峰. 金砖国家国际投资仲裁的差异立场及中国对策 [J]. 法学，2019（1）：134-147.
⑤ 陶立峰. 国际投资协定新动向及对中国的启示——以《巴西—印度投资合作和便利化协定》为样本 [J]. 国际经济评论，2021（6）：77-93+6.

投资者信息、事实和依据的法律等。联合委员会对书面请求进行评估后做出报告，报告内容包括阐述争议措施和违反条约方面的指控，形成调查结果。由此，在投资争端预防阶段，先通过东道国—投资者、东道国—母国之间的双层对话机制来解决外国投资者投资过程中的问题，尽可能预防正式投资争端的产生①。如果联合委员会未能按期解决争端，那么缔约一方政府可将争议提交临时仲裁庭或常设仲裁机构，从而进入国家间仲裁解决程序。值得注意的是，并不是所有与投资者有关的投资争端都能被提交国家间仲裁方式予以解决。即便能够通过国家间仲裁方式解决，仲裁庭仅有权作出缔约一方是否遵守投资协定义务的决定，不得作出赔偿决定。因此，这一决定仅"定性"是否违约，而不是"定量"赔偿多少。《巴西—印度 ICFT》投资争端处理的制度重构，褫夺了投资者向东道国提起仲裁的权利，影响了传统投资者与国家仲裁中赋予投资者向东道国索赔的权利基础。禁止仲裁庭作出赔偿决定，解除了东道国背负投资仲裁高额赔偿的重负②。

第五节 主要 ISDS 机制横向比较

以 CPTPP 为代表的区域自由贸易协定、美式、欧式、巴西等模式的投资争端解决机制的设计从根本逻辑上看都是基于对投资仲裁的修正，除巴西模式基本独立于投资仲裁外，其他主流的投资争端解决机制在投资仲裁适用范围、提起投资仲裁的前置程序、仲裁庭的组成和透明度、上诉程序等方面有所不同。

一、投资仲裁适用范围

CPTPP 对仲裁适用范围进行减缩调整，暂时将投资协议和投资授权所引发的纠纷排除在外，以尽可能满足各成员国的利益需求。同时，在最惠国待遇条款明确排除最惠国待遇适用于国际争端解决程序或机制，包括投资者—国家间争端解决程序或机制，从而降低了滥用最惠国待遇条款风险，避免投资者肆意挑选投

① 魏丹，唐妍彦. 从国际投资规则的旁观者到引领者——巴西 CFIA 模式研究 [J]. 武大国际法评论，2019，3（5）：63-83.

② 陶立峰. 国际投资协定新动向及对中国的启示——以《巴西—印度投资合作和便利化协定》为样本 [J]. 国际经济评论，2021（6）：77-93+6.

资条约。为促使各成员方尽快达成协议，CPTPP 还规定各成员国有权依照自身情况通过换文或者互惠协定的方式来限制 ISDS 适用范围。

USMCA 规定，美国与墨西哥之间投资争端仍可通过国际投资仲裁解决，但对可诉诸仲裁的投资争端范围以正面清单的方式进行大量限缩，可提交仲裁的争议限于被申请人违反国民待遇或最惠国待遇，但与投资建立和取得有关的情况除外；被申请人违反征用和补偿条款，但与间接征用有关的情况除外①。对于素有国际投资条约帝王条款之称的公平公正待遇条款②，USMCA 投资规则的规定语焉不详，可能导致由公平公正待遇引发的投资争端不能援用争端解决机制解决。③

CETA 将投资者可向法庭提出申诉的范围限制为：东道国违反在扩大、进行、经营、管理、维护、使用、享有和出售或处置其涵盖投资方面的义务，并且索赔只能在政府措施影响外国投资现有业务经营致使投资者遭受损失的情况下提出。如果外国投资是通过欺诈性虚假陈述、隐瞒、腐败或相当于滥用程序的行为取得或进行的，则外国投资者不得提出索赔。④

二、提起投资仲裁的前置程序

CPTPP 规定提起投资仲裁的前置程序是双方应先进行 6 个月的磋商谈判，6 个月期满后允许外国投资者直接诉诸投资仲裁庭解决投资争议，无须先行起诉到东道国法院。排除用尽当地救济的考量原因主要是，CPTPP 成员国之间的经济发展状况、行政与司法体系完善程度差距悬殊，让以发达国家跨国企业为主的外国投资者，必须先用尽东道国国内法律手段来维护其自身合法权益并不现实。

USMCA 设定了美国与墨西哥之间投资争端适用国际仲裁机制的当地救济前置程序。USMCA 要求申请人提起仲裁请求前必须已在被申请人的主管法院或行政法庭就所述违约措施提起诉讼，且满足时限要求，即申请人须在终审法院获得最终裁决后或诉讼程序启动之日起三十个月后才可提起仲裁程序。此外，USMCA 设定了类似诉讼时效的投资仲裁时效，规定提请仲裁的日期距申请人首次获知或本应首次获知所指称的违约行为之日不得超过四年，距申请人知悉已遭

---

① Article14. D. 3, USMCA.
② 徐崇利. 公平与公正待遇标准：国际投资法中的"帝王条款"［J］. 现代法学，2008（5）：123-134.
③ 伍穗龙，陈子雷. 从 NAFTA 到 USMCA：投资争端解决机制的变化、成因及启示［J］. 国际展望，2021，13（3）：58-75+154-155.
④ Article8. 18，CETA.

受损失之日也不得超过四年。①

CETA 规定投资者只有在提交磋商请求 180 天后才可提起仲裁请求，这使得传统投资条约中松散的、任意性的磋商机制成为严格条件化的法庭诉请前置程序②。提起投资仲裁的同时，投资者必须撤销或终止根据国内法或国际法在法庭或法院，就其申诉中所指的被认为构成违约的措施提起的现有程序，放弃根据国内法或国际法就据称构成其索赔中所述违约行为的措施向法庭或法院提起任何索赔或诉讼的权利。

三、仲裁庭组成

CPTPP 和 USMCA 均规定仲裁庭应由三名仲裁员组成，争议双方各指定一名仲裁员，第三名仲裁员由争议双方协商指定，担任首席仲裁员。如果仲裁庭在提交仲裁之日起 75 天内仍未组成，秘书长应根据争议一方的请求，行使自由裁量权，酌情指定尚未指定的一名或多名仲裁员。秘书长不得指定应诉方或申诉方的国民担任首席仲裁员，除非另有约定。

CETA 则以法院机制为参照，建立投资法庭。由 CETA 联合委员会聘任分别来自欧盟、加拿大、第三国的各 5 名国民共计 15 名成员组建常设初审法庭，任期五年，可连任一次。常设仲裁庭设主席和副主席各一人，负责组织工作。主席和副主席从第三国国民仲裁庭成员中抽签选出，任期两年。投资争端的具体案件由 3 名法庭成员组成的小组或 1 名法庭成员独任审理。小组成员由欧盟与加拿大双方和第三国国民各 1 人组成，独任法官由第三国国民担任。CETA 要求法庭成员需在各自国家被任命为司法职位，或被认定为具有公认能力的法学家，以及应在国际法方面具有专业知识，特别是国际投资法、国际贸易法和争端解决方面的专业能力。③

四、仲裁程序透明度

CPTPP 对仲裁过程的文件公开做出了细致的规定，争端一方在参与仲裁过程中，除受保护信息外，应对仲裁通知书、意向书、裁决书、仲裁庭笔录等仲裁

---

① Article14. D. 5，USMCA.

② 叶斌.《欧盟与加拿大全面经济贸易协定》对投资者诉国家争端解决机制的司法化 [J]. 国际法研究，2017 (6)：115-126.

③ Art. 8. 27，CETA.

文件进行公开。非争端缔约方即投资者母国可就 CPTPP 的解释向仲裁庭提交口头和书面陈述，这为公众参与仲裁提供了坚实的法律依据，有利于提高非争端方参与仲裁程序的积极性。此外，CPTPP 规定在与争端双方进行磋商后，仲裁庭可接受和考虑由不属争端方但对仲裁程序具有实质利益的人或实体就争端范围内的事实或法律事项提交的、可协助仲裁庭评估争端双方陈述和观点的法庭之友书面陈述。当然，为公平公正起见，法庭之友的书面陈述应当指明作者，披露其与任何争端方之间的直接或间接从属关系，以及为准备书面陈述提供过或将提供财政等援助的主体。CPTPP 的投资仲裁程序公开，允许非争端方合理参与仲裁，明确法庭之友范围，有效地回应了国际社会提升仲裁公开性的要求。

USMCA 同样要求被申请人在收到仲裁意向通知、仲裁通知、争议方提交仲裁庭的书状以及有关仲裁的书面材料、仲裁庭的审理记录以及命令、裁决和决定后，应迅速将其转交非争议附件缔约方并向公众公布。但其对于非争端缔约方参与和第三方资助方面未置一词。

相较而言，欧盟更加支持透明度，在 CETA 中直接将 UNCITRAL《投资人与国家间基于条约仲裁透明度规则》适用于投资争端解决程序。这意味着投资争端的磋商请求、请求对被申请人作出裁定的通知、对被申请人作出裁定的通知、调解协议、对法庭成员提出异议的意向通知、对法庭成员提出异议的裁定以及合并请求、证物均应列入向公众提供的文件清单。

更重要的是，听证会也应向公众开放。法庭应与争议各方协商确定适当的后勤安排，以方便公众旁听。CETA 还明确了第三方出资的披露要求，受益的争议方应在提交申诉时，向争议另一方和法庭披露第三方出资人的姓名和地址。如果资助协议是在提交申诉后达成的，或捐赠或赠款是在提交申诉后提供的，则应在协议签订或捐赠或赠款提供后立即进行。

五、上诉机制

ISDS 变革讨论焦点之一包括是否应增设上诉程序。尽管在投资争端解决机制中建立上诉机制主要是为确保仲裁裁决一致性、纠正一审裁决的错误并增强规则的可预见性[①]，但多数区域贸易协定如 CPTPP 和 USMCA 均致力于"一裁终

---

① 石静霞，孙英哲．国际投资协定新发展及中国借鉴——基于 CETA 投资章节的分析［J］．国际法研究，2018（2）：21-39.

局"制，未规定上诉机制，以确保提高争端解决效率。而 CETA 选择的投资法庭制度则是常设上诉庭的上诉机制，由 3 名成员组成的上诉庭，可基于法律适用错误、重大事实认定错误或《ICSID 公约》项下撤销裁决理由，修改、推翻或发回重审初审裁决。争端方对初审法庭裁决的救济仅限于向上诉庭进行上诉，而不得寻求其他类似程序审查、撤销或修改法庭裁决。东道国和投资者均可上诉，上诉期为初审裁决发布之日起 90 日内，上诉庭裁决即为最终裁决①。

第六节　ISDS 变革的中国选择

近年来，国际投资仲裁因给东道国带来了部分消极影响，包括仲裁庭片面强调对外国投资者的保护、裁决结果不一致和不可预见、第三方资助仲裁披露规则的缺失、仲裁裁决矫正机制不足等问题，甚至面临合法性危机②。在此背景下，国际社会积极寻求改革方案，但由于不同国家和地区基于国情及自身利益的考量，对于 ISDS 机制的发展方向存在较大分歧。

一、ISDS 机制主要改革路径

美国认为 ISDS 机制仍是其解决投资者和国家冲突的不可缺少的机制，特别是该机制能保障美国企业的核心竞争力，包括管理与科技领域的核心利益③。因此，美国成为渐进主义改革路径的主要倡导者，其依然将以商事仲裁模式为基础的投资者—国家仲裁视作解决投资争议最合理的选择，认为以当事人意思自治为核心的争端解决特征不应被抛弃④。在向 UNCITRAL 第三工作组提交的改革建议中，俄罗斯也支持上述立场，提到争端解决的仲裁模式具有的优势包括程序各方挑选仲裁员的权利和程序规则的灵活性，从而确保投资者对现行投资争端制度的

---

① CETA，Art. 8. 28.

② 余劲松. 投资条约仲裁制度改革的中国选择 [J]. 法商研究，2022（1）.

③ 潘锐，熊莉. 双层博弈视角下美国投资者——国家争端解决机制的演进 [J]. 美国研究，2019，33（3）：26-42+5.

④ 靳也. 投资者—国家争端解决机制改革的路径分化与中国应对策略研究 [J]. 河北法学，2021，39（7）：142-158.

信任并兼顾某些争端的特殊性。①

与美国不同，欧盟认为当前已无法通过对仲裁程序的完善来弥补现有机制的缺陷，其主张建立常设投资法庭制度和多边投资法院，从而高效、公平地解决投资争端，已签署的 CETA 明晰了常设法庭的基本框架与司法化制度特征。欧盟的改革建立于重新平衡追求仲裁过程高效便捷与寻求裁决结果公正性之上。

作为拉丁美洲经济最发达的国家，巴西彻底废除投资仲裁和投资者国际直接请求权，回归东道国当地行政和司法救济，在用尽东道国当地救济之后，可以诉诸东道国和投资者母国之间的国家间争端解决模式。巴西模式因各国法律健全程度及司法是否独立、公正和高效的不同可能产生偏袒东道国而不利于外国投资者的结果②。

二、中国政府的 ISDS 实践

作为双向投资大国，我国政府积极推动国内法治和国际法治建设，通过缔结双边、区域、多边投资条约和制定《外商投资法》等国内涉外投资法律，为吸引外资和对外投资营造良好法治环境，提供法治保障。尽管我国吸引外资金额长期位居全球前列，但是并不意味着我国政府的外资监管措施处在零风险状态。

UNCTAD 数据显示，外国投资者向各地政府启动的约 10 起投资仲裁案件中③，向各地政府提起仲裁的投资者主要来自瑞士、英国、日本、新加坡、韩国等发达国家。被挑战的外资监管行为多涉及土地、房产开发过程的管理措施。

与我国吸引外资的庞大资金数额和企业数量相比④，截至目前对各地政府提起的国际投资仲裁案件有限，一定程度反映出外商对我国营商环境总体比较满意。我国在对外签署的投资协定中设置 ISDS 条款，赋予外国投资者在国际层面对东道国行为提出异议的权利，能够发挥稳定外国投资者信心，进一步吸引外国投资的作用。基于 ISDS 条款，外国投资者可以将与东道国政府的投资争端提交至国际仲裁庭，自由选择独立公正的仲裁员进行审理，参与救济程序的自主性较大，能够更好地实现程序正义。同时，外国投资者还有机会在仲裁程序启动前

---

① A/CN. 9/WG. III/WP. 188/Add. 1 俄罗斯联邦政府提交的意见书。

② 王彦志. 国际投资争端解决机制改革的多元模式与中国选择 [J]. 中南大学学报（社会科学版），2019，25（4）：73-82.

③ See UNCTAD, https：//investmentpolicy. unctad. org/investment-dispute-settlement/country/42/china.

④ 2023 年，我国全国新设立外商投资企业 53766 家，实际使用外资金额 11339. 1 亿元。见中国政府网，https：//www. gov. cn/lianbo/bumen/202401/content_6927158. htm.

后，通过调解等柔性方式，寻求法律方式解决争端的同时，达成商业上的双赢和可持续的方案。

对我国政府而言，虽然被诉投资仲裁案件数量不多且尚无败诉情形，但处在全球外国直接投资增长动能减弱，各国吸引外资竞争愈发激烈，国际投资争端逐渐增多的大环境下，我国在提供和参与 ISDS 多元解决投资争端的同时，更应对标国际高标准，提高投资保护水平，加强投资监管的合法性规范性，不断提升投资便利化程度，持续打造国际化、法治化、市场化营商环境，构筑外资高质量发展的国内国际双重法治保障，预防和避免投资争端的产生。

三、中国的 ISDS 改革选择

中国积极参与 ISDS 机制改革进程，从提交 UNCITRAL 的意见书可以看出，中国倾向于支持改良派的模式。中国指出投资仲裁是解决投资者与国家间争端的重要方式，对保护外国投资者权益、促进跨国投资发挥了重要作用，但该机制在实践中也产生了很多问题，为弥补现行投资争端解决机制的主要缺陷，促进国际投资领域的法治化进程，平衡东道国的合法监管权和投资者权益，增强争端当事方对投资者与国家间争端解决机制的信心，可考虑的改革方案包括设立基于国际条约的常设上诉机制、保留当事方指定仲裁员的权利、完善与仲裁员有关的规则、采用替代性争端解决措施、纳入仲裁前磋商程序、规定第三方资助的披露义务[1]。

中美两国投资条约谈判过程起起伏伏，但无论谈判结果如何，都会对投资条约制度的改革、明确两国立场、促进中国投资条约政策升级产生深远影响[2]。作为投资条约中不可缺少的一部分，在中美 BIT 中构建一个可以有效平衡东道国规制权及海外投资者利益的 ISDS 机制至关重要。近年来，美国对于 ISDS 机制的改革基调由原来的偏重自由化向加强国家管制权方向调整，由原来的偏重私法解决路线向加入公法化解决方式发展[3]。为避免东道国与投资者之间的权益关系过度

---

① A/CN. 9/WG. III/WP. 177 中国政府提交的意见书。

② 王朝恩，陈虹睿，单文华. 应对世界投资法律转型助力中国投资条约升级 [J]. 西安交通大学学报（社会科学版），2023，43（6）：42-50.

③ 吴沈洁，肖冰. 国际争端解决机制的司法化困境及其改革进程 [J]. 外交评论（外交学院学报），2023，40（5）：128-154+8.

倾斜，实现均衡化的价值取向①，中国可在与美国的 BIT 谈判时构建清晰的实体待遇条款，限制仲裁庭的自由裁量权，合理拓展规制权内涵，回应可持续发展和数字经济发展等新的时代需求。对于协定中的未尽事宜，仲裁庭可能会指引至东道国国内法，这就要求中国夯实国际投资协定相关条款的国内法基础，完善外商投资立法，统筹推进国内法治与涉外法治②。

中国与欧盟已于 2020 年完成《中国—欧盟全面投资协定》的谈判，在争端解决机制方面，《中国—欧盟全面投资协定》规定了四种类型的解决方式，分别是关于补贴严重影响投资利益时缔约方应尽最大努力寻求解决方案的争端解决例外条款、关于投资与可持续发展争端的分歧处理机制、国家间争端解决机制以及关于紧急和重要事项的解决方式。但是，目前中国与欧盟还没有就投资者与国家争端解决机制达成一致，有待后续谈判。由于投资者与国家争端解决机制与国家间争端解决机制受理的争端在主体和诉求上均有不同，然而被诉措施却有可能相同，如果缺乏协调机制，极有可能出现针对同一措施的不同裁决，从而减损国际投资法律制度的统一性和可预见性③。中国在与欧盟进行 ISDS 机制谈判时，首先，应注重两种机制的协调运作，可以考虑在协定条款中一方面明确二者所受理争端的范围；另一方面要澄清国家间争端解决程序的裁决是否以及在何种情况下对 ISDS 争端解决程序具有约束力，可以通过引入相关国际法原则来预防两种机制的重合或冲突④。其次，中国在 ISDS 机制的具体设计上不宜照搬欧盟的投资法庭机制，应在全面评价该机制的基础上对其部分事项进行优化，扩大投资法庭可受理的争端范围，并适当保留传统国际投资仲裁的部分要素，赋予当事人指定裁判者的程序性权利，全面提高法庭程序的透明度，充分保障投资法庭裁决的可执行性⑤。

针对巴西模式下注重投资争端预防的作用，中国可以在加强现有外商投资投

---

①　杨希. 国际投资法中的国家"回归"趋势——兼评我国《外商投资法》中的规制权 [J]. 海南大学学报（人文社会科学版），2021，39（1）：129-138.

②　张倩雯. 国际投资协定中投资者与东道国利益平衡路径的重构 [J]. 中国海商法研究，2023，34（3）：92-102.

③　宋俊荣：《中欧全面投资协定》的国家间争端解决机制 [J]. 中国流通经济，2022，36（1）：117-128.

④　张生，马燕飞：《中欧全面投资协定》中的国家间争端解决机制：内容. 特点与影响 [J]. 武大国际法评论，2022，6（1）：141-157.

⑤　桑远棵.《中欧全面投资协定》ISDS 机制：欧盟方案与中国选择 [J]. 国际贸易，2023（5）：66-73.

诉功能的同时，考虑在投资条约中纳入可行的投资争端预防条款。在实践中，中国商务部投资促进事务局下设的全国外商投资企业投诉中心发挥着化解外国投资者与中国政府矛盾的作用。当我国境内外商投资企业及其投资者认为其合法权益受到行政机关行政行为侵害时，可提请全国外商投资企业投诉中心协调解决，或反映情况、提出建议、意见或请求。为了保证外资企业投诉机制的有效运行，有必要明确各方的举证责任，增进不同区域投诉机制之间的合作与协调。我国可以借鉴巴西投资争端预防机制，以现有的投诉工作机制为基础，适当补充投诉中心的现有职能，包括为外国投资者提供更为广泛的投资咨询与服务、为投资冲突的化解提供协商平台等。① 通过以上机构、机制以及程序的构建，以期从全方位、多角度、各环节实现投资争端预防，解决潜在的投资争端，以更平衡的公私关系吸引更持续的外商投资②。

受地缘政治的影响，国际商业和跨境投资的全球环境充满挑战，投资争端的妥善解决直接影响东道国政府和外国投资者参与经济治理的实际效果。以美国、欧盟为首的西方发达国家阵营开始积极推动建立符合其发展利益的国际投资规则，而巴西、印度等发展中国家则试图回归国家主义。在国际投资争端全球治理体系变革中，中国作为双向投资大国需要积极参与，主动提高其在国际投资法律秩序中的话语权③。中国可以加强投资争议的事前管理，通过在双边投资协定中引入相关条款，加强投资者、东道国以及投资者母国之间信息链的建设等方式发展与完善投资争端预防机制。④ 支持投资者直接提出针对东道国的国际诉请以及保留当事方指定仲裁员的权利，同时完善相应的仲裁规则从而保证裁决的公正性，并在此基础上探索基于国际条约的常设上诉机制以促进改良派和革命派分歧的弥合⑤。除改良 ISDS 本身外，中国还可以努力尝试包括调解在内的多元化争端

---

① 张正怡. 是否作为争端解决机制的替代：投资者—国家争端预防机制及其实现路径 [J]. 国际经贸探索，2023，39（10）：95-106.

② 毕莹，俎文天. 投资便利化框架下"争端前机制"的发展进路及中国参与 [J]. 国际贸易，2023（6）：64-74.

③ 蔡从燕. 中国与国际投资规则制定中的法律话语权 [J]. 上海政法学院学报（法治论丛），2022，37（1）：87-104.

④ 唐妍彦. 巴西国际投资争端解决模式改革及对中国的启示 [J]. 拉丁美洲研究，2021，43（2）：64-85+156.

⑤ 肖军. 论投资者—东道国争端解决机制改革分歧的弥合进路 [J]. 国际经济法学刊，2021（2）：84-97.

解决机制，减轻争端双方对抗性，减少政府应诉压力，促进争端的友好解决①。

第七节　本章小结

妥善解决外商与东道国政府之间的投资争端，是改善投资软环境的重要组成部分，也是推进外资可持续高质量发展的重要法律保障。在国际社会推动 ISDS 改革的大背景下，美国利用升级 NAFTA 的契机，通过 USMCA 针对不同缔约伙伴设置了不同的争端解决方式。欧盟则借助商签双边自由贸易协定，以二审制的投资法院模式取代投资仲裁。新兴经济体代表巴西在美欧制度竞争中选择另辟蹊径，更多强调投资母国和东道国在投资争端预防和处理中的作用。

我国政府应当密切关注美国、欧盟、巴西等代表的 ISDS 发展动向，比较分析不同经济体对 ISDS 改革选择的侧重及动因。同时，结合我国自身投资争端解决传统和双向投资保护需求，统筹国内法治和涉外法治建设，做好对接 CPTPP 投资争端解决机制规则的法治准备，为国际社会 ISDS 改革贡献中国方案。我国海外投资者应充分评估投资目的国投资环境，掌握相关投资条约 ISDS 规则的差异，利用投资争端解决程序权利，维护合法海外投资利益。

---

① 林惠玲. 再平衡视角下条约控制机制对国际投资争端解决的矫正——《投资者国家间争端解决重回母国主义：外交保护回来了吗？》述论 [J]. 政法论坛，2021，39（1）：150-160.

第八章

知识产权保护与 FDI
高质量发展比较制度分析

随着全球经济的不断发展和技术创新的加速，知识产权保护在促进国际贸易和外国直接投资中扮演着越来越重要的角色。知识产权保护直接影响到外国直接投资采用的技术和相应的 FDI 技术溢出（Smarzynska Javorcik，2004）。本章首先对于知识产权保护与 FDI 高质量发展相关文献做了综述，在此基础上对标高水平对外开放国际经贸规则，专门讨论了 CPTPP 中知识产权保护原则的主要特征，通过参照 CPTPP 的严格知识产权标准，分析了我国当前对外投资知识产权保护制度的现状与问题，同时结合中国目前在自由贸易试验区进行的知识产权实践建设和外资企业在华建立研发中心呈现出的新特点，探讨了在全球化背景下如何优化我国知识产权保护体系，为吸引高质量外资，推动经济高质量发展提供理论支持和实践指导。

第一节　引　言

加入世界贸易组织前后，中国积极履行《与贸易有关的知识产权协议》（TRIPS）对知识产权保护相关承诺，构建了完备的知识产权保护法律体系，并持续加强知识产权保护执法力度。在立法方面，中国重新修订《商标法》和《反不正当竞争法》，加快《专利法》和《著作权法》等法律修订。在执法方面，中国重新组建国家知识产权局，并设立知识产权法院和专门审判机构，提高知识产权案件的执法力度和惩罚力度，为国内知识产权提供了有效保障。1998～2020年，国家知识产权局每年均对外公布《中国知识产权保护状况》白皮书。根据2020 年《中国知识产权保护状况》白皮书，中国知识产权保护成效得到各国创新主体和国际社会广泛认可。知识产权保护对于中国吸引外国直接投资意义重大。中国美国商会发布的《2020 年中国商务环境调查报告》显示，69% 的受访美国在华企业认为中国的知识产权保护得到改善，创历史新高。中国欧盟商会发布的《商业信心调查 2020》显示，67% 的受访欧盟在华企业将中国知识产权保护法律法规的有效性评价为"出色"或"充分"。

我国知识产权保护力度的提升也促进了外资企业在华研发活动。2012 年至2023 年 9 月，国外在华发明专利授权量累计达到 105.5 万件，发明专利有效量达到 89.7 万件。2023 年前 7 个月，我国知识产权使用费进出口总额达 2238 亿元，同比增长 3.2%。其中，进口 1751.7 亿元，同比增长 2.8%。这些数据都充分体现了外资企业对中国知识产权保护的认可①。2023 年，外资企业对我国知识产权保护满意度达到了 80.55 分，比 2022 年提高了 1.44 分。同时，国外来华的知识产权申请量、授权量、有效量也都快速提升，截至 2023 年 6 月，国外在华有效发明专利量和有效注册商标量分别达到了 91.9 万件和 213.5 万件，同比分别增长了 3.9% 和 3.8%，显示出国外企业对中国的市场高度重视，对中国的知识产权保护充满信心②。

当前学术界聚焦于探讨知识产权制度与外商直接投资（FDI）之间的复杂关联，特别是知识产权保护强度的变动如何微妙地调控 FDI 所伴随的技术转移过程。通常认为知识产权框架能够优化投资生态，进而左右跨国企业的资本布局决策（Gould & Gruben，1996），此论点亦获得了部分经验性研究的支撑（Seyoum，1996）。也有部分学者质疑知识产权体制对 FDI 流入的直接影响有限，指出专利法严苛度与 FDI 水平及其动态变化间缺乏明确且连贯的关联模式，因此相较于FDI，知识产权制度在特许权授予或国际贸易层面的影响力或许更为凸显（Smith，2001）。关于知识产权保护如何调节 FDI 技术转移效应的议题，学术界尚未形成统一共识。一方面，有研究表明，构建适度且高效的知识产权保护体系

---

① https：//www.gov.cn/xinwen/jdzc/202310/content_6912274.htm.
② https：//news.cctv.com/2024/07/29/ARTIfctXT98JM0C3Ye81Yumf240729.shtml.

能够吸引更多质优量足的 FDI，进而加速技术转移进程（杨全发和韩樱，2006）。另一方面，针对特定行业（如中国电子及通信设备制造业）的实证研究则揭示了相反的现象，即 FDI 的技术外溢效应并不显著，且高强度的知识产权保护反而可能抑制这种外溢（崔喜君和欧志斌，2009）。尽管知识产权保护使得 FDI 策略性地维护了技术专有性，限制了其在东道国的自然扩散，但是跨国公司的尖端技术仍能以员工技能培训、高质量中间品应用及逆向工程等多元化渠道渗透至东道国企业（Fosfuri et al.，2001）。

此外，研究还揭示了知识产权保护、FDI 技术转移与东道国自主创新能力之间存在的门槛效应。只有当东道国的技术模仿能力跨越某一阈值时，知识产权制度的强化才能有效促进 FDI 的技术转移，并激发本土企业的自主创新能力（倪海青和张岩贵，2009）。也有学者提出，尽管知识产权制度与 FDI 的直接联系并非绝对，但结合充足的人力资本与技术吸收能力，可以显著增强技术外溢的效果（Cervellati et al.，2023）。

无论是经济体处于高收入阶段还是处于低收入阶段，强化知识产权保障均对出口产品品质的提升展现出积极作用，但其作用路径却因国而异。在发展中国家，这一过程往往借助 FDI 的桥梁作用得以实现；而在发达国家，研发活动及 FDI 则更多地作为中介力量，尤其是在高技术密集型的产业中扮演核心角色。发展中国家的创新规模与知识产权保护效果间存在一种反向变化的趋势：小规模创新阶段，强化保护促进了 FDI 流入，而当创新规模扩大至中等乃至高水平时，效果则可能逆转（Wang et al.，2016）。

因此对于东道国而言需要处理的一个矛盾之处在于，如果在较低发展水平实施严苛的知识产权保护，它的边际成本可能超过边际收益。所谓边际成本就是知识产权保护带来的技术吸收和扩散速度下降，边际收益是外资会由于受到更好知识产权保护而更有激励进行投资。处于发展中国家的东道国，按照边际产业转移理论，往往是发达国家成熟产业转移到东道国，这些成熟产业相关技术往往是产品生命周期的后期，其知识产权保护的必要性和重要性相对比较低，因此处于发展早期阶段，发展中国家往往会实施相对宽松的知识产权保护力度，这样也更有利于技术在东道国的溢出。但随着经济发展，发展中国家为了吸引更大规模和更高质量的外资流入，全球营商环境密切相关的知识产权保护力度必须提高，以期那些处于产品生命周期早期和中期的技术能够通过 FDI 流入到东道国，从而有助于东道国全球价值链治理能力提升，知识产权保护力度提升成为一项激励相容的选择。

第二节　CPTPP 知识产权保护原则

中国于 2021 年 9 月 16 日正式向 CPTPP 保存方递交了加入申请，CPTPP 作为当今世界上标准最为严苛的自由贸易协定，在规则的创新性和成员的代表性上奠定了新时代多边规则的基础，其文本将成为未来多边规则的参考蓝本。在传统和新型知识产权保护、保护程序及责任等多个层面，CPTPP 都制定了更为严格的标准，这对中国与国际规则的对接构成了更大的挑战。

CPTPP 知识产权保护规则的特点

CPTPP 关于知识产权保护规则的特点可概括为以下几个方面：

（1）在保护范围方面。商标权保护范畴显著扩大，涵盖了声音、气味等非传统类型，体现了对多样化商标形式的全面认可。地理标志的保护亦被强化，要求尊重在先商标权益，并将驰名商标的保护范围从同类商品扩展至跨类别商品，从而加强了品牌权益的保障。CPTPP 明确了针对生物药品、生物制剂及药品数据等新型专利权的保护，并补充了与农用化学品相关的保护措施，这一举措不仅体现了对科技创新的尊重，也促进了农业科技的进步与应用。版权保护也得到了更为全面的强化。同时，CPTPP 将"未固定"表演作品纳入保护范围，扩展了新型版权的客体，并强调了数字经济环境下的著作权保护。此外，对复制权的明确界定和规制，特别是将临时或短暂复制行为纳入版权管理范畴，进一步细化了版权保护的边界。

（2）在行政执法与刑事司法层面，CPTPP 采取了更为严格的措施。著作权保护期限的延长和侵权损害赔偿标准的提高，彰显了对知识产权侵权的严厉打击态度。同时，对数字经济环境下的知识产权执法和边境执法的重视，以及对过境环节知识产权保护的加强，均体现了对知识产权保护的全方位强化。CPTPP 还特别强调了通过知识产权制度促进竞争、开放和有效市场的培育。这一理念不仅限制了成员国基于国情设置豁免或例外条款的权力，更在政府机构侵权行为方面明确规定不适用豁免，凸显了市场主导的观念。在透明度要求方面，CPTPP 相较于 TRIPS[①] 更为细致和严格。不仅要求公布法律法规和裁决，还强调了互联网公布方式和包括各类知识产权申请信息的公布内容，促进了信息交流的便捷性和透明度。CPTPP 对行政行为的合理性提出了更高要求，包括程序的便利性、裁决的书面形式、实体要求的充分说明以及救济途径的多样性等，确保了知识产权授权过程的公正性和有效性。

（3）CPTPP 在政府机构间的合作与共享机制上也做出了积极探索。例如，提倡成员国专利局之间的合作，以简化审查流程、提高审查效率，为成员国间知识产权信息的共享和利用提供了便利。在知识产权国际保护公约的纳入上，CPT-PP 要求成员国加入一系列高标准的知识产权保护公约，这些公约在原有基础上进一步提升了知识产权保护的标准，体现了 CPTPP 对国际知识产权保护体系的积极参与和推动。

（4）为权利人提供发现侵权行为和收集侵权证据的便利是 CPTPP 的另一重要特点。例如，通过药品专利链接制度（Pharmaceutical Patent Linkage System）[②]，允许药品专利权人能够及时发现潜在的侵权主体，并及时获得救济等措施，为权利人提供了及时维权的机会，同时也通过司法机关或其他有权机关提供的证据支持，促进了知识产权纠纷的公正解决[③]。

CPTPP 在知识产权保护的各个层面，从实体规定到程序机制，从静态的权利界定到动态的执法（包括司法）体系，均展现了全面且高标准的特点。然而，从保护对象的视角审视，CPTPP 更多地体现了发达国家的利益导向，对于传统知识、遗传资源以及民间文艺等关键领域的保护，尚未展开深入且有成效的探索。同时，针对发展中国家在维护公众健康、保护生物多样性以及推动技术转移和知识传播等方面的合理关切，CPTPP 也未能给予充分和有效的回应。因此，CPTPP 在知识产权条款方面仍然沿袭了 TRIPS 所存在的利益不平衡问题，发展中国家往往为了满足实物商品如农产品等的出口增长需求，在知识产权等关键领

---

① 即《与贸易有关的知识产权协议》（Agreement on Trade-Related Aspects of Intellectual Property Rights，TRIPS）。为了与《TRIPS 协定》相一致，中国在加入世界贸易组织前已经对《专利法》做了进一步修改，并承诺，在加入时完成《著作权法》《商标法》以及涵盖《与贸易有关的知识产权协定》不同领域的有关实施细则的修改，全面实施《TRIPS 协定》。

② 药品专利链接制度是指仿制药上市批准与创新药品专利期满相"链接"，即仿制药注册申请应当考虑先前已上市药品的专利状况，从而避免可能的专利侵权。

③ 徐慧、朱志妍，孟雪凝. 我国知识产权对接 CPTPP 规则差距比较及改革举措研究［J］. 全球化，2023（3）：58-69+134-135.

域不得不向发达国家作出妥协。CPTPP 在促进贸易公平方面仍有巨大的改进空间。未来，CPTPP 应进一步寻求在保护知识产权的同时，平衡各成员国间的利益，以推动更加公平和可持续的国际贸易体系。

第三节　外资知识产权保护制度现状与问题

一、优化外资企业技术创新环境

在中美知识产权争端、双边投资协议磋商、经济贸易谈判以及贸易战背景下，涉及外商投资的知识产权议题近年来逐渐成为焦点，如何妥善处理外商投资过程中的知识产权保护问题，已经成为衡量一个国家外资立法完善程度的重要指标。中国政府于 2017 年颁布了《外商投资企业知识产权保护行动方案》，意在打击侵犯外资企业知识产权的非法行为。方案特别强调了三个关键方面：加强对商业秘密的保护措施，以解决外资企业普遍担忧的问题；严厉打击商标恶意抢注和模仿知名品牌的行为，以加强商标专用权的保护；以及集中整治网络环境中的侵权盗版行为。此外，方案还详细列出了 11 项具体执行任务，并明确了相关政府部门的职责，以确保对侵犯商业秘密、专利权、植物新品种权等违法行为的严厉打击。

为了进一步推进对外开放政策并提供相应的法律保障，适应外资多样化的发展趋势，2019 年 3 月，十三届全国人大二次会议表决通过了《中华人民共和国外商投资法》（以下简称《外商投资法》），以基本法的形式确立了外商投资知识产权保护的法律框架。《外商投资法》通过明确保护外国投资者和外商投资企业的知识产权、禁止强制技术转让、保护商业秘密、鼓励自愿技术合作以及严格追究侵权法律责任等条款，为优化引进外资的营商环境提供了有力的法律支持。

这一法律框架的构建对于促进外商投资、深化对外开放具有重要意义①。

2023 年 1 月，商务部与科技部联合颁布了《关于深化外商投资研发中心知识产权保护策略的若干措施》（以下简称《保护策略》）。该《保护策略》不仅明确了商业秘密的详细保护范畴、侵权行为的具体界定以及相应的法律责任，还针对侵权诉讼程序进行了优化与完善，以加强对各类市场参与者商业秘密的司法保障②。为构建更加高效的知识产权保护体系，《保护策略》提出进一步强化知识产权的快速协同保护机制，通过优化知识产权保护中心的布局，为包括外资研发中心在内的企业提供涵盖快速审查、确权与维权在内的一站式、综合性服务，提高知识产权保护的效率和便捷性。同时《保护策略》全面推行了知识产权侵权惩罚性赔偿制度，有效遏制知识产权侵权行为。还充分发挥了专利侵权纠纷行政裁决制度的作用，并加大了行政裁决的执行力度，确保裁决结果得到切实执行。针对商标恶意注册、仿冒混淆、专利侵权、网络盗版等知识产权侵权违法行为，《保护策略》明确提出将持续开展专项整治行动，通过集中力量打击这些违法行为，维护市场的公平竞争秩序，保护创新者的合法权益。

总体而言，随着中国产业升级和经济高质量发展，中国政府通过制定和完善现相关法律，并出台了一系列政策措施，不断加强外商投资中的知识产权保护，为外资企业的技术创新提供了良好的法治环境和法律保障。这不仅有助于促进外商投资、推动经济开放，也有助于维护国际经贸合作的公平与稳定，促进全球经济的共同发展。

二、对照 CPTPP 知识产权条款的差异性分析

尽管中国近年来在知识产权领域的法律建设和实施取得了显著进展，与 CPTPP 的要求之间差距逐渐缩小，但仍存在若干差异需要细致探讨和解决。在加入 CPTPP 的谈判中，深入分析 CPTPP 知识产权条款的具体要求，特别是那些

---

① 其中第 22 条着重强调了国家对于外商投资中涉及的知识产权的保护责任，这包括外国投资者和外商投资企业所拥有的知识产权，以及相关权利人的合法权益。该条款要求严格依法追究侵犯知识产权的法律责任，并倡导在自愿原则和商业规则的基础上进行技术合作。同时，该条款也明确禁止政府行政机关及其工作人员利用行政权力强制进行技术转让。第 23 条则专注于商业秘密的保护问题。它规定政府行政机关及其工作人员在履行公务过程中，必须依法保护外国投资者和外商投资企业的商业秘密，严禁任何形式的泄露或非法提供。这一规定对于确保商业秘密的安全至关重要，同时也有助于消除外国投资者和外国政府对中国知识产权保护能力的顾虑。

② 国务院办公厅转发商务部科技部关于进一步鼓励外商投资设立研发中心若干措施的通知，《中华人民共和国国务院公报》–2023–01–30。

暂缓实施的部分，对于理解与中国当前法律和政策之间的潜在差异至关重要，进而提出针对性的应对策略①。

（一）商标与地理标志保护的比较

中国在商标与地理标志保护方面已经与 CPTPP 的多数要求相契合，这体现在《中华人民共和国商标法》及其相关法规中。然而，在扩展可注册和保护客体以及协调商标与地理标志保护方面，中国仍有进一步完善的空间。具体而言，CPTPP 第18.18 条强调了对非可视性标记如声音和气味的保护，而中国商标法虽然已允许声音注册为商标，但尚未明确将气味纳入可注册范围。此外，CPTPP 第18.19 条和第18.20 条强调了地理标志与商标的平行保护，要求避免混淆。然而，中国《商标法》在"善意取得注册"的情境下，对地理标志的保护可能与已注册的商标产生冲突，如"金华火腿"案例所示，其生产者产地虽不是金华，但如果符合《中华人民共和国商标法》第十六条规定，"经善意取得注册仍为有效"，则后继的原产地经营者以相同的商标申请相同的地理标志，则可能引发 CPTPP 第18.20 条所称的"可能发生混淆"之争，这一点需要更加明确的法律规定来调和。

（二）专利等技术领域保护制度的优化方向

《中华人民共和国专利法》在2020 年的修订中，已经基本符合 CPTPP 关于专利和工业品外观设计的要求。但在部分细节上，如专利期限的补偿、新颖性和创造性的判定宽限期等方面，中国法律与 CPTPP 的条款仍存在差异。CPTPP 第18.46 条关于专利期限补偿的条款虽暂缓实施，但中国的《专利法》已超出这一要求，为发明专利在授权过程中的不合理延迟提供了期限补偿。同时，中国还加强了外观设计专利的保护，如将保护期限延长至15 年，并增加了对局部外观设计的保护。在判定新颖性和创造性时，CPTPP 规定的宽限期长达12 个月，且对公开披露的方式未设具体限制，而中国《专利法》的宽限期仅为6 个月，且对公开披露的方式有明确规定。为更好地与 CPTPP 接轨，中国法律在这一方面需进行进一步的调整或解释。

（三）知识产权执法程序与侵权责任的审视

CPTPP 下的"权利人本位"执法导向。CPTPP 的知识产权执法条款显著体现了"权利人本位"的执法导向，这一导向不仅要求执法措施具有明确性和即时性，更在实质上扩展了知识产权的保护力度，超越了立法层面所界定的权利范

---

① 管育鹰. CPTPP 知识产权条款及我国法律制度的应对 ［J］. 法学杂志，2022，43（2）：95-108.

围。同时，CPTPP 还强调了知识产权执法信息的透明度，这要求中国知识产权司法和行政机关在执法过程中需保持公正、公开，以满足国际高标准。

刑事程序与处罚力度的强化。在 CPTPP 框架下，刑事程序和处罚措施对知识产权的保护达到了前所未有的严格程度。这一特点主要通过降低犯罪门槛，提升国际保护标准来体现。具体表现为：一是扩大商标侵权与盗版的刑事追责范围。CPTPP 第 18.77 条明确规定，对故意伪造商标、版权和相关权利的侵权行为应予以刑事追究。该条款不仅涵盖了以营利为目的的侵权行为，还扩展至非营利但严重损害版权持有人市场利益的情形。这一变化显著降低了知识产权犯罪的门槛，强化了保护力度。对中国的《刑法》而言，此条款可能引发对"侵犯著作权罪"判定标准的重新考量，因为中国现行法律要求"以营利为目的"且达到一定违法所得数额和情节严重性的条件。二是提高了商业秘密的保护层级。CPTPP 在商业秘密保护方面同样加大了刑事责任的追究力度，明确了多种可以追究刑事责任的情形，包括通过电脑侵入等手段的侵权行为。值得注意的是，CPTPP 对商业秘密的域外管辖权作出了非强制性的规定，这意味着在特定情况下，即使侵权行为发生在国外，只要对中国经济利益、国际关系或国防安全构成威胁，中国仍可追究其刑事责任[1]。在这一点上，中国的《反不正当竞争法》和《刑法》已作出相应调整，将电子侵入等侵犯商业秘密的行为纳入法律规制范围，但在具体量刑标准上仍存在一定的自由裁量空间。

总体来看，尽管 CPTPP 并未采纳 TPP 对知识产权的过高保护标准，但其在执法程序和侵权责任方面的规定仍对中国法律制度提出了挑战。若中国决定加入 CPTPP，相关部门需深入研究这些条款，提出具体对策，适时调整和完善中国相关法律制度及其实施细则、司法解释，以确保与 CPTPP 的要求相契合。

第四节　自由贸易试验区知识产权实践与自由贸易试验区建设

中国一方面是为融入全球经济体系的需要，在加入世界贸易组织前后加大了

---

[1] 管育鹰. CPTPP 知识产权条款及我国法律制度的应对 [J]. 法学杂志，2022，43（2）：95-108.

知识产权保护力度，于2000年修订了《专利法》，2001年对《商标法》及《著作权法》进行了全面的修订与升级；另一方面也是我国经济发展到了一定阶段，必须重视知识产权保护，推动产业升级和高质量外资流入，知识产权保护不仅涉及司法问题，还涉及行政和执行的问题，国内自由贸易试验区也自然作为知识产权保护深化实施的先行先试区。我国在过去几年已经从技术模仿阶段成功过渡到了技术创新阶段，其中专利合作条约（PCT）下的专利申请量稳步增长，目前位居全球第二。在这一背景下，我国坚持以规则为基础的多边贸易机制，并且加强知识产权保护和执法力度，帮助发展创新型企业，努力建设创新型国家[1]。

一、自由贸易试验区知识产权实践开展的国际经验

欧洲是现代意义上知识产权保护制度的发源地，在知识产权方面的观念、制度和探索也一直走在世界前列。从20世纪70年代开始，欧洲知识产权体系从各国分立发展开始走向一体化道路。欧盟近年来在知识产权领域的工作重点主要包括：积极探索适应数字时代的知识产权保护体系；进一步推进在欧盟层面的统一知识产权保护，包括单一专利、共同体商标等；加强知识产权执法力度等[2]。2020年11月25日，欧盟委员会通过了《知识产权行动计划》，旨在使欧洲创意和创新产业保持全球领先地位，并加快欧洲的绿色和数字转型。该行动计划规定了改善知识产权保护的关键步骤；促进中小企业对知识产权的采用；促进知识产权共享；打击假冒伪劣，改善知识产权执法；促进全球的竞争环境。其中，在加强知识产权保护方面，该行动计划建议升级一系列现有的知识产权工具，使其适应数字时代，包括改善专利药品和植物保护产品的补充保护证书以及使欧盟外观设计保护现代化。在加强知识产权执法方面，该行动计划将建立一个欧盟防伪工具箱，以促进知识产权权利人、中介机构和执法机构之间的有效合作。在促进全球竞争环境方面，委员会指出，知识产权密集型产业占欧盟商品出口的93%，但欧盟企业在第三国运营时仍面临巨大挑战。为了应对这些挑战，欧盟将加强对第三国参与者采取的不公平做法的反应[3]。欧洲自由区的功能逐渐向综合性方向发

---

① 何文钢律师团队，《美国的知识产权法律制度研究》，中国（深圳）知识产权保护研究中心，ht-tp：//www. sziprs. org. cn/attachment/0/64/64440/954011. pdf。

② 欧盟知识产权制度、政策和动态，中国驻欧盟使团经济商务处，2016年1月8日，http：//eu. mofcom. gov. cn/article/ddfg/c/201601/20160101230190. shtml。

③ 欧盟委员会通过《知识产权行动计划》，中国世界研究会，2020年12月22日，http：//www. cw-to. org. cn/article/d/202012/20201203025261. shtml。

展，建工制造、金融保险、物流配送和高科技逐步发达繁荣。欧盟自由区知识产权保护的相关措施主要为加强自由区知识产权边境保护，同时对过境货物的知识产权采取灵活的执法政策。

为巩固中国香港的国际贸易及商业中心地位，中国香港高度重视版权保护工作，把建立有效的法律体系、采取严厉的执法措施、进行持续不断地公众教育与宣传等工作结合起来，使社会公众能够全面了解知识产权对保持和推动中国香港经济繁荣的重大意义，中国香港自由港知识产权保护的相关措施主要有，以海关为主体的高效执法体制、促进知识产权保护社会合作、重视知识产权保护宣传教育以及仲裁、调解成为重要的商业争议解决方式。新加坡高度重视经济创新发展，努力通过高质量的知识产权保护，高水平的知识产权服务，促进创新发展。新加坡充分利用东西方地理、文化与经济交汇的地缘优势，致力于建设成为亚洲知识产权中心。积极打造世界先进的知识产权保护机制，强化知识产权执法与保护，大力发展现代知识产权服务业，积极参与知识产权国际合作。境外自由贸易区在知识产权保护方面的经验总结如下：

首先，强化知识产权侵权打击力度对于促进自由贸易具有不可或缺的作用。成功的自由贸易试验区国家和地区均认识到消除假货盗版对本地经济的不利影响至关重要，因此它们对进口货物中存在的知识产权侵权行为采取了严厉打击措施，包括在行政、民事和刑事领域加大处罚力度，提高违法成本，以坚决遏制假货流入市场，保护权利人的合法权益。

其次，海关在自由贸易试验区知识产权保护中扮演着至关重要的角色。自由贸易试验区作为特殊的监管区域，其知识产权问题的核心在于货物进出边境的监管。海关作为货物出入境的直接管理机构，是执行边境知识产权措施的主要执法者。因此，加强海关在自由贸易试验区知识产权保护中的执法力量，对于维护自由贸易试验区秩序、促进国际贸易至关重要。

再次，针对过境货物的知识产权监管，各国家和地区采取了灵活适用的策略。自由贸易试验区作为国际贸易的重要平台，其目标是促进贸易自由化与便利化。在知识产权保护的国际趋势日益严格的情况下，自由贸易试验区对过境货物的知识产权监管采取了不同于其他进口货物的监管方式，以平衡贸易自由与知识产权保护之间的关系。

又次，快速有效的争议解决机制对于自由贸易试验区贸易发展具有重要意义。自由贸易试验区需要提高贸易便利化水平，而贸易过程中产生的纠纷也需要得到快速、有效地解决。仲裁、调解等非诉讼方式因其灵活性、便捷性而备受青睐，它们能够更好地满足自由贸易试验区知识产权争议解决的需求，促进贸易的顺利进行。

最后，形成社会共同参与的知识产权保护机制是境外自由贸易园区成功的关键之一。打击知识产权侵权行为、营造良好的知识产权保护环境需要全社会的共同努力。除了执法部门的严格执法外，还需要提高社会公众的知识产权保护意识，鼓励社会各界积极参与知识产权保护活动，共同维护自由贸易试验区的知识产权秩序。

二、上海自由贸易试验区知识产权保护建设

2023 年末，国务院发布了《全面对接国际高标准经贸规则推进中国（上海）自由贸易试验区高水平制度型开放总体方案》（以下简称《方案》），该《方案》全面布局，围绕七大核心领域提出八十项具体措施，其中强化知识产权保护作为关键一环被着重强调。具体措施包括加大商标、专利、地理标志等知识产权的保护力度，通过加强行政监管与司法保障双轨并行，全面提升知识产权保护效能。针对上海自由贸易试验区独特的"一线开放、二线管控"海关监管模式，知识产权保护亦需探索创新路径与模式。

（一）海关知识产权保护的创新实践

海关知识产权保护，即海关依法实施的对侵犯知识产权进出口货物的拦截措施，其国际法律基础主要源自 WTO《与贸易有关的知识产权协议》第 51 条。依据我国《知识产权海关保护条例》，海关保护的知识产权范畴明确界定为与进出口货物直接相关的商标权、著作权及其相关权利、专利权等。上海自由贸易试验区作为贸易便利化与创新监管的先行区，其海关监管制度遵循"一线开放、二线高效安全"原则，为知识产权保护提供了新契机。具体而言，自由贸易试验区与境外间货物进出采用"先入区后备案"模式，简化流程；而自由贸易试验区与境内区外则实施智能化卡口管理与电子信息联网，确保监管高效与安全。同时，自由贸易试验区积极推广国际中转、集拼分拨业务，实施"一报一检一放"模式，进一步优化货物流转效率。

（二）知识产权执法机制的优化与探索

鉴于国家法制统一性的要求，上海自由贸易试验区在制度层面调整知识产权保护标准的空间有限，但可在执法保护层面大胆创新，营造适应自由贸易试验区

发展的知识产权保护环境。依据《上海知识产权战略纲要（2011—2020）》，优化保护环境的策略聚焦于三点：强化行政与司法保护的协同机制，构建长效保护体系；探索并创新知识产权行政管理体制与综合执法模式；依托行业协会、仲裁机构等力量，构建多元化知识产权纠纷解决机制。① 上海自由贸易试验区在行政管理上实施统一体制，由自由贸易试验区管委会集中承担多项知识产权相关审批职责。在执法层面，管委会综合执法机构整合了著作权、专利权等领域的行政处罚权，有效避免了执法力量分散导致的不足。同时，为确保执法专业性与公正性，综合执法机构配备了专业执法人员并聘请知识产权专家顾问。在司法保护方面，上海浦东新区人民法院设立自由贸易试验区法庭，专门审理与自由贸易试验区相关的商事、金融及知识产权案件。随着自由贸易试验区发展，特别是服务业、投资领域开放及新型业态的涌现，知识产权案件量预计将显著增长，因此，提前规划在自由贸易试验区设立知识产权法院或专业法庭显得尤为必要。此外，自由贸易试验区还积极探索多元化纠纷解决机制，引入独立第三方机构进行调解与仲裁，以灵活高效的方式应对知识产权纠纷。

三、对上海自由贸易试验区知识产权保护相关建议

上海自由贸易试验区作为我国在全球贸易格局下谋求突围的重要力量，具备成为应对超 TRIPS 义务挑战的前哨站潜力。根据对 CPTPP 知识产权规则特点、中国对外资知识产权保护制度现状以及其他国家或地区自由贸易区的发展实践的分析可以得到对上海自由贸易试验区知识产权建设的建议：

（1）加大侵犯知识产权行为的责任后果。对涉及上海自由贸易试验区的侵犯专利、商标、著作权及商业秘密等知识产权的行为。可以以特别立法的形式规定要承担更高的法定民事赔偿金额，在刑事责任上调整适用门槛，加大罚金刑的惩罚作用，以起到有效维护权利人利益的作用。

（2）有效保护权利人的商业秘密。上海自由贸易试验区特别重视对商业秘密的保护，制定专门的商业秘密保护规则，规定商业秘密保护的具体法律要求与救济措施，明确工商行政部门在商业秘密案件中的职责以及人民法院在审理商业秘密案件中的办案规范。

---

① 尹锋林，张嘉荣. 上海自由贸易试验区知识产权保护：挑战与对策 [J]. 电子知识产权，2014（2）：34-39.

（3）严厉打击清除假货。自由贸易区意味着商品进出得更加自由，由此也会带来假货泛滥的问题。发达国家非常希望贸易伙伴国主动采取更为有效的措施来打击假冒和盗版行为。上海自由贸易试验区定位为汇聚国内外品牌的国际货物天堂，需要高度重视打击与清除园区内假货与盗版货行为。可以借鉴国际打击假货的先进做法，建立园区海关与他国海关的合作与信息交换机制，侵权人信息披露制度与商品信息溯源机制，实现对假货产业链的全程跟踪与打击。

（4）加强海关知识产权边境保护措施。上海自由贸易试验区初始构建的四个核心区域，均根植于海关特殊监管的深厚土壤之中，多年累积的知识产权保护机制与实践奠定了坚实的基础。然而，面对自由贸易试验区对知识产权保护提出的更高要求，海关需实现职能上的新跨越。作为自由贸易试验区知识产权保护体系的关键一环，海关在全球知识产权保护新秩序的构建中，其打击侵权、捍卫权利人权益的职能愈发凸显其重要性。鉴于此，自由贸易试验区海关应前瞻性地探索并采纳国际知识产权边境执法的最新规则，不仅限于传统的货物进出口监控，而是将保护触角延伸至自由贸易试验区内的产品全生命周期，包括生产与销售环节。同时，保护范围亦需拓宽，覆盖所有经法律认可的知识产权，而非仅限于海关备案的特定权利。工作模式上，则需由当前以"被动发现、通知维权"为主，向"主动侦测、高效处置"并重的新模式转型，以更加积极主动的姿态，维护自由贸易试验区的知识产权生态环境。

（5）简化技术贸易审批程序。上海自由贸易试验区，作为推动技术创新与产业升级的前沿阵地，对于上海乃至全国科技创新体系的完善具有举足轻重的意义。聚焦于高端制造业与现代服务业的融合发展，自由贸易试验区致力于汇聚全球创新要素，技术进出口成为其投资贸易活动的重要组成部分。鉴于现行技术进出口管理条例中，技术转移（包括转让与许可）需历经烦琐的审批或备案程序，为激发自由贸易试验区作为国际技术交流枢纽的潜力，建议对相关法律法规进行适应性调整，精简审批链条，为技术贸易提供更为便捷的环境。具体而言，对于完全面向海外市场的自由贸易试验区内生产产品，可考虑免除政府审批程序，转而依托合同法进行规范，以简化流程，加速技术资源的自由流通与高效配置。

当前，将高标准的知识产权保护准则融入双边及多边贸易协定，已成为国际经贸合作的新风向标。上海自由贸易试验区，作为中国自由贸易试验的先行者，承担着探索并构建符合国际高标准、法治化要求的跨境投资与贸易体系的重任。通过强化知识产权保护，不仅有助于塑造自由贸易试验区作为知识产权保护高地的国际形象，还能显著提升其贸易开放度与投资吸引力，为实现自由贸易试验区的发展愿景奠定坚实基础，并积累了一系列可在全国其他地区借鉴与推广的宝贵经验。

第五节　知识产权保护与外资研发中心区位选择

一、跨国公司 R&D 投资区位选择的影响因素与知识产权保护的作用

20 世纪 70 年代以来，随着世界信息技术的发展和全球化浪潮的推动，新一轮科技革命、产业变革加速演进，技术逐渐超越资本、劳动力等资源，成为各国经济发展的重中之重，技术研发全球化已成为大势所趋。在此阶段，大量跨国企业基于自身发展战略需求，不再将技术研发活动严格集中在母国，而是选择将其转移至海外，以实现技术研发资源的优化重组。有关跨国公司 R&D 投资区位选择决定因素中，首先是东道国宏观经济条件，如市场规模、人均收入、科技水平、技术资源、人力资本丰富程度等是跨国公司海外 R&D 投资区位选择时考虑的重要因素（Zejan，1990；Kumar，1996；Kuemmerle，1997）。其次是受到东道国政策环境，尤其是知识产权政策等因素的影响（Kumar，1996；Kumar，2001；杜德斌，2001；喻世友等，2004），Kumar（2001）指出缺少足够的专利保护或限制贸易边界并不影响一个国家的吸引力，但如果在这两个方面进行改进将更有利于吸引 R&D 活动。上述研究主要是从国家的角度分析跨国公司的 R&D 行为。而对于跨国公司在一国内特定区位的 R&D 投资，Tony Frost 和 Chang Huizhou（2000）发现跨国公司在东道国内部特定区位 R&D 投资强度与当地经济状况，如当地本土企业 R&D 规模、当地科技资源潜力、当地大学科研实力等因素呈正相关关系。李小建（2002）从不同阶段的 R&D 活动对区位的不同需求出发，将跨国公司区位选择归纳为"三接近"：接近科研机构（如大学、科研院所等）和贸易组织；接近数量充足高素质劳动力；接近新产品的使用者。何琼和王铮（2006）则采用 2000 年跨国 R&D 在我国各省市的支出数据进行研究发现，影响跨国 R&D 投资特定区位选择的决定性因素是外商直接投资、市场规模、人力资本以及知识产权保护水平。

因此改善地区投资环境能够吸引跨国公司在当地的 R&D 投资，楚天娇（2004）对我国各省份吸引 R&D 投资区位的条件进行了评估，结果表明跨国公司在华 R&D 投资的适宜区位是北京、上海、广东、天津和江苏，最具竞争力的区位是北京、上海和广东。张瑜（2013）从四个角度分析说明了跨国公司在华 R&D 投资主要行业分布的情况，结果显示，跨国公司在华 R&D 投资主要集中在软件、计算机、信息等技术密集型行业。曹炳汝等（2011）则通过对江苏省内 92 家外资 R&D 机构的现状进行分析，构建了 R&D 投资环境评价指标体系来评价江苏省各市区投资环境对跨国公司 R&D 投资的吸引程度，并提出了相关政策建议。

二、我国知识产权保护政策与外资研发中心区位选择

中国具有政局稳定、经济发展迅速、市场潜力大以及人力资源储备充足特点，逐步成为跨国公司进行海外 R&D 投资的首选地之一，根据 UNCTAD 全球投资报告的数据，中国是全球吸引外资最多的发展中国家。党的十八大以来，一大批外资研发中心快速发展，信息、生物医药、新材料、新能源等领域聚集了大量的高水平外资研发中心，推动了中国融入全球产业价值链进程。外资研发中心作为我国科技创新体系的重要组成部分，是吸引国内外高端人才的重要平台，也是构建开放创新生态的重要参与者和推动者。

1993 年，加拿大北方电讯公司在北京投资成立了北京邮电大学——北京电讯发展研究中心，成为第一家在中国进行 R&D 投资的跨国企业，经过早期的试水滞后期后，越来越多的跨国公司选择在中国建立外资研发中心。随着外资在华设立研发中心逐渐形成规模，外资企业在华建立研发中心呈现出新的特点：

第一，外资在华研发中心数量和研发规模持续增长。商务部数据显示，2012～2021 年，我国规模以上外商投资工业企业研发人员的全时当量从 59.5 万人年增加到 71.6 万人年，增长 20.4%；外资研发中心的发展带动了企业研发投入的快速增长，2012～2021 年，我国规模以上外商投资工业企业研发投入从 1763.6 亿元增加到 3377.4 亿元，增长 91.5%，有效发明专利数从 6.8 万件增加到 24.1 万件。

第二，外资在华研发投资在地理空间上呈现高度集聚性。外资设立研发中心区位选择主要受到投资地区营商环境、资源环境、人才环境的影响，大多数研发中心设立在北京、上海、广东、江苏等沿海发达地区，以及武汉、天津等中西部经济发达、科技力量雄厚以及自然环境相对优越的区域，具有区域分布不均衡的

特点。

第三，外资在华研发中心独资化趋势明显。相较于初期选择以合资方式进行在华研发投资试水，随着外资在华设立研发中心逐渐规模化，越来越多的跨国公司选择以独资形式进行研发投资，这为我国创新发展战略提出了挑战。

第四，外资在华研发中心投资产业结构不断优化。第一、第三产业中吸收外资投向现代农业、商贸服务和民生服务领域的外资明显增多，第二产业中，电子信息、集成电路、家用电器、汽车制造等技术资金密集型产业持续发展，新能源、新材料、生物医药、节能环保等行业的外资日益形成规模。

为了更好地为外资研发中心营造优良的发展环境，2023年1月商务部、科技部颁布《关于进一步鼓励外商投资设立研发中心的若干措施》（以下简称《措施》），提出了支持开展科技创新、提高研发便利度、鼓励引进海外人才、提升知识产权保护水平4方面16条政策举措。其中，有4项政策措施都涉及了知识产权保护①。《措施》通过提供更高高标准的知识产权保护，向全球投资者传递出积极的信号，尤其对跨国公司的研发投资形成巨大的利好，有助于坚定外商投资的信心，推动吸收外资实现"量"的增长和"质"的提升，推动高质量发展。

三、国内吸引外资研发中心政策与成效

北京、上海是我国最早开展吸引外资研发中心工作的地区，凭借着优越的地理环境，迅猛的经济发展以及健全的政策制度建设，为外资研发中心提供了国际化营商环境，相较于我国其他省份与地区，在吸引外资研发中心方面具有优势。

1. 北京吸引外资研发中心的相关政策与成效

北京吸引了大量的头部跨国公司研发中心的落户，除了独特的政治影响力，良好的营商环境、丰富的人力资本以及大量政策的落实密不可分。首先，在吸引外资研发中心的政策方面，北京2022年出台了《北京市关于支持外资研发中心设立和发展的规定》（以下简称《规定》），2023年再次出台了《北京市关于进

---

① 《措施》强调加强知识产权保护，首先，要为普通高等院校、科研院所、职业学校与外资研发中心合作开展技术攻关时提供强有力的知识层面保障；其次，要加快完善商业秘密保护规则体系，明晰规则适用范围、实施条件，为各类市场主体商业秘密的司法保护；再次，要完善知识产权保护协同机制，加强对知识产权保护中心建设，构建一个集审查、确权、维权多功能于一体的一站式综合服务；最后，要落实相关知识产权侵权的惩罚制度，严格执法，持续开展专项整治行动。加强知识产权保护，保障外商投资合法权益，有助于塑造更加公平、公正、开放、包容的发展环境，良好且具有国际竞争力和吸引力的营商环境是吸引高质量外资的重要因素。

一步支持外资研发中心发展的若干措施》①，推动实现外资研发中心数量、能级跃升，畅通链接全球创新资源渠道，促进创新要素的跨境流动。为支持开展高水平科技创新，对于符合条件的研发支出费用享受税前加计扣除政策、支持外资研发中心独立或牵头承担北京市科技研发、国际合作、应用场景示范等政府科技任务、鼓励外资研发中心开展高价值专利布局，牵头或参与创制行业标准、国家标准、国际标准、支持外资研发中心共建开放创新生态。为外资研发中心提供研发便利化服务，包括促进科研基础设施向外资研发中心开放、优化外资研发中心科研物资通关和监管机制、支持外资研发中心研发数据依法有序跨境流动。

其次，北京是我国科技创新的中心，聚集了北大、清华等顶尖高校，中国科学院、中国工程院等大院大所，为北京吸引外资研发中心提供了优质的实验科研设备与人才。

最后，多渠道多方面为外商投资提供保障。包括创建"易北京"（EASY BEIJING）App 正式上线，为外籍人才提供了从来京办理手续到开展工作、融入生活、社会保障的"一站式"服务。针对外籍人才永久居住、健康便利服务、税收减免、大量的研发激励计划以及一系列有关知识产权保护的规定，都为外资研发企业更大力度扎根北京提供了强有力的保障。

《规定》发布当年的 2022 年 7 月，北京市认定了第一批外资研发中心，包括北京 ABB 电气传动系统有限公司、英特尔（中国）研究中心有限公司、维泰瑞隆（北京）生物科技有限公司等 29 家企业。2023 年 2 月获得第二批北京市外资研发中心认定的外资企业包括微软（中国）有限公司、西门子（中国）有限公司、北京宝洁技术有限公司、北京西门子西伯乐斯电子有限公司等知名外资企业 20 家，其中确认为外资企业研发总部的企业一共七家，默克雪兰诺有限公司、默克雪兰诺（北京）医药研发有限公司、北京计算美学开元科技有限公司等 7 家②。2023 年 7 月公布的国家认定的第三批外资企业研发中心包括施耐德电气（中国）有限公司、爱立信（中国）通信有限公司、北京泰德制药股份有限公司等 24 家。其中认定为外资研发总部的企业 4 家：北京 ABB 低压电器有限公司、智者四海（北京）技术有限公司、北京小冰红棉科技有限公司、北京快乐茄信

①　https：//www.beijing.gov.cn/zhengce/zhengcefagui/202308/t20230825_3231369.html.
②　关于 2022 年度第二批北京市外资研发中心认定名单结果公告，https：//kw.beijing.gov.cn/art/2023/2/3/art_736_638966.html。

息技术有限公司①。截止到 2024 年 3 月，北京市外资研发中心总数已达 107 家，涉及医药健康、信息技术、智能制造等多个领域。

2. 上海吸引外资研发中心政策与成效

上海近年来积极推进国际经济、金融、贸易、航运、科技创新"五大中心"的建设；不断加强其全球资源配置、科技创新策源、高端产业引领、开放枢纽门户"四大功能"作用的发挥，凭借着良好的商业投资环境，丰富的人力资本以及大量吸引外资研发中心的政策措施，成为我国吸引外资研发中心最多的地区。

在外资研发中心引进的环境和政策包括：①上海作为医药产业世界级产业集群的所属地，拥有着同济大学医学院、上海交通大学医学院等全国顶尖医学院以及中国科学院上海药物所等大院大所，这为上海在医药产业外资研发中心的吸纳提供了顶尖的医学基础设施以及高端人才。②上海有关吸引外资研发中心的政策持续更新。2013 年，上海出台了《上海市鼓励跨国公司地区总部发展专项资金使用和管理办法》；2017 年，印发了《关于进一步支持外资研发中心参与上海具有全球影响力的科技创新中心建设的若干意见》；2020 年先后颁布了《上海外商投资条例》和《上海市鼓励设立和发展外资研发中心的规定》；上海先后于 2020 年 12 月、2022 年 11 月发布经修订的外资研发中心、跨国公司地区总部政策，其中新增"全球研发中心"和"跨国公司事业部总部"，分类更加精准，持续提升总部经济能级。

2023 年 4 月颁布《上海市加大吸引和利用外资若干措施》，在外资研发中心营商环境方面给予优惠税收政策上，明确"外商投资企业发生符合条件的研发费用支出可享受税前加计扣除，采购设备按照规定享受免退税优惠政策"；在知识产权领域，明确"做好知识产权对外转让制度配套、机制衔接和流程优化"，同时，针对外资研发中心较为关心的研发专用关键设备、产学研协同创新等领域均进行了升级。2024 年上海又发布了《上海外资研发中心提升计划》，多项政策都

---

① 关于第三批北京市外资研发中心认定名单结果公告，https：//kw. beijing. gov. cn/attach/0/64f 5227ade254a7f8fcd44e88c729d63. docx。

外资研发中心分两类，申请条件分别是：（一）研发创新中心申请条件：第一，有明确的研究开发领域、研发计划和具体的研发项目，有固定的科研场所、必需的仪器设备和其他科研条件，以及正在开展的研发活动；第二，经母公司授权承担全球研发项目或在京、在华、在亚洲等区域的研发项目；第三，研发创新中心与市商务局认定的外资研发总部可按相关规定实现互通互认。（二）开放创新平台申请条件：一是有明确的发展规划和预期成果；二是有建筑面积不低于 1000 平方米的研发场所；三是签约入驻的研发创新项目不低于 10 个；四是有协同创新必需的设施设备和国际专家指导，具备国际化的技术、人才等资源。

涉及支持外资研发中心加大研发投入、鼓励加强开放创新、落实科技创新财政税收政策、优化监管流程、提升知识产权保护水平等方面，为在沪投资的跨国企业提供了全方位多渠道的保障。

上述研发中心相关政策效果明显，截至 2024 年 6 月底，上海跨国公司地区总部累计认定达到 985 家，外资研发中心累计认定达到 575 家，持续保持中国内地跨国公司地区总部最为集中的城市地位。这些上海研发中心主要集中在生物医药、信息技术、汽车及零部件、化工等重点发展产业，尤其生物医药产业，已经成为上海战略性新兴产业的重要支柱。其中包括拜尔斯道夫集团亚太地区研发中心，其位于上海的创新中心规模仅次于德国汉堡总部，投资总额近 1 亿元。诺基亚贝尔 OpenX Lab 开放创新中心获批浦东新区大企业开放创新中心计划，将依托企业的技术优势打造一个 ICT 领域的创新创业生态环境，做强创新引擎。

第六节　知识产权保护与外资推进中国的高质量发展关系

一、加速完善知识产权保护体系和制度建设

近年来，中国在知识产权保护的征途上取得了显著进展，其步伐稳健地迈向国际领先标准，实现了从选择性保护策略向全方位保护体系的跨越，保护层次也从基础性的防御提升至高水平的维权阶段。自 2014 年起，中国政府从国家战略高度出发，密集出台了一系列关键政策文件，如《国家知识产权战略行动计划（2014—2020 年）》及后续强化知识产权强国建设的指导意见与"十三五"规划，彰显了构建全面知识产权政策框架的坚定决心与执行力，标志着中国与发达国家在知识产权制度构建上的差距正迅速缩小。

2017 年，全国打击侵权假冒工作领导小组办公室、公安部和国家知识产权局等 12 个部门联合印发《外商投资企业知识产权保护行动方案》，在全国范围集中打击侵犯外商投资企业知识产权违法犯罪行为，并推动建立了更具威慑力的知识产权侵权惩罚性赔偿机制。2018 年末，全国人大常委会通过一项重要决定，明确了自 2019 年起，专利及相关技术类知识产权的诉讼将直接由最高人民法院

受理，并由专门设立的知识产权法庭进行专业化审理，此举旨在统一裁判尺度，增强知识产权审判的专业化程度和司法权威。在经济政策层面，2018 年中央经济工作会议特别强调保护外资企业在华合法权益，特别是知识产权安全，同时进一步拓宽外资独资经营范围，为外资营造了更加稳定可预期的法律环境和市场准入条件。

最高人民法院知识产权法庭的成立，标志着中国知识产权诉讼制度迈入了一个新纪元，逐步将商标争议、商业秘密保护、反不正当竞争等更广泛领域的知识产权案件纳入知识产权法庭的审理范畴，该法庭集中审理全国范围内高技术难度、复杂性的专利上诉案件，显著优化了外商投资企业的知识产权法律环境。中国政府还通过减少直接专利补贴、构建失信惩戒体系等多元化手段，持续增强知识产权保护强度，并遵循市场原则，优化投诉解决机制，为外资企业构建了一个公正、透明的权益维护平台。这些举措不仅迅速响应了外资企业在知识产权保护方面的关切，也有效对接了国际知识产权管理标准，降低了跨国争端风险，促进了国际知识产权合作的深化。

2019 年国务院印发《关于进一步做好利用外资工作的意见》（以下简称《意见》），《意见》强调完善知识产权保护工作机制。建立健全知识产权快速协同保护和信用联合惩戒机制，持续推进知识产权纠纷仲裁调解工作构建完善知识产权纠纷多元化解决机制，完善注册商标撤销程序，健全地理标志保护制度。完善电子商务知识产权保护机制，完善电子商务平台专利侵权判定通知、移除规则，完善电子商务领域专利执法维权协作调度机制。积极运用标准化方法，加强知识产权保护。2020 年正式施行的《外商投资法》，对外商投资促进、保护和管理都做出了统一规定，为强化外商投资企业知识产权保护提供了有力的法治保障。2021 年颁布实施《知识产权强国建设纲要（2021—2035 年）》和《"十四五"国家知识产权保护和运用规划》，在顶层设计上部署推进外商投资企业知识产权保护工作。

2024 年 7 月党的第二十届中央委员会第三次全体会议审议通过了《中共中央关于进一步全面深化改革、推进中国式现代化的决定》（以下简称《决定》），《决定》为我国未来知识产权管理体系创新提供了方向性指引，有助于外资相关产权保护机制的有效落实和执行。《决定》全文共 60 条，其中第二部分第 7 条明确要"完善市场经济基础制度：完善产权制度，依法平等长久保护各种所有制经济产权，建立高效的知识产权综合管理体制。完善市场信息披露制度，构建商业秘密保护制度。对侵犯各种所有制经济产权和合法利益的行为实行同责同罪同罚，完善惩罚性赔偿制度。"《决定》为我国未来知识产权管理体系创新提供了方向性指引，有助于外资相关产权保护机制的有效落实和执行。

二、知识产权保护和双边及多边协定

无论是《中美经贸协定》还是《中欧双边投资协定（BIT）》（又称为《中欧全面投资协定（中欧 CAI）》），知识产权保护都是其中重要的内容，知识产权保护已经成为高质量投资的前提条件。2020 年 1 月中美签署《中美经贸协议》内容包含商业秘密保护、与药品有关的知识产权问题、专利有效期延长、打击电子商务平台的假冒、地理标志保护、打击商标恶意注册、加强知识产权司法执行和程序以及双边合作和协议的履行。本次协议，中美两国的权利义务基本对等，双方秉持着互惠互利、合作共赢的原则，共同致力于建设创新型国家，发展创新型企业。正如商务部副部长兼国际贸易谈判副代表王受文所言，"协议相关内容的落实，将有助于强化知识产权保护，改善营商环境，扩大市场准入，更好维护包括外国企业在内的各类企业在华合法权益，也有利于保护中方企业在对美经贸活动中的合法权益"。[1]

2020 年底，中欧领导人共同宣布如期完成《中欧全面投资协定》（CAI）谈判。这份历史性投资协定于 2013 年启动，7 年间进行了 35 轮谈判。最终达成的这份平衡的、高水平的并且是互利共赢的投资协定，不仅为中欧经贸关系设立了新的法律框架，更是在大变局下不确定的世界中为中欧经贸关系提供了稳定的预期，必将对中国、欧盟乃至全球经济治理都会带来深远影响[2]。协定保证相互投资获得保护，尊重知识产权，确保补贴透明性，这为中欧企业进入各自市场创造了更加友好的投资经营环境，为双方投资者提供了更加有力的法律保障。虽然《中欧全面投资协定》目前由于欧盟内部原因，没有在欧洲议会最终通过，但为中欧未来双边投资发展提供了明确的法律合作框架。

此外，中欧在知识产权领域合作还包括 2020 年 9 月中欧正式签署《中华人

---

① 何文钢律师团队，《美国的知识产权法律制度研究》，中国（深圳）知识产权保护研究中心，ht-tp://www.sziprs.org.cn/attachment/0/64/64440/954011.pdf。

② 1975 年中国与欧洲经济共同体建立外交关系。中欧自 1978 年双方签订了第一个贸易协议。1985 年，双方对贸易协定进行了更新，签署了《贸易与经济合作协定》（TECA），除促进贸易之外，还增加了经济合作的内容。其中第 12 条首次涉及中欧投资关系，强调改善投资环境，鼓励和促进投资。时间已经过去了 36 年，直到如今，TECA 协定依然是中欧贸易的一般性双边法律框架。

民共和国政府与欧洲联盟地理标志保护与合作协定》，并于 2021 年 3 月正式生效。协定是中国对外商签的第一个全面的、高水平的地理标志协定，进一步加强中欧经贸合作，并惠及双方消费者和企业。协定不仅规定了高水平保护的义务，而且还通过清单列明了双方给予保护的地理标志名单，协定将对中欧经贸关系注入新动力并惠及双方的企业和消费者。2021 年 5 月中国的商标数据 5 月 19 日欧盟商标检索系统在中国投入运行，中国商标数据正式在 TMview 上线，这将极大地便利两地知识产权用户进行商标检索。希望双方继续深化在知识产权领域的合作，惠及更多来自中国和欧洲的知识产权用户。地理标志已不再仅限于表彰商品的质量，而是成为代表和反映一个国家文化精神与经济发展的"颜面"和象征，背后需要相当文化底蕴的积累；法律上的赋权与保护只不过是提供了一个框架，相关的各方还需要给予极大的投入和悉心的呵护、培养，使整个体系的肌理发展和配套内涵更加充实完备①。

三、知识产权保护与经济高质量发展

目前已有很多实证研究显示，知识产权保护有助于经济高质量发展。孟猛猛等（2021）利用中国 2003~2017 年省级数据，采用动态面板模型分析了专利质量对经济高质量发展的影响，结果表明知识产权保护正向调节专利质量和经济高质量发展的关系。李强（2020）利用我国的制造业企业微观数据进行了实证检验表明，国家的知识产权保护措施对企业高质量发展的影响存在一种"U"形关系，只有当知识产权保护产生的费用超过一定的值后，才会倒逼企业进行技术创新，提高企业发展质量。知识产权保护对于经济高质量发展的主要机制包括：

一是通过促进创新来实现。郭春野和庄子银（2012）构建了一个扩展的具有自主创新的南北产品周期模型，讨论了知识产权保护对南方自主创新的激励效应以及南北双方的总体影响。并发现严格的知识产权保护对南方自主创新的激励效应以及南北双方的总体效应依赖于南方的初始技能劳动水平和北方创新性质导致的市场结构。当南方技能劳动充裕时，适度的知识产权保护会激励南方的自主创新，并长期对南北双方都有利。研究发现，南方存在一个最优知识产权保护强度，其依赖南方的技能水平以及市场的竞争程度。单春霞等（2023）利用 1998~

---

① 孙远钊. 论地理标志的国际保护、争议与影响——兼论中欧、中美及相关地区协议 [J]. 知识产权，2022（8）：15-59.

2020 年我国制造行业数据的实证分析发现，知识产权保护通过创新驱动正向促进制造业高质量发展，而这种促进效应也收到政府效率、公平程度和市场化程度等影响。陈国宏和郭弢（2008）格兰杰因果关系检验表明，知识产权保护力度的加强和自主创新能力的提高，对我国外商直接投资都起着明显的促进作用。毛其淋（2019）以中国政府 2002 年对《外商投资产业指导目录》的修订所引发的外资自由化为准自然实验，采用倍差法系统评估了外资进入对本土企业创新的影响及其作用机制，研究表明，外资进入不仅显著提高了创新程度，而且还有利于延长本土企业的创新持续时间。

二是通过知识溢出来实现。卢现祥和笪琼瑶（2020）从产权经济学的视角出发，认为知识产权保护水平的提升能促进企业创新，知识产权保护畅通知识溢出通道，加强知识产权保护能提高知识溢出水平；知识产权保护水平能通过促进知识溢出而激励企业创新，即知识溢出对知识产权保护促进企业创新存在显著的中介效应，且在不同知识产权指标衡量下均具有稳健性。张冰瑶和江静（2021）基于 2004~2017 年 283 个城市面板数据，将知识产权行政保护作为工具变量，考察创新及其空间溢出、知识产权行政保护和经济高质量发展三者之间的关系。研究发现，创新对经济高质量发展具有提升作用，但创新空间溢出未能推动经济高质量发展；改善后的知识产权环境更有利于形成创新溢出的"正反馈"机制；实用新型专利和外观设计专利对城市经济高质量发展的作用具有异质性。

三是通过外资流入的渠道。张全发和韩樱（2006）通过构建一个三方参与的两阶段动态博弈模型，来分析东道国的知识产权保护政策对于 FDI 的影响。结果表明，对东道国政府而言，提供适度且有效率的知识产权保护政策，不仅可以增加 FDI 的流入量，而且可以引进较为先进的技术，从而通过降低成本和提高产量，实现东道国社会福利最大化。同时，东道国政府在提供有效率的知识产权保护条件下，允许跨国公司按利润最大化原则选择其股权份额，是符合东道国自身利益的。沈国兵和黄烁珺（2019）研究表明加强城市层面知识产权保护会提高企业实收资本中的外资持股份额，有助于企业引进外资；而对于中小城市和中等收入城市内的企业以及高技术行业的企业而言，这种知识产权保护对促进其引进外资的作用更大，加强知识产权保护通过"降低市场成本"渠道和"提高技术收益"渠道促进了企业引进外资。韩剑和许亚云（2021）利用商务部 2002~2017 年 34809 家外商投资企业信息，结合各省份知识产权侵权案件判决书及各省份省委机关报等文本数据，构建了多个衡量地区知识产权保护水平的指标，实证检验了知识产权保护执法水平对中国利用外资流量和结构的影响。研究发现，地方加强知识产权保护执法力度，能有效促进外资流入，对服务业外资、技术密集型外资的正面影响更大，且金融危机后这一促进效应趋于增强；欧美以及母国知识产权制度更完善的外资企业，倾向于选择知识产权执法更加严格的目的地投资。

第七节　本章小结

对发展中国家而言，知识产权保护水平不仅仅是一种制度选择，更是由一国技术发展水平所决定的，随着我国科技水平提高和创新成为经济增长的第一驱动力，知识产权保护无论是对于国内经济可持续增长，还是对于我国企业技术创新能力和产业升级都有重要意义，也有助于高质量外资流入。中国正在通过对接高水平国际经贸规则，推进制度型开发并实现高水平对外开放，其中知识产权保护水平作为投资环境的重要维度。通过对于跨太平洋伙伴关系协定（CPTPP）的文本分析，可以看到相对于其他协定，CPTPP 对于知识产权保护的范围更广、要求更深，这对于技术和专利领先的发达国家利益保障是有利的。但同时，中国经过过去四十年的工业化发展，一些技术已经逐步趋于世界领先，但依然有众多技术和产品依赖于外国，而跨国公司通过 FDI 方式是实现这种技术溢出的重要渠道。知识产权保护力度的提升，虽然可能会弱化技术在东道国的扩散效应，但它会通过中间品等渠道对于东道国产业链和下游企业产生溢出效应。

随着中国产业升级的推进，虽然我国也出台和加强了知识产权保护法律法规的修订，但是总体的执法力度不够，不利于我国长期创新能力和国际营商环境提升。我国需要在行政和司法两个层面加强知识产权保护制度的落实，吸引更高质量外资流入，促进跨国公司在华设立地区总部和研发中心，加大服务业的开放力度。上海自由贸易试验区在加强知识产权行政执法力度方面做了有益的尝试，促进我国自由贸易试验区贸易和投资便利的同时，提升自由贸易试验区的能级。通过制度创新和完善知识产权保护体系，打造国际一流的营商环境，并以此为抓手推动高质量发展。

参考文献

[1] 白洁，苏庆义．CPTPP 的规则、影响及中国对策：基于和 TPP 对比的分析［J］．国际经济评论，2019（1）：58-76．

[2] 蔡利超，何悦，刘佐菁．国内外建设外资研发中心的经验分析及对广东的启示［J］．科技创新发展战略研究，2023，7（5）：1-9．

[3] 曹炳汝，葛智超，高瑞荣．跨国公司 R&D 机构在华投资的区位选择——以江苏省为例．江苏商论，2011（8）：85-87．

[4]（英）大卫·李嘉图．政治经济学及赋税原理［M］．北京：光明日报出版社，2009．

[5] 杜德斌，孙一飞，盛垒．跨国公司在华 R&D 机构的空间集聚研究［J］．世界地理研究，2010，19（3）：3-15．

[6] 杜德斌．跨国 R&D 投资的宏观区位选择［J］．世界地理研究，2001（2）：7-15．

[7] 冯巧根．CPTPP 的核心条款及其对企业利益的影响——会计角度的观察［J］．财会通讯，2020（21）：3-13．

[8] 管育鹰．CPTPP 知识产权条款及我国法律制度的应对［J/OL］．法学杂志，2022，43（2）：95-108．

[9] 韩剑，许亚云．RCEP 及亚太区域贸易协定整合——基于协定文本的量化研究［J］．中国工业经济，2021（7）：81-99．

[10] 何琼，王铮．跨国 R&D 投资在中国的区位因素分析［J］．中国软科学，2006（7）：113-120．

[11] 黄宁．新时期外资研发中心政策的两难［J］．科技中国，2023（5）：3．

[12] 李墨丝．CPTPP+数字贸易规则、影响及对策［J］．国际经贸探索，2020（12）：20-32．

[13] 李小建．公司地理学［M］．北京：科学出版社，1999．

[14] 刘斌，于济民．中国加入 CPTPP 的可行性与路径选择［J］．亚太经济，2019（5）：5-13．

[15] 刘宇．CPTPP 著作权最大化保护规则解析及启示［J］．电子知识产权，2019（5）：16-25．

[16] 卢现祥，笪琼瑶．知识溢出、知识产权保护与企业创新［J］．江汉论

坛，2020（11）：19-30.

［17］毛其淋．外资进入自由化如何影响了中国本土企业创新？［J］．金融研究，2019（1）：72-90.

［18］单春霞，李倩，丁琳．知识产权保护、创新驱动与制造业高质量发展——有调节的中介效应分析［J］．经济问题，2023（2）：51-59.

［19］沈国兵，黄铄珺．行业知识产权保护、外资进入与中国内资企业出口技术含量［J］．国际贸易问题，2020（4）：1-18.

［20］王萍．上海外资研发中心类型与区位特征［J］．现代工业经济和信化，2014，4（14）：21-23.

［21］杨全发，韩樱．知识产权保护与跨国公司对外直接投资策略［J］．经济研究，2006（4）：28-34，89.

［22］易继明，初萌．全球专利格局下的中国专利战略［J］．知识产权，2019（8）：38-56.

［23］尹锋林，张嘉荣．上海自由贸易试验区知识产权保护：挑战与对策［J］．电子知识产权，2014（2）：34-39.

［24］余淼杰，蒋海威．从 RCEP 到 CPTPP：差异、挑战及对策［J］．国际经济评论，2021（2）：129-144.

［25］喻世友，万欣荣，史卫．论跨国公司 R&D 投资的国别选择［J］．管理世界，2004（1）：46-54

［26］袁波．CPTPP 的主要特点、影响及对策建议［J］．国际经济合作，2018（12）：20-23.

［27］张冰瑶，江静．创新空间溢出、知识产权行政保护与经济高质量发展［J］．统计与信息论坛，2021，36（10）：109-117.

［28］张海燕，郑前丽．CPTPP 知识产权超 TRIPS 边境措施的特点及中国应对［J］．河南科技学院学报，2022（3）：45-56.

［29］张战仁，杜德斌．在华跨国公司研发投资急剧的空间溢出效应及区位决定因素［J］．地理科学，2010（2）：15-21.

［30］赵伟，张萃．FDI 与中国制造业区域集聚：基于 20 个行业的实证分析［J］．经济研究，2007（11）：82-90.

［31］朱秋沅．中国视角下对 TPP/CPTPP 知识产权边境保护条款的及相应建议［J］．电子知识产权，2018（3）：13-26.

［32］徐慧，朱志妍，孟雪凝. 我国知识产权对接 CPTPP 规则差距比较及改革举措研究［J］. 全球化，2023（3）：58-69+134-135.

［33］Blank，Rebecca M. What drives american competitiveness?［J］. The Annals of the American Academy of Political and Social Science，2016，663：8-30.

［34］Dunning J. H. Trade，location of economic activity and the multinational enterprise：A search for a1n eclectic approach［M］//First Published in Ohlin B. Hesselborn P O. Wijkman P M. The international allocation of economic activity. London：Macmillan，1977.

［35］Frost，T.，C-H. Zhou. The geography of foreign R&D within a host country：An evolutionary perspective on location－technology selection by multinationals［J］. International Studies of Management，2000，30（2）：10-43.

［36］Goto，Kenta. Competitiveness and decent work in global value Chains：Substitutionary or complementary［J］. Development in Practice，2011，21（7）：943-958.

［37］Gould，D. M.，W. C. Gruben. The role of intellectual property rights in economic growth［J］. Journal of Development Economics，1996，48（2）：323-350.

［38］Kmuar，N. Intellectual property protection market orientation and location of overseas R&D activities by multinational enterprises，World Development［D］. Oxford，1996.

［39］Kumar，N. Determinants of location of overseas R&D Activity of multinational enterprises：The case of US and Japanese corporations［J］. Research Policy，2001，30：159-174.

［40］P. J. Buckley，M，Casson. The future of the multinational enterprise［M］. London：Macmillan Press，1976.

［41］RoVernon. International investment and international trade in the product cycle［J］. The Quarterly Journal of Economics，1966，80：190-207.

［42］Seyoum，B. The impact of intellectual property rights on foreign direct investment［J］. The Columbia Journal of World Business，1996，31（1）：50-59.

［43］Smarzynska Javorcik，B. The composition of foreign direct investment and protection of intellectual property rights：Evidence from transition economies［J］. European Economic Review，2004，48（1）：39-62.

［44］ Smith，P. J. How do foreign patent rights affect U. S. exports，affiliate sales，and licenses？［J］. Journal of International Economics，2001，55（2）：411-439.

［45］ Stephan Hymer. The international operations of national firms：A study of direct foreign investment Boston［M］. MA：MIT Press，1976.

［46］ Wang，K. A. ，Y. Wang，and W. Liang. Intellectual property rights，international licensing and foreign direct investment［J］. Asia-Pacific Journal of Accounting & Economics，2016，23（3）：291-305.

［47］ Zejan，M. C. New ventures or acquisitions：The choice of swedish multinational enterprises［J］. The Journal of Industrial Economics，1990，38（3）：349-355.

地区市场准入负面清单制度与外资流入质量提升

市场准入负面清单制度是我国现阶段持续放宽行业准入、激发市场活力和优化营商环境的重大制度改革，为外商直接投资提供了可预期的稳定环境。本章基于各地区市场准入负面清单制度试点为准自然实验，利用 2010~2019 年沪深 A 股上市公司外资企业数据，探讨市场准入负面清单制度实施对外资流入质量的影响。本章研究发现负面清单制度试点能够显著提升外资流入质量，在一系列稳健性检验后结果依然成立。机制检验显示负面清单制度可以通过优化营商环境、提高市场竞争的公平性与充分性和缓解企业融资约束等路径提高外资流入质量。异质性分析发现，市场准入负面清单制度对外资质量的提升效应在东部城市和非省会城市、高垄断行业和非高新技术行业、制度交易成本高的企业表现得更为明显。本章研究表明，负面清单制度带来的市场准入管制放松对于推动外资质量升级具有重要作用，作为我国经济治理领域的重大制度创新，同时也为进一步优化负面清单制度、构建高水平对外开放新体制和推动经济高质量发展提供重要经验证据和政策启示。

第一节　负面清单准入管制放松及其对外资影响

一、我国负面清单制度实施情况

外资企业作为促进国内国际双循环的重要纽带和实现经济高质量发展的重要

引擎，在推动我国对外贸易发展、经济增长、产业升级、技术创新等方面发挥了积极作用。当前外资流入存在服务业外资开放相对滞后，技术等要素跨国流动制度性障碍的问题，妨碍了高质量外资的流入，跨国公司在华设立区域总部和研发中心的比例有待提高，因此如何有效提升外资质量是推动我国高水平对外开放的关键。而扩大市场准入，全面优化营商环境是提升贸易投资合作质量和水平的重要改革举措。负面清单制度既是统一市场准入的主要渠道和实现载体（王雄元和徐晶，2022），更是激发市场活力、充分发挥市场在资源配置中决定性作用的重要前提，为优化我国的国际营商环境、提升高端要素全球配置效率提供了制度保障。负面清单制度是以清单方式明确列出禁止和限制外商直接投资经营的行业、领域、业务等，清单以外的市场领域，各类市场主体皆可依法平等进入。统一的市场准入负面清单制度使各类市场主体能够自由进入中国市场，大大降低了国际资本进入中国市场的成本与不确定性。它的全面推广、实施和持续完善对于稳定外资预期和促进外资质量提升，助推中国经济高质量发展和加快全国统一大市场建设具有重要意义。

近年来，外商直接投资的营商环境得到持续的提升，市场准入从早期的审批制逐步过渡到注册制，从正面清单形式过渡到负面清单制度。外资产业指导目录作为一种正面清单管理模式，规定哪些属于鼓励进入产业，哪些是限制进入产业，以及不同产业市场进入形式（独资、合资、控股比重）等。虽然有助于利用外资优化中国产业结构，但是对外资的市场进入有浓厚的管制色彩，由于投资准入方面行业限制较多，导致外资进入的门槛和成本过高，市场主体地位不平等、竞争不充分，严重影响外资进入。为了适应经济高质量发展的内在要求，中国持续推进简政放权，深化"放管服"改革，并进行了广泛的创造性制度变革探索，将与国际接轨的负面清单制度引入到外资引进管理领域，推动构建市场化、法制化的营商环境。2013 年 11 月召开的党的十八届三中全会明确提出要"实行统一的市场准入制度，在制定负面清单基础上，各类市场主体可依法平等进入清单之外领域"。在党的十八届三中全会召开前两个月，《中国（上海）自由贸易试验区外商投资准入特别管理措施（负面清单）（2013 年版）》颁布实施，它以外商投资法律法规、《外商投资产业指导目录》（2011 年版）、《中国（上海）自由贸易试验区总体方案》为依据制定。2013 年版负面清单供有 190 条特别管理措施，该负面清单与《外商投资产业指导目录》（2011 年版）的限制类和禁止类基本一致。2014 年，国务院颁布《关于促进市场公平竞争维护市场正常秩序的若干意见》，提出要对目前的市场准入体制进行更加准确细致的改革，即政府以清单方式明确列出禁止和限制投资经营的行业、领域、业务等，清单以外的，各类市场主体"法无禁止即可为"。2015 年，国务院出台《关于实行市场准入负面清单制度的意见》，更加细致地描绘了建立和实施市场准入负面清单制度的方式和途径的蓝图，按照先行先试、逐步推开的原则，扎实推进市场准入制度的改革。中国于 2016 年正式开始市场准入负面清单制度试点工作，当年颁布的《市场准入负面清单草案（试点版）》先在上海、天津、福建和广东 4 个省（直辖市）开始试行。2017 年，负面清单试点政策范围扩大到辽宁、吉林、黑龙江、浙江、河南、湖北、湖南、重庆、四川、贵州、陕西 11 个省（市）。2018 年，随着《市场准入负面清单（2018 年版）》发布，统一的市场准入负面清单管理制度在全国范围内的推行，标志着我国市场准入由正面清单管理模式全面向负面清单模式转变，为维护市场准入负面清单制度的统一性、权威性，中国严格落实"全国一张清单"管理模式，各地区、各部门不再另行制定市场准入性质的负面清单。统一的市场准入为包括外资在内的各类市场主体创造了统一透明、公平竞争制度环境，也为外商在中国投资扫清了制度障碍。

市场负面清单的实施降低了企业市场进入成本，增加了政策透明度，降低了不确定性，从而提高了企业投资积极性，也促进了市场有序竞争和市场边际企业生产效率等绩效的提高（Melitz，2003），此外市场环境的改善也缓解了企业的融资约束，考虑到市场准入负面清单制度的适用对象相对于《外商投资准入特别管理措施（负面清单）》更具有一般性①，因此本章借助不同省份不同时间逐步推行的市场准入负面清单管理制度试点作为政策冲击的准自然实验，利用 2011～2019 年沪深 A 股上市公司企业层面的微观数据，运用多期 DID 方法从微观视角来识别市场准入与外资质量之间的因果关系和影响机制。在当前高质量发展背景下，推动提升全要素生产率成为推动宏观经济实现高质量增长的核心动力，本章在指标构建上采用了企业全要素生产率作为外资质量的表征。

我们的研究结果表明地区负面清单制度的实施能够提高外资流入质量。进一步分析表明，优化营商环境、提高市场竞争的充分性与公平性以及缓解融资约束是主要的影响机制。本章的异质性分析也表明，在东部城市和非省会城市、高垄

---

① 考虑到市场准入负面清单制度和外商投资准入特别管理措施，以及适用对象和本章实证部分上市公司样本的匹配性而言，我们选择我国市场准入负面清单制度实施在不同地区的时间差异作为制度冲击试验。

断行业和非高新技术行业、制度交易成本高的企业，市场准入负面清单制度对外资企业质量的提升作用效果更为明显。本章研究聚焦在市场准入负面清单制度这一覆盖全国性的制度设计，探讨其实施政策效果，对于加快构建全国统一大市场和推进其他领域治理改革实践意义重大。

本章研究的主要贡献在于：第一，本章利用负面清单制度试点作为准自然实验来识别其政策效应，从微观企业层面丰富了市场准入改革和负面清单制度改革的经济效应相关研究。第二，目前关于外资准入放松政策对东道国 FDI 的影响研究集中于 FDI 数量方面，较少从市场准入负面清单制度视角对外资质量进行研究，更没有给出市场准入对外资质量影响的内在机制，本章丰富了外资准入政策对外资质量影响领域的研究，为引导外资由"量优"转"质优"提供实证证据。第三，政策含义上本章的研究增进了中国实施制度型开放与经济高质量发展之间关系的理解，对更深层次扩大开放、提高吸引外资质量和促进国际国内双循环有较好的借鉴意义。

二、市场准入与外资质量相关研究

相关的文献主要涉及以下三支：一是关于市场准入管制研究；二是关于负面清单制度及其对于外资流入的影响研究；三是外资质量研究。市场准入是指主体和交易对象被政府准许进入市场的程度和范围，包括国内市场准入和国际市场准入两个方面，最终目的都是要实现一国市场的健康、稳定和发展。严格的市场准入制度会导致要素市场扭曲（戴魁早等，2020），甚至干扰到市场主体的生产经营活动和持续发展，从更深层次的视角来看，可能产生宏观层面的经济负效应。自改革开放以来中国的外资管制呈现逐步放松的趋势（刘建丽，2019）。郭冠男和谢海燕（2015）基于政府角度考虑，认为负面清单制度厘清了政府与市场的边界，降低了市场准入门槛，拓宽了企业投资领域，有效激发各类市场主体活力。陈升等（2020）认为市场准入负面清单制度相比之前的清单制度，它有助于约束政府公权力，降低企业制度性交易成本。

已有学者发现放松外资进入壁垒和降低投资门槛可能会带来"扩大内需""价格平抑"等积极的政策效应（陈林和罗莉娅，2014）的同时也会产生的"示范效应"与"竞争效应"能够促进内资企业技术创新和经营效率的提高（Meyer，2004），促进东道国企业生存（陈强远等，2021）。王雄元和徐晶（2022）认为负面清单制度的实施有助于激发企业活力和提高企业投资效率，而竞争公平性与充分性的提高、交易费用的降低是促进投资效率提高的重要机制。但这些对负面清单制度实施的影响分析仍然停留在企业表面，只观察到对企业创新、效率等的影响，未意识到企业发生变化背后的真正原因——外资质量。

外资流入质量是东道国外资引进的重要考量维度，早期就有学者对 FDI 利用质量这一概念从多角度进行定义。Kumar（2002）最早从发展中国家角度提出"FDI 利用质量"的概念，认为发展中国家引入 FDI 能有效提升发展中国家企业的技术水平、管理方式、产业结构、研发和出口竞争力等。Javorcik（2004）、Alfaro 和 Charlton（2007）从外商直接投资的来源地、投资行业和方式来定义其引入质量特征，来自发达国家的外资更能带来较先进的技术和经验。邹建华和韩永辉（2013）强调了 FDI 投资规模、FDI 投向产业结构、FDI 企业出口比重、FDI 技术潜力四个方面来刻画外资质量。白俊红和吕晓红（2015）从外资平均规模、资产贡献率、技术水平、出口拉动等方面研究 FDI 质量的提高对中国环境污染的改善。胡雪萍和许佩（2020）在上述四个指标基础上加入 FDI 的盈利能力指标，认为 FDI 质量显著促进了中国经济高质量发展。

根据文献梳理，我们发现目前学术界关于放松外资管制对 FDI 影响的文献多集中于 FDI 数量方面，鲜少有文献提及外资管制对外资流入质量的影响，更遑论负面清单制度与外资流入质量之间的关系。例如，发现放松外资管制所引致的自由化范围更广、透明度更高、可预见性更强，对 FDI 流动具有重要影响（OECD，2008；李墨丝和沈玉良，2015）。陆建明等（2018）利用基于美国细分行业数据的研究表明，签署负面清单模式自由贸易协定（FTA）导致政策透明度提高和不确定性的降低会促进 FDI 的国际流动，尤其是金融服务业的外资流入的促进效应更加明显（陆建明和姚鹏等，2018）。马亚明等（2021）认为负面清单模式的投资协定通过投资权益保护效应和投资壁垒透明度提升效应，促进国际直接投资的增长。

综上所述，已有的放松外资准入政策对微观层面影响的文献，尚未深入讨论市场准入负面清单制度影响外资流入和流入质量的影响。对此本章将做进一步深入讨论。

第二节　负面清单制度实施与实证假说

一、负面清单制度的实施

市场准入负面清单分为禁止和许可两类事项。对禁止准入事项，市场主体不得进入，行政机关不予审批、核准，不得办理有关手续；对许可准入事项，包括有关资格的要求和程序、技术标准和许可要求等，或由市场主体提出申请，行政机关依法依规作出是否予以准入的决定，或由市场主体依照政府规定的准入条件和准入方式合规进入；对市场准入负面清单以外的行业、领域、业务等，各类市场主体皆可依法平等进入①。市场准入负面清单制度的基本特点：一是"非禁即入"。负面清单明确列出禁止准入及限制准入的行业和领域等，清单之外的领域，各类市场主体皆可依法平等进入。二是"统一市场"。清单由国务院统一制定发布，实现全国覆盖。未经国务院授权，各地区各部门不得擅自增减市场准入负面清单条目，降低了政府管理的随意性。三是"平等权利"。负面清单适用于境内外各类市场投资主体，各市场主体均"权利平等、机会平等、规则平等"，均享有同等的市场准入权利、条件和待遇。四是"完善监管"。把激发市场活力与优化市场监管服务有机统筹，由事前审批更多地转为事中事后监管服务，在更高水平上统筹协调落实"市场机制有效、微观主体有活力、宏观调控有度"的现代市场治理要求。该制度的实施充分发挥了市场在资源配置中决定性的作用，明确了政府发挥作用的职责边界，有利于深化"放管服"改革，激发市场活力，对我国建立统一公平的市场准入规则体系，营造市场化、法治化和国际化的营商环境具有重大而深远的影响。

二、待检验假说的提出

负面清单制度目的在于建立公平、透明、法治的市场准入环境，尽最大可能

---

① 商务部关于《市场准入负面清单（2022年版）》有关情况的说明，https://www.gov.cn/zhengce/zhengceku/2022-03/26/content_5682276.htm。

减少市场主体进入限制，企业可以平等进入负面清单以外的行业、领域，从而激发市场活力，充分参与竞争。其根本要求是透明度和确定性，关键在于从实体和程序两方面为市场提供确定性：一是压缩政府机关的自由裁量空间，限制条件更详细、明确；二是审查核准限于负面清单限制类条目，清单以外的事项则自动许可（郭冠男和李晓林，2015）。良好的制度环境是促进企业发展的重要条件制度可以经济效率的提高，通过提供系统的规则来规范人们的选择空间，约束人们的活动，从而降低主体所面临的不确定性和各种交易费用（North，1992；Acemoglu et al.，2005），促进企业生产性经营活动顺利进行。

从宏观上来说，通过对原有制度的适时调整、改革和创新，实现制度变革，能够进一步激发市场主体的市场活力和发展潜力。自2018年负面清单制度全国实施以来，这一制度创新有效地推动政府简政放权，深化"放管服"改革，放宽内外资准入限制，推动构建统一高效的市场准入规则体系，促进市场主体公平竞争，极大提高了企业投资自由化和便利化，外资进入中国的不确定性与成本不断降低，企业能够清晰明确获得可投资行业，依据清单可以有效地调整投资方向，可能会促进FDI进入中国。同时，外资通过备案即可进入中国市场，提高审批效率，节约了FDI进入的成本。此外，市场准入管制放松意味着更多的企业可以自由进入市场，同时也会激励企业进行多元化经营（张韩等，2021），内外资企业主体地位一致，享有平等的市场准入权利、条件和待遇，能够提高企业竞争的充分性和公平性，促使企业技术进步提高竞争力。于是得到假说1：

假说1：市场准入负面清单制度的实施能够促进外资流入质量的提升。

市场准入负面清单制度作为一项制度政策，其着力点是营造更优的营商环境，试点方案明确指出政府要深化"放管服"改革，破除清单之外的隐性壁垒，为市场主体构建便捷高效、宽松自由的环境。从注册制到备案制、从事前审批转向事中事后监管，行政审批的简化使得各类市场主体所面临的营商环境不断优化，企业面临的政企关系和供应链关系可以得到显著的改善（张韩等，2021）。

营商环境的改善会对外资流入质量提升产生积极影响。首先，政务环境的优化意味着行政效率的提高和制度性交易成本的降低，有利于外资企业降低经营风险，促进高质量发展下的外资引进（Chen et al.，2020；张应武和刘凌博，2020）。其次，"非禁即入"的管理模式核心在于清单明确列出禁止和限制投资经营行业、领域、业务等，实现了清单之外市场主体依法平等进入，同时随着负面清单的限制与禁止条目的不断减少，行业进入壁垒和准入门槛的逐步降低，市场化程度得到极大提升，对 FDI 的进入具有较强的吸引力（Pineli，2019）。最后，负面清单制度实现了内外资企业法律地位平等和公平竞争，清单设置明晰，实现有法可依，地方政府不得在清单外的领域设置审批门槛，避免政府寻租与腐败，并加强对企业知识产权保护等，在市场化和法治化方面为外资企业营造稳定、公平、透明的营商环境，吸引大量效率高、水平高、技术先进的 FDI（何凌云等，2021）。于是得到假说 2：

假说 2：市场准入负面清单制度的实施通过优化营商环境促进外资流入质量提升。

市场准入负面清单制度的实施意味着政府放松了诸多领域的市场准入管制，能够促进各类市场主体依法平等进入，进一步提高市场竞争的充分性和公平性。一方面，市场准入负面清单通过增加市场主体数量进而提高竞争的充分性。放松市场准入管制将允许更多市场主体进入市场（Burks et al.，2018）。高效率的新进入者能够提高市场整体的生产效率，又能通过加剧市场竞争，迫使低效率企业退出市场（Acemoglu et al.，2012；李坤望和蒋为，2015）。另一方面，市场准入负面清单通过清理市场准入领域的歧视性条件及隐性壁垒，减少行政干预，促进各类企业公平有序竞争。

不公平的市场竞争对 FDI 流入有负向影响，这一观点已成为众多学者的共识。Mauro（1995）最先提出不公平的市场竞争严重影响到东道国的 FDI 流入，削弱了跨国公司投资的积极性，抑制了国际资本的流动。Egger 和 Winner（2006）认为不公平的市场竞争随着时间推移对 FDI 的负向影响增强。陈媛媛（2016）发现市场竞争不公平性较高时，低质量和技术水平更低的 FDI 会大量涌入，导致整体上 FDI 流入质量变得更低，甚至低于本土企业。负面清单制度建立了统一的准入规则，在一定程度上消除了市场壁垒，激励市场主体公平竞争，对于构建高水平对外开放格局，激发经营主体活力和促进外资高质量发展具有重要意义。于是得到假说 3：

假说 3：负面清单制度实施通过市场竞争的公平性与充分性能够促进外资流入质量的提升。

正面清单模式下，政府拥有较大管理权和资源分配权，地方官员会将政绩考核和压力转嫁给企业，致使企业经营偏离利润最大化目标。另外，政府会通过直接的行政命令干预或者控制银行的经营活动（王珏等，2015），最终可能导致金融资源配置的无效。市场准入负面清单明确区分了政府与市场的界限，增加市场准入制度的开放性、公平性、透明度（申海平，2018），能够从制度上遏制地方政府的地方保护主义，发挥市场的决定性作用，进而能够有效吸引资金投资到市场准入负面清单制度所覆盖的领域（郭冠男和李晓琳，2015；张韩等，2021）。

综观已有文献，金融因素对 FDI 的影响越来越得到人们的重视。Kholdy and Sohrabian（2008）研究发现，东道国金融市场的发展可以吸引更多的 FDI。Desbordes 和 Wei（2017）证实了东道国可以通过缓解外部融资约束的方式而提高 FDI 的流入量。吕朝凤和毛霞（2020）利用 184 家城市商业银行的数据考察了地方金融机构对 FDI 区位选择的影响，证明了缓解企业融资约束对 FDI 区位分布的重要性。因此，随着负面清单制度的实施，中国金融行业和金融市场限制得到大幅放宽，为投资者创造了透明、稳定的融资环境，为外资企业在内的市场主体带来金融活水，企业可以采取更灵活的方式获取资金，拓展企业融资渠道，降低企业融资难度，鼓励吸引更多高质量外资企业进入市场。于是得到假说 4：

假说 4：负面清单制度实施通过缓解企业融资约束促进外资流入质量提升。

第三节　计量模型、变量选取与数据说明

一、计量模型设定与变量说明

为了检验市场准入负面清单制度的实施对外资流入质量的影响，考虑各批次实施时间的不同，本章参照（王雄元，2022）研究设计，构建如下多期 DID 模型：

$$TFP_{ft} = \alpha + \beta \times treat_f \times post_t + Control_{ft} + v_f + \gamma_t + \varepsilon_{ft} \tag{9-1}$$

其中，下标 f 代表外资企业，t 代表年份；TFP 表示外资流入质量；$treat_f \times post_t$ 是实证模型中的核心解释变量，其中 $treat_f$ 代表企业 f 所在城市是否实施了市场准入负面清单试点政策，若实施该政策取 1，否则为 0，$post_t$ 代表负面清单政策试点实施的虚拟变量，负面清单试点政策在 t 年及以后实施的取 1，否则取 0；系数 β 是本章关注的核心参数，反映市场准入负面清单试点政策对外资流入质量的政策效应。$Control_{ft}$ 为企业层面相关控制变量；v_f 为企业固定效应，用来控制不随时间变化的企业特征，γ_t 为时间固定效应，可以消除随时间变动但不随

企业变化的相关遗漏变量；ε_{ft} 为随机扰动项。

（1）被解释变量。由于采用单一指标定义外资流入质量具有局限性和片面性，为此一些研究主张从多个维度来定义 FDI 质量。例如，Kumar（2002）认为发展中国家应该从企业的技术水平、管理方式、产业结构、研发和出口竞争力等定义外资流入质量；Javorcik（2004）、Alfaro 和 Charlton（2007）从外商直接投资的来源地、投资行业和方式来定义其引入质量特征；陈全功等（2005）认为 FDI 的质量由资金到位率、项目的平均规模和投资主体等指标共同定义。另一些研究认为由于全要素生产率因其综合性较强且涵盖信息全面，在一定程度上可以体现出外资的技术水平、管理效率等特征，因此也可以刻画外资企业的质量（王桂军和卢潇潇，2019 等）。本章借鉴宋敏等（2021）、任胜刚等（2019），采用 LP 方法对企业全要素生产率进行测度，以企业营业收入代表增加值，用固定资产净额作为资本投入的度量指标，企业劳动力投入以员工人数测度，中间品投入通过"上市公司营业成本加期间费用再减去本期折旧摊销额及劳动报酬总额"进行衡量。有部分学者指出全要素生产率的计算方法的选择不同、参数设置不同都会导致结果出现差异。为了使文本的结论更加严谨，在后续的稳健性检验中本章补充使用 OLS、GMM、OP 和固定效应法来估计 A 股公司的全要素生产率。另外考虑到 QFII 和 FDI 性质的差异，我们也没有选取 QFII 持股比率作为外资质量的替代变量[①]。

（2）核心解释变量。基于负面清单制度实施的背景，重点考察其对外资流入质量的影响，本章将当年位于负面清单制度试点所在地区的外资企业作为处理组，其余尚未实施该政策地区的外资企业作为研究的对照组。

（3）控制变量。参考相关文献的做法（王桂军等，2019；黄凌云和雷卓骏等，2023），本章主要控制变量包括：企业规模（Size），用取对数后的企业期末总资产表示；财务杠杆（Lev），用企业的资产负债率表示；盈利能力（ROA），用企业的资产收益率衡量；公司成长性（Growth），用营业收入增长率表示；企

[①] 由于外商直接投资和 QFII 金融投资行为有所不同，具体区别如下：①投资领域不同。FDI：境内股权投资，俗称一级市场以及一级半市场，并受外商投资负面清单限制。QFII/RQFII：境内证券期货投资，俗称二级市场，并不受到负面清单影响。②投资主体不同。FDI 的投资者所有外国的自然人、企业或者其他组织。QFII/RQFII 投资者位经中国证监会认定的机构，一般包括境外基金管理公司、商业银行、保险公司、证券公司、期货公司、信托公司、政府投资机构、主权基金、养老基金、慈善基金、捐赠基金、国际组织等。本章研究的对象是 FDI 而非 QFII，所以无法用外资持股、QFII 数据；进出口中间品数据也和本章的 FDI 关系不大，因此没有选择用 QFII 或持股的数据。

业年龄（Age），用企业成立时间的自然对数表示；产权性质（SOE），如果为国有外资企业取 1，否则取 0；股权集中度（Top10）为公司前十大股东控股比例；董事会规模（Board）为期末董事会人数的自然对数；独立董事比例（Indep）用期末独立董事人数/期末董事会人数表示。

二、数据选择与样本处理

本章选取 2010~2019 年中国沪深 A 股上市公司中的外资企业 10 年的数据。本章研究对象选择上市公司中的外资企业，其选取源于多个数据库，综合企业的股权性质、经营性质和股权结构等特征保留外资企业，选取股权性质类别为"外资"的企业，以及经营性质为"外商独资""中外合资"等类型企业作为本章的外资企业样本。同时参考（王雄元和黄玉菁，2017）做法，如果公司的股本结构中存在境外发起人股、B 股和 H 股流通股或其他境外流通股，则也被归为外资企业。企业财务数据和相关控制变量数据源于 CSMAR 数据库，城市层面的相关数据源于《中国城市统计年鉴》和各地市统计局网站。参考（戴鹏毅和杨胜刚等，2021）的做法，本章按照以下步骤对数据进行处理：①剔除金融行业的企业样本；②剔除样本期内 ST、SST 和 * ST 等财务状况异常的公司；③剔除财务数据和关键指标缺失较多的上市公司；④为了避免异常值对结果的不利影响，本章对研究中涉及的连续变量进行前后 1% 的缩尾处理。本章最终得到 13588 个观测样本，涉及 1556 家公司。

主要变量的描述性统计结果如表 9-1 所示，TFP 均值（中位数）为 10.055（9.96），标准差为 1.172，$treat_f \times post_t$ 均值为 0.264，表明该制度的实施所覆盖的样本企业接近 1/5；控制变量的最大最小值分布均在合理范围。

表 9-1　描述性统计

变量	样本量	均值	标准差	最小值	中位数	最大值
TFP	13588	10.055	1.172	6.84	9.96	14.4
	13588	0.264	0.441	0	0	1
Size	13588	22.278	1.384	19.8	22.1	26.4
Lev	13588	0.42	0.207	0.0462	0.414	0.882
Age	13588	2.804	0.371	1.61	2.89	3.47
ROA	13588	0.051	0.062	−0.192	0.0456	0.234

变量	样本量	均值	标准差	最小值	中位数	最大值
Growth	13588	0.193	0.39	−0.502	0.126	2.45
Top10	13588	0.608	0.16	0.23	0.62	0.952
SOE	13588	0.354	0.478	0	0	1
Indep	13588	0.375	0.054	0.333	0.333	0.571
Board	13588	2.138	0.198	1.61	2.2	2.71

第四节 计量回归结果

一、基准回归结果

为了检验市场准入负面清单试点对外资企业流入质量的影响，对式（9-1）进行相关回归分析。结果如表9-2所示，列（1）、列（2）报告了不含任何固定效应的估计结果，列（3）、列（4）是在此基础上控制企业和时间固定效应。可以看出，列（1）~列（4）的回归结果中，本章关注的核心解释变量 $treat_f \times post_t$ 的回归系数均在1%的水平上显著为正，表明负面清单试点政策实施对外资流入质量具有显著提升作用，同时也意味着该制度所带来的准入管制放松有利于推动中国经济高质量发展。在经济意义方面，我们以第（4）列的估计系数为例，市场准入负面清单制度实施后，外资企业质量将提升约3.53个百分点。表9-2的基准回归结果验证了本章的假说1，即负面清单制度试点政策的实施显著促进了试点地区外资流入质量。

表 9-2 基准回归结果

变量	（1）	（2）	（3）	（4）
	TFP	TFP	TFP	TFP
$treat_f \times post_t$	0.1958 ***	0.0908 ***	0.0602 ***	0.0353 ***
	(0.0228)	(0.0122)	(0.0147)	(0.010)

续表

变量	（1）	（2）	（3）	（4）
	TFP	TFP	TFP	TFP
Size		0.6295***		0.5910***
		（0.0049）		（0.011）
Lev		1.1704***		0.5155***
		（0.0328）		（0.042）
Age		−0.0185		0.1795**
		（0.0150）		（0.048）
ROA		3.2519***		1.7737***
		（0.0966）		（0.097）
Growth		0.0802***		0.1877***
		（0.0135）		（0.012）
Top10		0.0730**		−0.1229***
		（0.0343）		（0.045）
Board		−0.1460***		0.0060
		（0.0329）		（0.035）
SOE		0.0395***		−0.0638**
		（0.0124）		（0.029）
Indep		−0.7491***		−0.0501
		（0.1137）		（0.098）
Constant	10.0030***	−4.0797***	10.0406***	−3.8649***
	（0.0117）	（0.1287）	（0.0052）	（0.2801）
企业固定效应	否	否	是	是
年固定效应份	否	否	是	是
样本量	13,588	13,588	13,514	13,514
R²	0.005	0.748	0.898	0.952

注：括号中为稳健标准误；*、**、***分别表示在10%、5%和1%置信水平下显著。

二、稳健性检验

1. 平行趋势检验

利用 DID 模型准确识别政策效应的重要前提假设是实验组和对照组必须满足

平行趋势。即在政策实施前，试点城市和非试点城市的外资企业全要素生产率变化趋势应该是平行的。本章参考 Beck 等（2010）提出的事件研究法进行平行趋势检验。

$$TFP_{ft} = \alpha_0 + \beta_t \sum_{t=-5}^{3} treat_f \times D_t + Control_{ft} + v_f + \gamma_t + \varepsilon_{ft} \tag{9-2}$$

本章考察了该制度实行前 5 年到后 3 年的样本，以事前第 1 年为基期，在实证研究中我们控制了企业和时间固定效应以及本章选定的控制变量后进行回归，平行趋势检验结果如图 9-1 所示。

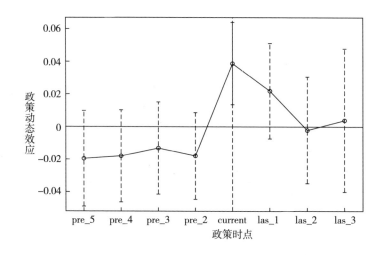

图 9-1　平行趋势检验结果

结果显示，负面清单制度实施前各期的系数估计值均不显著，这表明政策发生前，实验组和对照组在全要素生产率上并无显著差异，意味着处理组和控制组满足平行趋势条件。

2. 基于匹配方法的检验

为了克服市场准入负面清单试点城市企业和非市场准入负面清单试点城市企业间的系统性差异，降低 DID 模型估计可能的误差，本章进一步用 PSM 方法寻找与试点城市企业特征最接近的企业作为控制组进行 DID 估计。本章首先将是否为试点城市的虚拟变量对控制变量进行 Logit 回归，得到倾向得分值。其次基于 0.1 的指定宽带代入核函数计算权重进行匹配。

为了检验匹配结果的可靠性，本章对所有匹配变量的平衡性假设进行了检验，检验结果报告于表9-3中。从表9-3的检验结果可以看出，所有匹配变量的标准差的绝对值在匹配之后都小于5%，说明匹配变量和匹配方法是合理的。同时匹配后的t统计量基本都不显著，说明经过匹配后的匹配变量在处理组和对照组之间不存在显著差异，确保了本章匹配后样本估计结果的可靠性。

表9-3 倾向匹配得分平衡性检验结果

Variable	Unmatched/ Matched	Mean		%bias	%reduct bias	t-test		V (T) / V (C)
		Treated	Control			t	p>t	
Size	U	22.426	22.225	14.7	77.2	7.47	0.000	0.93*
	M	22.426	22.472	−3.3		−1.39	0.166	0.86*
Lev	U	0.41661	0.42126	−2.3	−41.8	−1.15	0.249	0.84*
	M	0.41661	0.42321	−3.2		−1.38	0.166	0.86*
Age	U	2.9636	2.7472	63.5	98.2	31.01	0.000	0.63*
	M	2.9636	2.9596	1.2		0.59	0.552	1.25*
ROA	U	0.04889	0.05187	−4.7	99.2	−2.47	0.013	1.30*
	M	0.04889	0.04887	0		0.02	0.987	1.26*
Growth	U	0.18852	0.19435	−1.5	69.8	−0.77	0.443	0.94
	M	0.18852	0.19028	−0.5		−0.18	0.857	0.75*
Top10	U	0.61046	0.60683	2.3	78.5	1.17	0.244	0.91*
	M	0.61046	0.61124	−0.5		−0.21	0.834	0.92*
SOE	U	0.27899	0.3809	−21.8	98.1	−11.00	0.000	
	M	0.27899	0.27703	0.4		0.18	0.854	
Board	U	2.0998	2.1511	−26.2	99.4	−13.41	0.000	0.98
	M	2.0998	2.0995	0.2		0.06	0.950	0.92*
Indep	U	0.38025	0.37286	13.6	77.9	7.06	0.000	1.12*
	M	0.38025	0.37862	3		1.25	0.211	1.06

注：①括号中为稳健标准误；②*、**、***分别表示在10%、5%和1%置信水平下显著。

利用倾向匹配法得到的匹配样本使用DID的方法，进一步考察市场准入负面清单制度对外资流入质量的影响，新的估计结果见表9-4的第（1）列。可以发现，在采用倾向匹配得分后改用新样本回归后，前面得到的结论依然成立，说明了结论的稳健性。

3. 更换被解释变量的衡量方式

在基准回归中，使用 LP 方法计算外资企业的质量（TFP），参考鲁晓东等（2012）的方法，分别使用 OLS、OP、GMM、固定效应等方法来衡量全要素生产率进行稳健性检验。回归结果表 9-4 中列（2）~ 列（5）所示，回归系数均显著为正，验证了本章结果的稳健性。

表 9-4　PSM-DID 和更换被解释变量回归结果

变量	(1)	(2)	(3)	(4)	(5)
	TFP	TFP_OLS	TFP_FE	TFP_OP	TFP_GMM
$treat_f \times post_t$	0.0353***	0.0323***	0.0322***	0.0281**	0.0354**
	(0.010)	(0.011)	(0.011)	(0.011)	(0.014)
控制变量	是	是	是	是	是
企业固定效应	是	是	是	是	是
年份固定效应	是	是	是	是	是
样本量	13514	11769	11769	11769	11769
R^2	0.952	0.965	0.968	0.908	0.843

注：①括号中为稳健标准误；②*、**、***分别表示在10%、5%和1%置信水平下显著。

4. 更换解释变量的衡量方法

针对上市公司存在注册地与经营地不一致的问题，本节使用公司经营地重新匹配负面清单制度进行稳健性检验，在更换企业注册地为企业经营所在地后，回归结果如表 9-5 所示，第（1）列结果显示在不加入控制变量时，解释变量对外资流入质量的回归系数为 0.0591，且在 1% 的水平上显著为正；从表中第（2）列的估计系数来看，当加入所有控制变量之后，企业的 TFP 与解释变量的估计系数为 0.0297，且在 1% 的水平下显著为正，一定程度排除了企业注册地与经营地不一致给本章结果造成的影响。

表 9-5　替换核心解释变量

变量	(1)	(2)
	TFP	TFP
$treat_f \times post_t$	0.0591***	0.0297***
	(0.015)	(0.010)

续表

变量	（1）	（2）
	TFP	TFP
控制变量	否	是
企业固定效应	是	是
年份固定效应	是	是
样本量	13514	13514
R²	0.898	0.952

注：①括号中为稳健标准误；②＊、＊＊、＊＊＊分别表示在10%、5%和1%置信水平下显著。

5. 排除其他重大政策干扰

在负面清单制度试点政策实施的期间内，中国实施了一些可能会对外资企业流入质量产生影响的特殊重大干扰政策。基于此，我们筛选了在文章样本期内可能对实证研究产生影响的两个国家相关政策，并进行一一排除。一是国家发展和改革委员会等机构于 2015 年联合发布了《推动共建丝绸之路经济带和 21 世纪海上丝绸之路的愿景与行动》（以下简称"一带一路"），该文件划定了 18 个重点参与的省份；二是样本期内，中国陆续扩大自由贸易试验区试点范围和地区。因此，本章涉及如下虚拟变量进行控制，如果当年为"一带一路"政策实施的区域内的企业将其设为 1，否则取 0；再次，企业所在城市当年如果被设立为自由贸易试验区的取 1，否则为取值为 0。表 9-6 展示了控制两个可能相关的干扰政策后的结果，第（1）列和第（2）列分别汇报了在控制"一带一路"倡议政策和自由贸易试验区试点后的结果，系数显示两个政策虚拟变量的统计结果上并不显著，同时我们看到基准回归中核心解释变量的估计系数仍在 1% 的水平上显著为正，表明上述重大政策不会对前文的研究结果产生实质影响，验证回归结果的稳健。

表 9-6　排除同期重大干扰政策后的估计结果

变量	（1）	（2）
	TFP	TFP
$treat_f \times post_t$	0.0341＊＊＊ （0.011）	0.0389＊＊＊ （0.012）
"一带一路"	0.0130 （0.012）	

续表

变量	(1)	(2)
	TFP	TFP
自由贸易试验区		−0.0047 (0.013)
控制变量	是	是
企业固定效应	是	是
年份固定效应	是	是
样本量	13514	13514
R^2	0.897	0.947

注：①括号中为稳健标准误；②＊、＊＊、＊＊＊分别表示在10%、5%和1%置信水平下显著。

6. 安慰剂检验

为了排除其他未观测到的因素对本章回归结果产生的影响，本节采用一个"反事实"框架下的安慰剂检验，以缓解对这一问题的担忧。通过虚构该制度试点实施虚拟政策变量来替代我们在基准回归中真实的政策虚拟变量，重新进行基准回归，将前述过程重复500次，以检验市场准入负面清单制度试点政策的实施虚拟变量回归系数分布，结果如图9-2所示。

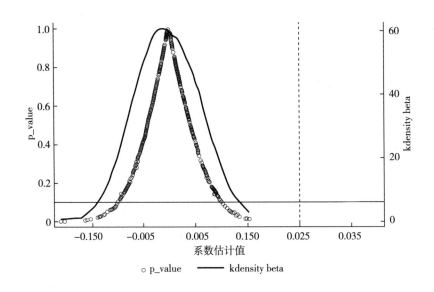

图9-2　随机抽取500次政策实施虚拟变量的回归系数与p值

从图 9-2 可以明显发现，虚拟政策变量的回归系数主要集中在 0 值附近，同时变量对应 p 值大多数均不显著。由此我们可以得知，本章估计的负面清单制度试点实施对外资流入质量的提升效应不大可能是由其他未观测到的干扰因素导致的，验证了我们结果的稳健性。

7. 样本选取偏误问题

由于自身所持有的上市企业流通股的股东对所在企业的控制能力可能较弱，参考王雄元和黄玉菁（2017）、戴小勇和成力为（2014）的做法，根据股权性质和企业的实际控制人作为企业所有制类型，将上市公司股本结构中存在境外发起人股、B 股流通股、H 股流通股或其他境外流通股的样本也归为外资企业。回归结果依然稳健（见表 9-7 第（1）、第（2）列）。

表 9-7　替换外资企业衡量方式和改变样本数量的估计结果

变量	（1）	（2）	（3）
	TFP	TFP	TFP
$treat_f \times post_t$	0.0618***	0.0422***	0.0057***
	（0.017）	（0.012）	（0.001）
控制变量	否	是	是
企业固定效应	是	是	是
年份固定效应	是	是	是
样本量	10532	10532	21671
R^2	0.882	0.944	0.870

注：①括号中为稳健标准误；②*、**、***分别表示在 10%、5% 和 1% 置信水平下显著。

8. 扩大样本容量

在基准回归中我们选择外资企业样本，考虑到外资企业和非外资企业 TFP 增长存在差异，可能会低估由于样本选择带来的双重差分估计结果，将样本扩展到全体上市企业，剔除金融行业、样本期内 ST、SST 和 *ST 等财务状况异常的所有 A 股上市公司。结果见表 9-7 第（3）列，我们发现扩大样本以后，市场准入负面清单制度实施地区的 A 股公司的 TFP 要显著高于没有实施的地区，从而进一步说明了市场准入负面清单制度对于改革实施地区企业生产效率的促进作用具有一般性，而并不受到我们是否因为选择了上市外资企业作为的处理组样本的影响，进一步验证了基准回归的稳健性。

第五节　异质性分析

一、基于区域特征异质性

为了检验负面清单制度实施所带来的 FDI 促进效应在不同区位的异质性，将样本分为东部城市与中西部城市，估计结果见表 9-8 的列（1）和列（2），试点政策对位于东部城市的外资企业质量提升有显著的促进作用，而对于中西部来说政策效应暂未显现。东部地区大多位于沿海发达地区，在地理位置、营商环境、人才资金、产业集聚等方面具有显著的优势，因而能够更好地吸引高质量的外资流入。中西部地区试点推行较晚，同时营商环境虽有很大改善但是存在"门槛效应"，政策效果还尚不明显。

另外，考虑到不同行政等级城市可能对于试点地区选择的影响。本章参考白俊红等（2022），将城市分为省会城市、计划单列市和其他城市。前一类的城市一般具有较高的政治地位，这些城市生产要素聚集能力更强、资源配置效率和市场化水平相对较高，中央政策在这些地区支持力度也较大，这些城市可以凭借自身的政策效应等有能力吸引外资，政策效果可能不太明显。相反，其他城市以往政策支持相对较小，市场化等水平相对较低，试点政策的实施将会有效改善该地区营商环境，破除地区保护主义体制藩篱，降低市场分割统一区域市场，发挥市场在资源配置中的决定作用。估计结果如表 9-8 的第（3）列和第（4）列所示，可以看出对于其他城市来说，政策提升效应更明显，说明该试点政策对于外资企业 TFP 提升效应在除省会和经济特区的其他城市作用更加明显。

表 9-8　基于城市特征的异质性检验回归结果

变量	（1）	（2）	（3）	（4）
	TFP	TFP	TFP	TFP
	东部地区	中西部地区	省会与计划单列市	其他城市
$treat_f \times post_t$	0.0395***	0.0187	0.0101	0.0644***
	(0.012)	(0.022)	(0.015)	(0.015)

续表

变量	(1)	(2)	(3)	(4)
	TFP	TFP	TFP	TFP
	东部地区	中西部地区	省会与计划单列市	其他城市
控制变量	是	是	是	是
企业固定效应	是	是	是	是
年份固定效应	是	是	是	是
样本量	9725	3788	6781	6725
R²	0.954	0.946	0.955	0.948

注：①括号中为稳健标准误；②＊、＊＊、＊＊＊分别表示在10%、5%和1%置信水平下显著。

二、基于行业特征异质性

垄断企业依托其在市场中的绝对优势地位能够获得超额垄断利润，高垄断行业由于市场准入的约束和限制，对于包含高风险性的研发活动需求并不强烈（Aghion et al.，2009）。垄断企业由于已经占据较大的市场份额和领先优势，因此它们可能没有强烈的动机去进行高风险的研发活动。负面清单制度的实施降低了行业的准入门槛和严格管制，各类企业可以自由平等地进入，会对原有的市场竞争格局造成较大冲击，促使它们改变经营方式和加大研发投入提升自身的竞争优势，以应对来自外部企业的竞争威胁。参考伊志宏和姜付秀等（2010）的研究，根据样本企业所在行业的赫芬达尔指数（HHI指数）来衡量市场垄断竞争程度，它等于行业内每家公司营业收入与行业总营业收入比值平方的累加结果，HHI指数越高表明垄断程度越高，面临的市场竞争就越小。对HHI指数进行均值处理，并根据中位数将总样本划分为垄断竞争程度高组和垄断程度低组。表9-9第（1）列和第（2）列的回归结果显示，市场准入负面清单的实施对企业质量的促进作用对于高垄断企业表现得更为明显。

同时，随着负面清单的不断缩减，行业的开放度进一步提高，2023年10月起，中国宣布将全部取消制造业外资准入限制，同时中国不断扩大服务业开放，负面清单实施可能对不同行业外资流入质量产生影响。鉴于此，本章参考王红建等（2017）的做法，并根据国家统计局对高新技术行业分类标准，将样本分为高技术行业和非高技术行业进行回归。表9-9（3）回归结果表明，负面清单的实施对于高新技术行业的外资企业的TFP影响并不显著，但对于非高技术行业外资企业 TFP 的影响显著为正。背后可能的原因是，高技术行业常常资本密集高，具备较高行业壁垒（蒋殿春和卜文超，2023），此外高技术行业的企业大多受到政策支持和税收优惠补贴，其质量提升可能并不明显；而对于非高技术行业的企业，由于资本密集度和技术密集度都较低，市场准入管制的放松拆解了市场力量强的企业原来设置的竞争壁垒，这些企业面临的潜在竞争压力提升更为显著，企业为维护市场地位，会加大研发和技术投入，提高自身竞争力，从而促进企业质量。

表 9-9　基于行业特征的异质性检验回归结果

变量	（1）	（2）	（3）	（4）
	TFP	TFP	TFP	TFP
	垄断程度高	垄断程度低	高技术行业	非高技术行业
$treat_f \times post_t$	0.0445*** （0.015）	0.0232 （0.015）	0.0171 （0.014）	0.0620*** （0.014）
控制变量	是	是	是	是
企业固定效应	是	是	是	是
年份固定效应	是	是	是	是
样本量	6733	6706	6784	6708
R^2	0.961	0.954	0.947	0.955

注：①括号中为稳健标准误；②*、**、***分别表示在10%、5%和1%置信水平下显著。

三、基于企业制度性交易成本异质性

市场准入负面清单制度带来的政府简政放权和审批监管制度改革等，改善了政府与市场的关系，降低寻租空间，有利于降低企业制度性交易成本，为企业减负赋能，进而提升企业的全要素生产率。对于面临更高制度交易成本的企业来说，该制度的实施对其 TFP 的影响作用更大。参考夏杰长和刘诚（2017）的研究，用企业的销售、财务和管理等费用总和占企业总资产的比例衡量企业生产经营中所面临的制度性交易成本。根据交易成本的中位数分组，大于中位数为交易成本高的组，其余为制度性交易成本低的组。归回结果见表 9-10，结果表明，与我们所预期一致，负面清单试点的实施对制度性交易成本较高的外资企业质量促进作用更加明显。

表9-10 基于企业制度性交易成本区分样本异质性检验回归结果

变量	(1)	(2)
	TFP	TFP
	交易费用高	交易费用低
$treat_f \times post_t$	0.0396***	0.0193
	(0.013)	(0.016)
控制变量	是	是
企业固定效应	是	是
年份固定效应	是	是
样本量	6644	6623
R^2	0.965	0.957

注：①括号中为稳健标准误；②*、**、***分别表示在10%、5%和1%置信水平下显著。

第六节 作用机制检验

结合前文理论假说，本节机制分析试图探究负面清单制度试点能否通过优化营商环境、提高市场竞争的充分性和公平性以及缓解企业融资约束等维度对外资企业质量升级产生影响。参考江艇（2022）的研究，使用如下模型进行机制检验：

$$M_{ft} = \alpha + \beta \times treat_f \times post_t + Control_{ft} + v_f + \gamma_t + \varepsilon_{ft} \tag{9-3}$$

其中，M_{ft}为衡量营商环境、市场竞争充分性与公平性和融资约束的机制变量，其余变量与基准回归模型相同。

一、营商环境优化的机制

参考王小鲁等（2019）和杨继东等（2018）的研究思路，利用分省份市场化指数构建城市营商环境指标。市场化水平提高是通过负面清单的优化来发挥对外商直接投资促进效应的核心体现。"非禁即入"是负面清单对内外资准入的本质要求，随着改革的深入推进，负面清单禁止和限制条目不断减少和优化，越来越多的行业尤其是服务业的开放度在逐步提升，给FDI进入提供了明确的市场化程度提高信号。此外，市场准入负面清单的相关配套措施如审批和监管方式的改革、政府治理效能提升、企业权益保护和创业、创新、创造激励等，改善了政府与企业的关系、发挥市场在资源配置中的决定性作用、优化了企业经营外部环境等制度环境。结果如表9-11第（1）列所示，解释变量的回归系数在1%的水平上显著为正，说明负面清单制度有利于城市营商环境的改善，从而对企业全要素生产率产生积极影响。

二、市场竞争的机制

市场准入负面清单制度的"非禁即入""统一市场"的特征为不同市场主体公平参与市场运作提供了制度保障。各类市场经营主体可以更为自由地进出市场并充分参与市场竞争，纠正要素和产品市场扭曲，提高市场配置效率。借鉴 Ellis 等（2012）的做法，本章采用 Lerner 指数来衡量市场竞争程度，该指标数值越大意味着市场垄断程度越高，面临的市场竞争程度越小。相关结果如表9-11第（2）列所示，解释变量和市场竞争程度的回归系数在1%的水平上显著为负，说明负面清单试点政策的实施通过显著增加了市场竞争的充分性。

三、缓解融资约束的机制

融资约束是企业投资效率的重要阻碍因素之一，市场准入负面清单的实施促进了政府简政放权，使得行政审批制度得以简化，行政效率大幅提高。负面清单采用"一单列尽"，清单之外各市场主体可自由进入，使得信息流和资金流可以在市场自由流动，降低了企业投资预期的不确定性，减少政府行政部门与市场经营主体之间因信息不对称和有限理性等原因造成的交易成本过高等问题；其次，可以充分发挥市场在资源配置中的决定性作用，使得各种资金、要素和资源等能够得以高效流动和配置到负面清单列明的行业（郭冠男和李晓琳，2015），为企业在市场上获取资金提供了便利，对缓解企业的融资约束具有积极作用。此外，得益于该政策实施，外资进入提高了中国地区金融发展水平，也为企业拓宽了多元化的融资渠道。本章参考 Hadlock 和 Pierce（2010）、鞠晓生等（2013），采用 SA 指数作为融资约束的代理指标。结果如表9-11第（3）列所示，回归系数在1%的水平上显著为负，说明市场准入负面清单制度极大缓解了企业的融资约束，验证了本章研究假说4。

表 9-11 作用机制检验

变量	(1)	(2)	(3)
	Market 指数	Lerner 指数	SA 指数
$treat_f \times post_t$	0.0619 ***	-0.0036 ***	-0.0074 ***
	(0.019)	(0.001)	(0.002)
控制变量	是	是	是
企业固定效应	是	是	是
年份固定效应	是	是	是
样本量	13142	13142	13142
R^2	0.939	0.810	0.968

注：①括号中为稳健标准误；②＊、＊＊、＊＊＊分别表示在10%、5%和1%置信水平下显著。

第七节 本章小结

本章基于中国国内各个地区逐步推广实施的市场准入负面清单制度试点为准自然实验，构建多时点 DID 模型，综合运用多种识别策略检验负面清单制度的实施对外资流入质量的影响。本章主要用全要素生产率来表示外资流入质量，实证研究发现：市场准入负面清单制度试点实施能够显著提升外资流入质量，经过平行趋势检验、安慰剂检验等多种稳健性检验后，基准回归结果依然稳健。异质性分析发现，负面清单制度试点对外资流入质量的提升作用在东部地区与非省会城市、垄断程度高、非高技术行业以及交易成本高的样本企业促进效果更明显。作用机制分析表明，市场准入负面清单制度主要通过优化营商环境、提高市场竞争的充分性和公平性和缓解融资约束等路径促进外资流入质量的提升。

根据研究结论，本章提出以下政策建议：

首先，优化营商环境建设，以增强对国内外要素资源的吸引力。实证数据已充分显示，市场准入负面清单在优化营商环境方面成效显著，能够吸引高质量外资。因此，我们需要持续深化"放管服"改革，贯彻落实各项优化营商环境的条例，积极对接高标准国际经贸规则，进一步放宽市场准入。同时，要支持各类开放平台构建与国际通行规则相衔接的制度体系和监管模式。

其次，健全市场竞争制度规则，确保内外资企业公平竞争。公平的市场竞争环境对吸引高质量外资至关重要。我们需要坚持对各类所有制企业一视同仁，加大力度清理废除妨碍统一市场和公平竞争的规定做法，持续营造公平竞争、竞相发展的市场环境。同时，要持续规范市场行为，创新监管机制，以公正监管促进公平竞争，严厉打击破坏社会主义市场经济秩序的违法犯罪行为。

最后，改革完善货币信贷投放机制，突破传统信贷模式。政府应加强制度建设，有效联合各方力量，在防范化解金融风险的基础上，细化实施方案，推广各地有效的典型经验和模式，完善信贷投放机制。同时，搭建跨部门多层级数据共享平台，打破信息孤岛，充分发挥数据在缓解融资约束、吸引高质量外资方面的优势。

参考文献

［1］ Acemoglu D. , Johnson S. , Robinson J. A. Institutions as a fundamental cause of long-run growth ［J］. Handbook of Economic Growth, 2005, 1：385-472.

［2］ Alfaro L. , Charlton A. Growth and the quality of foreign direct investment ［J］. The Industrial Policy Revolution, 2013：162-204.

［3］ Beck T. , Levine R. , Levkov A. Big bad banks? the winners and losers from bank deregulation in the United States ［J］. The Journal of Finance, 2010, 65（5）：1637-1667.

［4］ Burks J. J. , Cuny C. , Gerakos J. , et al. Competition and voluntary disclosure：Evidence from deregulation in the banking industry ［J］. Review of Accounting Studies, 2018, 23：1471-1511.

［5］ Chen, J. , Liu Y. , Liu W. Investment facilitation and China's outward foreign direct investment along the belt and road ［J］. China Economic Review, 2020, 61（6）：101458.

［6］ Desbordes R. , Wei S. J. The effects of financial development on foreign direct investment ［J］. Journal of Development Economics, 2017, 127：53-168.

［7］ Javorcik B. Saggi K. Spatareanu M. Does it matter where you come from? vertical spillovers from foreign direct investment and the nationality of investors ［J］. Journal of Development Economics, 2011, 96（1）：126-137.

［8］ Kaplan S. Zingales L. Do investment-cash flow sensitivities provide useful measures of financing constraints? [J]. Quarterly Journal of Economics, 1997, 112: 169-215.

[9] Kholdy S., Sohrabian A. Foreign direct investment, financial markets, and political corruption [J]. Journal of Economic Studies, 2008, 35 (6): 486-500.

[10] Kumar N. Globalization and the quality of foreign direct investment [M]. New Delhi: Oxford University Press, 2002.

[11] Melitz M. J. The impact of trade on intra-industry reallocations and aggregate industry productivity [J]. Econometrica, 2003, 71: 1695-1725.

[12] Meyer K. E. Institutions, transaction costs, and entry mode choice in Eastern Europe [J]. Journal of International Business Studies, 2001, 32: 357-367.

[13] North D. C., North D. C. Transaction costs, institutions, and economic performance [M]. San Francisco, CA: ICS Press, 1992.

[14] Peter E., Hannes W. How corruption influences foreign direct investment: A panel data study [J]. Economic Development and Cultural Change, 2006, 54 (2): 459-486.

[15] Pineli A., Narula R., Belderbos R. FDI, Multinationals and structural change in developing countries [J]. UNU-MERIT Working Paper, 2019 (4), 2019.

[16] Rodolphe D., Shang-Jin W. The effects of financial development on foreign direct investment [J]. Journal of Development Economics, 2017, 127: 153-168.

[17] 白俊红, 吕晓红. FDI 质量与中国环境污染的改善 [J]. 国际贸易问题, 2015 (8): 72-83.

[18] 白俊红, 张艺璇, 卞元超. 创新驱动政策是否提升城市创业活跃度——来自国家创新型城市试点政策的经验证据 [J]. 中国工业经济, 2022 (6): 61-78.

[19] 陈林, 罗莉娅. 中国外资准入壁垒的政策效应研究——兼议上海自由贸易区改革的政策红利 [J]. 经济研究, 2014, 49 (4): 104-115.

[20] 陈全功, 郭席四, 董登新. 湖北与浙江两省利用外国直接投资比较分析 [J]. 国际贸易问题, 2005 (2): 80-85.

[21] 陈强远, 钱则一, 陈羽, 等. FDI 对东道国企业的生存促进效应——兼议产业安全与外资市场准入 [J]. 中国工业经济, 2021 (7): 137-155.

[22] 陈媛媛. 东道国腐败、FDI 与环境污染 [J]. 世界经济研究, 2016

（10）：125-134+137.

[23] 戴魁早, 刘友金. 市场化改革能推进产业技术进步吗? ——中国高技术产业的经验证据 [J]. 金融研究, 2020 (2).

[24] 戴鹏毅, 杨胜刚, 袁礼. 资本市场开放与企业全要素生产率 [J]. 世界经济, 2021, 44 (8)：154-178.

[25] 郭冠男, 李晓琳. 市场准入负面清单管理制度与路径选择：一个总体框架 [J]. 改革, 2015 (7)：28-38.

[26] 何凌云, 马青山, 张元梦. 智慧城市试点对吸引 FDI 的影响——来自准自然实验的证据 [J]. 国际商务 (对外经济贸易大学学报), 2021 (6)：69-84.

[27] 胡雪萍, 许佩. FDI 质量特征对中国经济高质量发展的影响研究 [J]. 国际贸易问题, 2020 (10)：31-50.

[28] 黄凌云, 雷卓骏, 王珏. 外商投资自由化对劳动收入份额的影响：基于外资准入负面清单管理模式的检验 [J]. 国际贸易问题, 2023 (2)：158-174.

[29] 蒋殿春, 文超. 反垄断法与中国科技企业技术创新——基于不同市场地位企业的微观分析 [J]. 数量经济技术经济研究, 2023, 40 (7)：27-47.

[30] 李坤望, 蒋为. 市场进入与经济增长——以中国制造业为例的实证分析 [J]. 经济研究, 2015, 50 (5)：48-60.

[31] 李墨丝, 沈玉良. 中美 BIT 谈判看自由贸易试验区负面清单管理制度的完善 [J]. 国际贸易问题, 2015 (11)：73-82.

[32] 鲁晓东, 连玉君. 中国工业企业全要素生产率估计：1999—2007 [J]. 经济学 (季刊), 2012, 11 (2)：541-558.

[33] 陆建明, 姚鹏, 吴立鹏. 负面清单模式 FTA 对外资流入的影响——美国经验及其对中国的启示 [J]. 国际贸易问题, 2018 (8)：38-51.

[34] 吕朝凤, 毛霞. 地方金融发展能够影响 FDI 的区位选择吗? ——一个基于城市商业银行设立的准自然实验 [J]. 金融研究, 2020 (3)：58-76.

[35] 马光荣, 樊纲, 杨恩艳, 等. 中国的企业经营环境：差异、变迁与影响 [J]. 管理世界, 2015 (12)：58-67.

[36] 马亚明, 陆建明, 李磊. 负面清单模式国际投资协定的信号效应及其对国际直接投资的影响 [J]. 经济研究, 2021, 56 (11)：155-172.

[37] 裴长洪, 杨志远, 刘洪愧. 负面清单管理模式对服务业全球价值链影

响的分析 [J]. 财贸经济, 2014 (12): 5-16+63.

[38] 申海平. 市场准入负面清单的印度尼西亚经验及其启示 [J]. 东方法学, 2018 (4): 141-149.

[39] 宋敏, 周鹏, 司海涛. 金融科技与企业全要素生产率——"赋能"和信贷配给的视角 [J]. 中国工业经济, 2021 (4): 138-155.

[40] 王桂军, 卢潇潇. "一带一路" 倡议与中国企业升级 [J]. 中国工业经济, 2019 (3): 43-61.

[41] 王红建, 曹瑜强, 杨庆, 等. 实体企业金融化促进还是抑制了企业创新——基于中国制造业上市公司的经验研究 [J]. 南开管理评论, 2017, 20 (1): 155-166.

[42] 王珏, 骆力前, 郭琦. 地方政府干预是否损害信贷配置效率? [J]. 金融研究, 2015 (4): 99-114.

[43] 王雄元, 黄玉菁. 外商直接投资与上市公司职工劳动收入份额: 趁火打劫抑或锦上添花 [J]. 中国工业经济, 2017 (4): 135-154.

[44] 王雄元, 徐晶. 放松市场准入管制提高了企业投资效率吗? ——基于 "市场准入负面清单" 试点的准自然实验 [J]. 金融研究, 2022 (9): 169-187.

[45] 周志方, 韩尚杰, 程序. 市场准入管制放松与企业创新——基于 "市场准入负面清单制度" 试点的准自然实验 [J]. 财经研究, 2023, 49 (11): 125-139.

[46] 夏杰长, 刘诚. 行政审批改革、交易费用与中国经济增长 [J]. 管理世界, 2017 (4): 47-59.

[47] 伊志宏, 姜付秀, 秦义虎. 产品市场竞争、公司治理与信息披露质量 [J]. 管理世界, 2010 (1): 133-141+161+188.

[48] 张韩, 王雄元, 张琳琅. 市场准入管制放松与供给侧去产能——基于负面清单制度试点的准自然实验 [J]. 财经研究, 2021, 47 (7): 93-107.

[49] 张应武, 刘凌博. 营商环境改善能否促进外商直接投资 [J]. 国际商务 (对外经济贸易大学学报), 2020 (1): 59-70.

[50] 邹建华, 韩永辉. 引资转型、FDI 质量与区域经济增长——基于珠三角面板数据的实证分析 [J]. 国际贸易问题, 2013 (7): 147-157.

[51] 刘建丽. 新中国利用外资 70 年: 历程、效应与主要经验 [J]. 管理世界, 2019, 35 (11): 19-37.

第十章

外资准入管制放松与生产性
服务业企业高质量发展

改革开放以来，中国逐步开放服务领域，目前外资在服务业的投资比率已经超过 60%，而金融等生产性服务业开放由于涉及国家经济安全等敏感领域，开放相对滞后。党的二十届三中全会指出"聚焦重点环节分领域推进生产性服务业高质量发展，发展产业互联网平台，破除跨地区经营行政壁垒，推进生产性服务业融合发展"。鉴于生产性服务业对于促进我国产业升级重要性，生产性服务业的对外开放变得尤为迫切。中国全面实施外资市场准入负面清单制度，为生产性服务业的开放提供了新的制度框架。本章将从生产性服务业经济影响、外资服务业代表性行业市场准入管制制度演变、国内外高标准规则比较分析、生产性服务业市场准入对于生产效率和创新影响的实证分析五部分展开。

第一节 生产性服务业产生及其经济影响相关研究

一、生产性服务业统计及其产生的理论解释

生产性服务业是指为了保持制造业生产过程的连续性，促进工业技术进步、产业升级和提高制造业企业生产效率提供保障的服务行业。它是与制造业直接相关的配套服务业。区别于生活性服务业，生产性服务业本质是对制造业（也包括

农业、服务业）生产经营过程进行更为深化的专业分工，把企业内部进行的传统服务活动，如研发设计、物流、融资等外包出来，使更多的资源投入到企业的核心部分，以此提高制造业生产率。生产性服务业具有产业融合度高、带动作用显著等特点。加快发展生产性服务业，可以进一步分离和外包非核心业务，加快实体经济向价值链中高端延伸，促进我国产业逐步由生产制造型向生产服务型转变。2014 年和 2015 年国务院先后出台了《国务院关于加快发展生产性服务业促进产业结构调整升级的指导意见》（国发〔2014〕26 号）和《国务院办公厅关于加快发展生活性服务业促进消费结构升级的指导意见》（国办发〔2015〕85 号）为正确理解生产性服务业和生活性服务业的概念和内涵提供了国家视角。按照国家统计局《生产性服务业统计分类（2019）》生产性服务业分为 10 个大类、35 个中类、171 个小类，包括为生产活动提供的研发设计与其他技术服务，货物运输、通用航空生产、仓储和邮政快递服务，信息服务，金融服务，节能与环保服务，生产性租赁服务，商务服务，人力资源管理与职业教育培训服务，批发与贸易经纪代理服务，生产性支持服务[1]。

随着人类迂回生产活动的增加，生产的复杂度也不断提高和市场规模的扩大，最终使得生产性服务业也必然从生产活动中分离出来成为一个独立的产业，例如，生物医药产业孵化相关的融资、法律、研发外包、设备共享等服务。因此生产性服务活动是基于成本比较优势的专业性分工，它可以从各个生产环节剥离出来以适应生产方式、营销方式的变革。生产性服务业专业性强，产业融合度高，创新因素活跃是产业分工高度专业化、高度细密化的产物[2]。而随着生产性服务业的专业化水平和分工水平的提高，生产性服务业对于制造业形成更加精细化的服务，进一步推进了制造业的分工深化。就生产制造业企业而言，当与生产相关的材料运输、产品设计、市场调研、制造工程、质量检测、安全管理、工艺标准、生产监控，以及专利申请、法律咨询、广告推销、售后服务、人员培训等，这些一切生产服务活动如果外包给市场更有效率，制造业企业可以将资源集中用于核心业务，然后通过外包非核心业务给相关的生产性服务企业，以提升专业水平，推动生产可能性边界的拓展；另外，外包使得制造业的生产结构从以前

---

① 国家统计局关于印发《生产性服务业统计分类（2019）》的通知，https：//www.gov.cn/zhengce/zhengceku/2019-09/05/content_5427530.htm。

② 李苍舒.加快推进生产性服务业迈向高端，2022 年 6 月 22 日，《光明日报》，https：//www.ndrc.gov.cn/fggz/cyfz/fwyfz/202206/t20220622_1327685.html。

的劳动密集型转变为资本密集型，促进了产品结构的升级（徐毅和张二震，2008）。外部化配置资源有助于实现企业经济效益的最大化（Labbs，1993）。

此外生产性服务业涉及交通运输、咨询等行业，有助于降低制造业企业的市场交易成本，尤其是减少信息成本（李同正和孙林岩等，2013）。随着经济的持续发展，行业之间产品和服务的交换频率增加，随着交易成本不断上升。制造业企业选择与专业的生产服务型企业合作，以获取专业化的投入，从而减少不必要的支出，降低生产成本。因此，生产服务成本的高低以及获得这些服务的难易程度，对于制造业部门能否实现生产率提升构成了限制性条件（Francois，1990）。

随着制造业规模扩大和技术进步，服务业范围不断扩展，从简单辅助支持和中间加工向技术密集经济活动转变，包括研发设计、物流供应和代理分销等。企业将这些技术密集服务视为核心价值创造源泉，促使生产服务业崭露头角。信息技术的推广和电子商务的运用推动了更多新兴服务行业的发展，包括对信息需求较大的金融、咨询和广告等领域，丰富了服务业的内容。一方面，基础设施如电子通信和交通运输的发展扩大了生产服务业的交易和流通可能性，推动了该领域的发展；另一方面，知识技术密集度较高的生产服务业通过新的服务模式和内容向社会提供更高质量的服务，促进了各行业的发展。随着数字经济时代的到来，我们发现信息服务业发展不仅对于制造业国际竞争力维持变得越来越重要，而且反过来推动了信息服务业的发展，并最终衍生出新的信息技术，推动了数字经济本身的发展。

二、生产性服务业发展的经济影响

生产性服务业是促进技术进步、提高生产效率的关键服务行业，对经济的高质量发展具有重要的推动作用。生产性服务业的发展对实体经济的壮大起到了重要支撑作用，它不仅有助于推动制造业的高质量发展，增强产业链供应链的韧性，而且还有助于向产业链价值链高端延伸，促进经济结构的优化升级。

在经济全球化的背景下，我国目前已经进入"服务经济时代"，但我国服务业发展水平与发达国家仍然存在一定的差距，服务型制造能力还比较落后（陈明等，2020）。因此加快服务业的发展，提高生成性服务业的生产效率，促进制造业企业高质量发展至关重要。在这样的背景下，国内外许多学者都对生产性服务业所带来的企业高质量发展与产业结构升级进行了探讨。其中，黄楚山（2021）的研究表明生产性服务业 FDI 的流入显著提升了服务业的生产效率，并且细分到各个生产服务行业，FDI 与服务业生产效率之间均呈现正相关的关系，并且影响程度最大的为信息传输、计算机服务和软件业，同时该行业的研发投入对服务业生产效率提升作用最为明显。除 FDI 的影响外，生产性服务业的集聚效应也不可忽视。姜沂秀等（2020）认为生产服务业多样化和专业化集聚不仅显著促进本市全要素能源效率提升，还对相邻城市全要素能源效率产生明显的正向空间溢出效应，对于我国制造业的发展具有至关重要的作用。陈明等（2020）则认为近年来我国生产服务业开放滞后导致生产服务技术渗透到制造业各细分行业的渗透增长率较低。

还有一些研究从投入产出和价值链的角度去探讨生产服务业对于产业结构的变化。袁志刚和饶璨（2014）运用了投入产出模型考察了中国服务业的发展与变迁，研究发现国外生产服务业投入对国内投入产生替代，并且主要替代为中、高技术含量的产业部门，国外技术变动和国内及国外最终需求变动都有力拉动中国生产性服务业发展。陈明和魏作磊（2017）以价值链的角度出发探讨了生产服务业对于产业结构升级的作用机制，认为中国生产服务业开放对产业结构合理化和产业结构高级化均产生了显著的正向影响。引领我国产业向价值链高端攀升，应充分发挥生产服务业开放带来的持续推动作用。生产性服务业的国际化发展包括"引进来"和"走出去"战略，有助于利用国外优质服务资源，提升国内生产性服务业的竞争力。中国生产性服务业在贸易方面也表现出积极的趋势，服务贸易总额逐年上升，新兴生产性服务贸易发展迅速，其中生产性服务贸易占比达到61%，并且近 10 年年均增速为 8%。夏杰长和谭洪波（2023）认为实体经济实现高质量发展，需要专业化、高端化的生产性服务业作为支撑。生产性服务业的发展水平决定着产业结构、生产规模和生产效率。经济高质量发展需要重点发展战略性新兴产业、先进制造业，生产性服务业为生产服务，重点在于为先进制造业服务、为战略性新兴产业服务[①]。

目前中国人均国内生产总值已突破 1 万美元大关，消费形态正由实物消费为主加快向服务消费为主转变，但中国服务业增加值约占 GDP 的 55%，比发达国家低 20 个百分点左右，存在与制造业融合发展不够、现代服务业发展不足等问题，需进一步扩大服务业开放、持续培育新的发展动能、塑造国际竞争和合作新

---

① 生产性服务业赋能经济高质量发展，2023 年 1 月 18 日，《光明日报》，https：//www.ndrc.gov.cn/fggz/cyfz/fwyfz/202301/t20230118_1346937_ext.html。

优势①。未来中国需要通过进一步扩大生产性服务业的对外开放，优化生产性服务业结构，不断探索生产性服务与先进制造融合路径，找准生产服务的嵌入点，达到精准服务、高效服务、高质量服务。建设生产性服务企业对先进制造企业的服务网络，搭建生产性服务企业与先进制造企业的交流平台，将服务网络建设纳入国家工业互联网建设体系，建成先进制造服务大数据库，推动服务与制造两类企业产品、技术、设计、管理的协同创新，形成生产性服务业和制造业融合发展的产业生态系统，有效推动中国生产性服务业迈向高端②。

因此，生产性服务业的发展对经济的影响是多方面的，它不仅推动了经济结构的优化和产业的升级，而且通过数字化转型和国际化发展，增强了经济的活力和竞争力。未来，生产性服务业将继续作为推动经济高质量发展的重要力量。

第二节　我国生产性服务业外资市场准入制度变化

一、我国生产性服务业对外开放总体的政策变化

随着中国加入 WTO 以来，中国外资不断开放，外资管制政策不断放松。我国推出了外资准入负面清单、自由贸易试验区负面清单等一系列清单规定。其中，自 2016 年试点版负面清单的实行，外资服务业管制不断放松，外资服务业管制条目逐渐减少。本部分以市场准入负面清单为基础，通过整理外资服务业的各个代表性行业，尤其是生产服务业的项目条例分析了外资服务业管制放松的政策变化。

自 1978 年改革开放以来，中国生产性服务业对外开放的总体政策发生许多变化。主要经历了以下几个阶段变化：①在改革开放初期，1978～1983 年，在这一时期，服务业改革主要受到就业压力和需求压力的推动，改革路径主要是允许个体经济、私营经济在服务业领域边际增长。这一阶段的改革并非直接针对服务

---

① 从"1+4"到"1+10"，服务业扩大开放综合试点再次扩围——服务业开放引擎更强劲，https：//www.gov.cn/xinwen/2023-01/03/content_5734661.htm。

② 李苍舒.加快推进生产性服务业迈向高端，2022 年 6 月 22 日，《光明日报》，https：//www.ndrc.gov.cn/fggz/cyfz/fwyfz/202206/t20220622_1327685.html。

业发展，而是通过市场开放和所有制松绑，以增量推动存量变革，解决就业问题。②随着经济增长压力的推动，对服务业在国民经济中重要性认识的提高，在1984～1992年，服务业改革开始更加注重发展，特别是1984年邓小平提出改革重点转移到城市，包括服务业在内的各行各业的发展。③1993～2000年，在财政收入占GDP比重下降的背景下，服务业改革的一个重要方面是减少服务业对国家财政的依赖，推动服务行业从国家包办的福利型事业向市场化转型。④2001年之后，随着中国加入世界贸易组织，我国服务业开始面临国际竞争，改革的重点转向如何提升服务业的国际竞争力，包括金融、电信、科技等关键服务领域的开放和改革①。并且服务业改革更加注重民生导向和效率导向的双重标准，同时，政府出台了大量与民生服务相关的政策文件，如健康服务业、体育产业、养老产业等。

加入世界贸易组织以后，我国加快了包括生产性服务业在内的服务业开放，总体上遵循了两条线索：一是服务业开放试点城市带动服务业的对外开放；二是金融业等重点服务业基于入世承诺而实施的开放政策，以及金融业通过自由贸易试验区制度创新加快开放。2015年，北京成为全国首个服务业扩大开放综合试点城市。2020年9月8日，国务院发布《关于深化北京市新一轮服务业扩大开放综合试点建设国家服务业扩大开放综合示范区工作方案》，北京市服务业扩大开放正式由"试点"升级为"示范区"。与此同时，试点扩围工作不断推进，"N"的作用更加突出。

2021年4月，试点首次扩围，天津、上海、海南、重庆4地加入，形成"1+4"格局。《天津市服务业扩大开放综合试点总体方案》出台打造生产性服务业发展先行区，积极推动物流运输服务、科技服务、会展服务、批发零售、金融服务、健康医疗服务、教育服务、电信服务、电力服务九大服务业重点行业领域

---

① 2002年召开的全国金融工作会议明确，具备条件的国有独资商业银行可改组为国家控股的股份制商业银行，条件成熟的可以上市。由此，一场按照"重组、股改、上市"三部曲逐次推进的国有银行股改大戏拉开帷幕——通过国家注资和剥离坏账，对商业银行进行财务重组，解决历史存量问题；通过股份化，包括引进战略投资者，改变商业银行传统的产权结构和经营机制，健全公司治理；通过公开发行股票进一步充实资本金，强化对银行的市场约束，推动银行改革。在2005年到2010年的5年时间内，同样"背水一战"的其他4家国有商业银行改革相继取得突破：2005年10月，建行成功登陆香港资本市场；2006年6月，中行H股于香港联交所正式挂牌，一个月后即迅速回归A股；此间，交行先于工行在香港上市，后又于2007年7月回归A股；工行于2006年10月27日工行开创了A股、H股同时同价发行和同步上市先河，并在首次公开发售中刷新了多项中国和世界纪录；在2008年全球金融危机爆发的背景下，农行克服多重不利因素于2010年完成A+H股同步发行、先后上市。

深化改革扩大开放。同期，2021 年上海市经济信息化委关于印发《上海市生产性服务业发展"十四五"规划》，大力发展与先进制造业密切相关的更加智能化、知识更加密集的十大重点领域，即总集成总承包服务、供应链管理服务、产业电商服务、研发和设计服务、检验检测认证服务、智能运维服务、节能环保服务、生产性金融服务、生产性专业服务、职业教育培训和人力资源服务①。

2023 年服务业扩大开放综合试点城市第二次扩围，沈阳、南京、杭州、武汉、广州、成都获批开展试点，标志着全国范围内试点单位增至 11 个。试点省市大力完善规则体系、促进贸易投资便利化，为服务业对外开放提供资金和数据流动、人才服务、知识产权保护等方面的支持，如试行跨境服务贸易负面清单管理模式，与共建"一带一路"国家开展国际贸易"单一窗口"建设合作，探索允许符合条件的境外人员担任法定机构、事业单位、国有企业法人等。

自 2001 年中国加入 WTO 之后，中国金融市场迎来了首轮开放，第一轮开放主要以全资法人银行、保险及非银金融机构非控股合资为主，并且中国承诺金融业 5 年过渡期逐步向外资开放。银行业作为金融对外资开放的第一块试验田，自 1994 年开始至 2001 年加入 WTO 之前，外资银行开始在中国市场尝试设立分行，但经营范围仅限于外币项下的商业银行业务。2006 年之后，银行业准入门槛下降，大批外资分行改制成为外资独立法人机构。国务院颁布了《中华人民共和国外资银行管理条例》，确立了其享有"国民待遇"的权利。2015 年之后，中国金融市场的开放程度进一步加深，包括银行、证券、基金、期货等行业的多项市场准入开放和业务范围扩大，以及外资持股比例的放宽。2015 年央行等六部委公布的上海自由贸易试验区"金改 40 条"明确提出，要探索"金融服务业对外资实行准入前国民待遇加负面清单的管理模式"。2017 年 6 月国务院办公厅发布的《自由贸易试验区外商投资准入特别管理措施（负面清单）（2017 年版）》，涉及银行、保险和资本市场等多个领域，为上海发布金融服务业对外开放负面清单

---

① 上海市经济信息化委关于印发《上海市生产性服务业发展"十四五"规划》的通知，重点领域具体包括：总集成总承包服务不断创新服务模式，从 EPC（设计—采购—施工）提升至 EPC+N（EPC 连接整合咨询规划、调试、运营管理、融资租赁、技术培训等各类服务），实现核心技术、服务能力、国际市场竞争力及影响力四大提升。研发设计服务在产业中的引领作用充分发挥，"设计之都"建设加速推进，"上海设计"能级显著提升。电子商务与信息化服务在垂直细分行业涌现多种类型创新场景，助力实体经济降本提质增效。供应链管理服务从人力密集型向技术密集型转变，创新打造第三方、第四方服务平台，嵌入式为制造业赋能。检验检测服务产业规模持续扩大，户均收入位列全国第一，品牌影响力与公信力持续提升。节能环保服务产业形成一定规模，部分技术产品在全国优势明显，形成完整的服务产业链。金融专业服务依托信息技术实现服务模式、服务方案、服务平台创新，助力中小微企业发展。

指引提供了准绳和基础。2017 年 6 月上海自由贸易试验区管委会和上海市金融办发布上海自由贸易试验区金融服务业对外开放负面清单指引（2017 版），共梳理出 48 项特别管理措施，为金融服务业专设负面清单指引，在国内尚属首次，将进一步推动上海自由贸易试验区的金融开放创新。

二、代表性服务业外资管制放松政策变化

（一）金融业外资管制放松政策变化

银行业和保险业是我国金融业中资产规模比重最大的两个行业，也是金融业外资管制放松和不断对外开放的重点。随着金融业的开放水平不断提高、对外开放走向深入，我国推出了全国版外资准入负面清单、自由贸易试验区负面清单、CEPA 经贸协定、北京市服务业扩大开放综合试点等一批创新举措。2018 年，中国金融开放实现了突破性进展，包括取消中资银行和金融资产管理公司的外资单一持股比例限制，允许外国银行在中国境内同时设立分行和子行等。表 10-1 列举了自 2016 年试点版市场准入负面清单施行开始，2016~2022 年金融业禁止和限制准入类条目数量变化。由表 10-1 可以看出，总体上金融业负面清单准入条例数量呈现减少的趋势，金融业管制被逐渐放松。

表 10-1　金融业 2016~2022 年负面清单准入类措施变化

类别	产业	禁止和限制准入类条目数量			
		2016	2018	2020	2022
禁止和限制准入类	银行业	13	6	6	9
	保险业	34	14	11	11
	证券业	18	20	18	8
	其他金融业	14	29	26	22
	总计	79	69	61	50

资料来源：根据全国版外商投资准入负面清单（2016）（试点版）、全国版外商投资准入负面清单（2018）、全国版外商投资准入负面清单（2020）、全国版外商投资准入负面清单（2022）整理。

金融业不断开放，与负面清单相配套的相关法律规定也是金融业外资管制放松的主要体现。表 10-2 列举了中国加入 WTO 后在金融业的主要相关法律规定以及承诺。中国在商业方面存在的市场准入承诺主要在银行业、保险业和证券业三

个行业。①中国对于银行业方面做出的开放承诺主要包括：吸收公众存款和其他应对公众资金；所有类型的贷款，包括消费信贷、抵押信贷、商业交易的代理和融资；金融租赁；所有支付和汇划服务，包括信用卡、赊账卡和借记卡、旅行支票和银行汇票（其中包括进出口结算）；担保和承兑；自营或代客外汇交易。②中国保险业在加入 WTO 时在企业设立形式、地域限制、业务范围、营业执照发放、法定保险五个方面均作出了承诺。③中国在证券业的主要承诺主要包括交易准许、投资比例等。表 10-2 列举了三个行业具体的相关法律规定。

表 10-2　中国加入 WTO 金融业相关具体承诺

银行业	保险业	证券业
取消地域限制。外汇业务：自加入时起，无地域限制，无客户限制。本币业务：地域限制按照时间逐步取消	取消地域限制。允许外国寿险和非寿险公司及保险经纪公司逐步取消地域设立限制	交易准许。外国证券机构可以直接（不通过中国中介）从事 B 股交易，自加入 WTO 时起外证券机构在中国的代表处可以成为所有中国证券交易所的特别会员
逐步减少营业许可限制。只有符合规定条件的外国金融机构可以在中国设立外国银行分行或外国金融公司：①在中国设立外国独资银行和外国独资财务公司，提交申请前一年年底的总资产应超过 100 亿美元。②设立外国银行分行，总资产应超过 200 亿美元。③设立中外合资银行或中外合资财务公司，总资产应超过 100 亿美元。此外，外国金融机构申请从事人民币业务的资格为已在中国开展三年业务且提交申请前连续两年盈利	放松企业设立形式。①外国非寿险公司可以在华设立分部或建立外资股权大的合资企业。加入 WTO 两年内，外国非寿险公司可以设立独资子公司且对其设立形式不做限制。②外国寿险公司可以在华设立其拥有 50% 以下股权的合资企业，并可以自主选择合资方。③对于大规模商业风险保险的经纪、再保险经纪、国际海运经纪、国际空运和运输保险以及再保险经纪商，加入 WTO 后，即可设立外资占比不超过 50% 的合资企业，并在加入三年内允许外资增值 51%，五年后允许设立外资独资子公司	投资比例。自加入 WTO 时起，允许外国服务提供者设立合资公司，从事国内证券投资基金管理业务，外资比例不超过 33%，加入 WTO 后三年内，外资比例最多可达到 49%

续表

银行业	保险业	证券业
取消客户限制。外汇业务：外国金融机构在中国加入WTO时起即可在中国提供服务，无客户限制。人民币业务：加入后两年内，允许外国金融机构向所有中国企业提供服务；加入五年后，云如外国金融机构向所有中国客户提供服务	扩大业务范围。①外资非寿险公司可无地域限制地提供"统括保单"保险和大型商业险保险。其中"无地域限制"应指不受前述的准入地域范围的限制。同时外国保险经纪公司则可依据国民待遇不迟于中国保险经纪公司，以不低于中国保险经纪公司的条件提供"统括保单"经纪业务，则不再承诺范围内。②加入WTO后，允许外国非寿险公司向在华外商投资企业提供财产险以及相关责任险和信用险服务，在加入后两年内，则允许外国非寿险公司向外国和中国客户提所有商业和个人非寿险服务。③自加入WTO时起，外国保险公司的寿险公司可向国内外客户提供个人非团体寿险服务；加入WTO后三年内，允许外国保险公司向国内外客户提供健康、团体和养老金或年金险。自加入时起，外国保险公司可以以分公司、合资企业或独资子公司的形式提供寿险和非寿险的再保险服务，不受地域限制或发放营业许可的数量限制	股权发起。中国加入WTO后三年内，允许外国证券公司设立合资公司，外资持有不超过1/3的少数股权，合资公司可以从事（不通过中方中介）A股的承销、B股和H股及政府和公司债券的承销和交易、基金的发起
	营业执照准许放松。①投资人必须是一家在一WTO成员内已经存续30年以上的外国保险公司。②该公司在中国设立代表处连续满两年以上。③除保险经纪公司外，提交申请前一年年末总资产超过50亿美元；保险经纪公司应超过5亿美元，加入WTO后一年内总资产超过4亿美元	
	法定保险降低。承诺加入WTO时境内保险公司法定分保比例和国内分保比例一致为20%，加入WTO后一年内，法定分保比例降至15%，加入WTO后两年内降至10%，加入WTO后三年内降至5%，加入WTO后四年内取消法定分保。但机动车辆第三者费任险，商用运输车辆司机、承运人责任险，加入WTO后不允许外资保险公司经营	

资料来源：根据全国版外商投资准入负面清单（2022）、《关于金融服务的附件》、《关于金融服务的第二附件》、《关于金融服务承诺的谅解》、《中华人民共和国加入世界贸易组织服务贸易具体承诺减让表》等手动整理。

（二）商务服务业外资管制放松政策变化

商务服务业又称为商业性服务业，属于现代服务业的范畴，包括企业管理服务、法律服务、咨询与调查、广告业、职业中介服务等行业，属于现代服务业要求的人力资本密集型行业，也是高附加值类的行业。根据 WTO、北美产业分类或者是中国产业分类，商务服务业主要包括以下内容：法律服务、国际商务会计和审计服务、国际租赁服务、国际公证服务、国际咨询服务以及国际劳务合作。商务服务业作为现代新兴的生产性服务业，在工业化的中后期表现出较高的增长速度，并且经济发展水平越高，商务服务业的发展水平相应更高，其突出的特点有以下几点：①知识密集型行业，商业服务业提供的服务以知识、技术和信息为基础，对商业活动的抽象分析和定制化程度比较高，因此以知识要素投入生产过程，表现为人力资本密集型行业。②空间可分离性，商务服务业提供者与消费者间具有较强的空间可分离性，即商务服务业在很大程度上不受生产者所在空间因素限制，服务提供者和服务消费者可以相互分离，可以跨地区、跨国界。③价值增值性，商务服务企业通过与顾客的不断交流与合作，提供专业化的增值服务，使其自身蕴含的价值效应得以放大和增强。

随着商务服务业外资管制政策的不断放松，我国商务服务规模不断扩大。其中，外资准入负面清单在租赁、商务服务业的限制不断放松。表 10-3 列举了2016~2022 年四次负面清单准入类措施数量变化。

表 10-3 2016~2022 年租赁和商务服务业负面清单准入类措施变化

类别	产业	禁止和限制准入类条目数量			
		2016	2018	2020	2022
	租赁和商务服务业	62	15	14	13

资料来源：根据全国版外商投资准入负面清单（2016）（试点版）、全国版外商投资准入负面清单（2018）、全国版外商投资准入负面清单（2020）、全国版外商投资准入负面清单（2022）手动整理。

（三）交通运输、仓储和邮政业外资管制放松政策变化

交通运输、仓储和邮政业是我国生产服务业发展的另一个重要领域，自从加入 WTO 以来，我国全面履行加入后的承诺，在交通运输、仓储和邮政业等领域允许企业通过合资、并购、独资等方式加快进入。例如，2009 年，我国对《邮政法》进行了修改，将一些限制性条件删除；2014 年，国务院决定全面开放国

内包裹快递市场，对符合许可条件的外资快递企业，按核定业务范围和经营地域方法经营许可；2018 年，国家邮政局批复同意国际快递业务经营许可审批事项等。以负面清单为例，表 10-4 列举了 2016～2022 年四次负面清单准入类措施数量变化。从表中可以看出，交通运输、仓储和邮政业中总计禁止和限制类准入措施条目逐年减少，其中交通运输业数量降低尤为明显。

表 10-4　2016～2022 年交通运输、仓储和邮政业负面清单准入类措施变化

类别	产业	禁止和限制准入类条目数量			
		2016	2018	2020	2022
禁止和 限制准入类	交通运输业	77	44	38	27
	仓储业	4	1	1	1
	邮政业	9	5	5	5
	总计	90	50	44	33

资料来源：根据全国版外商投资准入负面清单（2016）（试点版）、全国版外商投资准入负面清单（2018）、全国版外商投资准入负面清单（2020）、全国版外商投资准入负面清单（2022）手动整理。

（四）其他生产服务业外资管制放松政策变化

根据中国产业分类标准，除金融业、商务服务业和交通运输、仓储和邮政业外，生产服务业还包含信息传输、计算机服务和软件业、批发和零售业和科学研究、技术服务业。由于该三个行业在生产服务业中的比重占比不高，因此将这三类行业放在一起在本部分一同探讨其外资管制的放松政策变化。表 10-5 列举了2016～2022 年四次负面清单准入类措施数量变化。

表 10-5　2016～2022 年其他生产服务业负面清单准入类措施变化

类别	产业	禁止和限制准入类条目数量			
		2016	2018	2020	2022
禁止和 限制准入类	信息传输、计算机服务和软件业	44	16	15	14
	批发和零售业	65	47	40	36
	科学研究、技术服务业	59	31	25	22

资料来源：根据全国版外商投资准入负面清单（2016）（试点版）、全国版外商投资准入负面清单（2018）、全国版外商投资准入负面清单（2020）、全国版外商投资准入负面清单（2022）手动整理。

第三节　国内外高标准自由贸易协定的比较制度分析

一、国际高标准规则自由贸易协定的比较分析

《区域全面经济伙伴关系协定》（RCEP）于 2022 年 1 月 1 日起正式生效实施，标志着全球人口最多、经贸规模最大、最具发展潜力的自由贸易区的设立，其中投资规则是 RCEP 协定的重要组成部分。RCEP 投资规则主要体现在协定投资章中。RCEP 投资规则分为文本规则和负面清单两部分。除文本规则外，RCEP 协定附件三（服务和投资保留及不符措施承诺表）列出了各成员方关于投资领域的负面清单。引入"准入前国民待遇+负面清单"制度是 RCEP 投资规则达成的最重要成果之一。RCEP 生效后，要求各个成员国在市场准入等方面给予其他成员国投资者非歧视的待遇。其中保留和不符措施条款（第十章第八条）规定了负面清单的基本纪律，投资保留和不符措施承诺表（协定附件三）列出了各成员方关于投资领域的不符措施清单①。投资的负面清单为中国吸引外资和推动高质量对外开放提供了制度空间。

RCEP 投资规则涵盖投资保护、投资自由化、投资促进和投资便利化四个方面，既继承了传统投资协定的主要内容，也体现了国际投资缔约实践的新发展。文本规则包含投资章节 18 个条款和两个附件，对投资保护和市场准入的实体义务等作出了较为全面的规定。主要内容包括：（一）给予成员方投资者及其投资包括准入前阶段的国民待遇和最惠国待遇。（二）规定了投资待遇（公平公正待遇）、征收、外汇转移、损失补偿等投资保护的具体纪律。（三）纳入了高级管理人员和董事会，超过 WTO 水平的禁止业绩要求等条款。（四）细化了投资促进和投资便利化措施，重视外商投资纠纷的协调解决。（五）设置了负面清单（保留和不符措施）、安全例外等机制，保留政府管理外资的合理政策空间。

与 CPTTP 等高水平协定类似，RCEP 附件三服务和投资保留及不符措施承诺

---

① 一般来说，成员方在 RCEP 协定对其生效后，应给予其他成员方投资者非歧视的待遇，特别是在市场准入方面。除非该成员方在投资负面清单中做出保留。

表中，允许各个国家通过两张清单（清单 A 和清单 B）列出了不受国民待遇条款（服务贸易和投资章）、最惠国待遇条款（服务贸易和投资章）、禁止业绩要求条款（投资章）、高级管理人员与董事会条款（投资章）、市场准入条款等约束的措施。中国在其投资保留及不符措施承诺表中，清单 A 中列出了中国现行的、不受投资章的国民待遇、最惠国待遇、禁止业绩要求、高级管理人员与董事会条款所施加的义务约束的措施。清单 B 中列出了中国可以维持现有措施、采取新的或更具限制性措施的特定部门、分部门或活动，这些措施不符合投资章的国民待遇、最惠国待遇、禁止业绩要求、高级管理人员与董事会等条款所施加的义务①。

表 10-6 以金融业为例，比较了中国在 RCEP 中列举的金融业相关准入负面清单与中国先行的准入负面清单，其主要列举了与生产服务业相关的负面清单。表中可以看出，RCEP 中中国的负面清单与中国现行的市场准入负面清单基本一致。RCEP 中负面清单与中国现行的市场准入不一致的，也基本与中国现行法律、规定相一致。

表 10-6　中国金融业在 RCEP 中的准入负面清单与中国市场准入负面清单比较

类别	RCEP 中国负面清单来源与规定	2020 年现行负面清单	2020 年前中国实行负面清单情况	差异
准入的一般性规定	1. 措施来源：《中华人民共和国外商投资法实施条例》（2019 年）第三十四条。 2. 具体措施：有关主管部门在依法履行职责过程中，对外国投资者拟投资负面清单内领域，但不符合负面清单规定的，不得予以办理许可、企业登记注册或任何其他相关事项；涉及固定资产投资项目核准的，不予办理相关核准事项	有关主管部门在依法履行职责过程中，对外国投资者拟投资《负面清单》内领域，但不符合《负面清单》规定的，不得予以办理许可、企业登记注册或任何其他相关事项；涉及固定资产投资项目核准的，不予办理相关核准事项。投资有股权要求的领域，不得设立外商投资合伙企业	1. 条例来源：2019 年 10 月《国务院关于修改〈中华人民共和国外资保险公司管理条例〉和〈中华人民共和国外资银行管理条例〉的决定》 2. 具体条例：取消申请设立外资保险公司的外国保险公司应当经营保险业务 30 年以上，且在中国境内已经设立代表机构 2 年以上的条件；允许外国保险集团公司在中国境内投资设立外资保险公司，允许境外金融机构入股外资保险公司等	一致

---

① 具体文本参见 http://fta.mofcom.gov.cn/rcep/rceppdf/01%20CN's%20Annex%20III_cn.pdf。

类别	RCEP 中国负面清单 来源与规定	2020 年现行 负面清单	2020 年前中国实行负面 清单情况	差异
国民待遇（金融市场准入）	1. 措施来源：《中华人民共和国证券法》（2014 年）第一百六十六条；《期货交易管理条例》（2017 年）第二十三条；《合格境外机构投资者境内证券投资管理办法》（2006 年）；《人民币合格境外机构投资者境内证券投资 试点办法》（2013 年）；《上市公司股权激励管理办法》（2018 年）第四十五条；《外国投资者对上市公司战略投资管理办法》（2015 年）第十五条；《证券登记结算管理办法》（2018 年）第十九条；《关于符合条件的外籍人员开立 A 股证券账户有关事项的通知》（2019 年）；《境外交易者和境外经纪机构从事境内特定品种期货交易管理暂行办法》（2015 年）第十条。 2. 具体措施：外国投资者不得申请开立 A 股证券账户，除非：（1）合格境外机构投资者（包括合格境外机构投资者（QF）和人民币合格境外机构投资者（RQFID））；（2）获得中国永久居留资格的外国人；（3）A 股上市公司中在中国工作参与公司股权激励的外籍员工；（4）在中国工作，且其本国证券监管机构已与中国证监会建立监管合作机制的外籍人员；（5）对 A 股上市公司进行战略投资的外国投资者；（6）随后在 A 股市场上市的外商投资股份有限公司的外国投资者。外国投资者不得申请开立期货账户，除非：（1）合格境外机构投资者（包括 QF 和 RQFII）；（2）获得中国永久居留资格的外国人；（3）可以从事特定品种期货交易的外国投资者	负面清单中未做明确规定	1. 条例来源：全国版外商投资准入负面清单（2019）整理；全国版外商投资准入负面清单（2018）整理。 2. 具体条例：证券公司的外资股比不超过 51%，证券投资基金管理公司的外资股比不超过 51%。（2021 年取消外资股比限制）；期货公司的外资股比不超过 51%。（2021 年取消外资股比限制）；寿险公司的外资股比不超过 51%。（2021 年取消外资股比限制）	与负面清单不一致，但与现行法律一致
国民待遇（外汇管理）	1. 措施来源：依据《中华人民共和国外汇管理条例》（2008 年）第十六条以及第二十三条；《国家外汇管理局关于改革和规范资本项目 结汇管理政策的通知》（2016 年）。 2. 具体措施：外国投资者在中国境内投资应当依据有关规定办理外汇登记，并且遵守外汇管理规定，包括账户开立、资金转账和结算、资金收付以及跨境证券投资额度等规定	负面清单中未明确规定	负面清单中明确规定	与负面清单不一致，但与现行法律一致

续表

类别	RCEP 中国负面清单 来源与规定	2020 年现行 负面清单	2020 年前中国实行负面 清单情况	差异
国民 待遇 （市场 准入 要求）	1. 措施来源：《中华人民共和国个人独资企业法》（2000 年）第四十七条；《中华人民共和国农民专业合作社法》（2017 年）第二条至第四条、第十九条；《外商投资合伙企业登记管理规定》（2014 年）第三条；《个体工商户条例》（2016 年修订）第二条；《外商投资准入特别管理措施（负面清单）》（2019 年版）第三款 2. 具体措施：（1）外国投资者不得以个体工商户、个人独资企业、农民专业合作社成员的形式在中国境内开展商业经营活动；（2）不得针对负面清单项有"外国投资者不得投资""中方控股""中方相对控股"要求的产业、领域或者业务，或者有一定外资比例要求的产业、领域或者业务设立外商投资合伙企业	境外投资者不得作为个体工商户、个人独资企业投资人、农民专业合作社成员，从事投资经营活动投资有股权要求的领域，不得设立外商投资合伙企业	1. 措施来源：金融委办公室《关于进一步扩大金融业对外开放的有关举措》 2. 具体措施：（1）允许外资机构在华开展信用评级业务时，可以对银行间债券市场和交易所债券市场的所有种类债券评级；（2）鼓励境外金融机构参与设立、投资入股商业银行理财子公司。（3）允许境外资产管理机构与中资银行或保险公司的子公司合资设立由外方控股的理财公司。（4）允许境外金融机构投资设立、参股养老金管理公司。（5）支持外资全资设立或参股货币经纪公司。（6）人身险外资股比限制由51%提高至100%的过渡期，由原定 2021 年提前到 2020 年。（7）取消境内保险公司合计持有保险资产管理公司的股份不得低于 755 的规定，允许境外投资者持有股份超过 25。（8）放宽外资保险公司准入条件，取消 30 年经营年限要求。（9）将原定于 2021 年取消证券公司、基金管理公司和期货公司外资股比限制的时点提前到 2020 年。（10）许外资机构获得银行间债券市场 A 类主承销牌照。进一步便利境外机构投资者投资银行间债券市场	一致

资料来源：根据 RCEP 负面清单 A、RCEP 负面清单 B、http：//fta. mofcom. gov. cn/rcep/rceppdf/01%20CN′s%20Annex%20III_ cn. pdf；全国版外商投资准入负面清单（2020）整理 https：//www. gov. cn/gong-bao/content/2020/content_ 5532623. htm；全国版外商投资准入负面清单（2019）整理：https：//www. gov. cn/gongbao/content/2019/content_ 5428463. htm；全国版外商投资准入负面清单（2018）整理：https：//www. gov. cn/gongbao/content/2018/content_ 5317104. htm。关于进一步扩大金融业对外开放的有关举措（www. gov. cn）：https：//www. gov. cn/xinwen/2019-07/21/content_ 5412293. htm。

二、国内高标准规则自由贸易协定的比较分析

在全国版《市场准入负面清单草案（试点版）》（2016 版）的基础上，浦东新区发布了《〈市场准入负面清单（试点版）〉涉及浦东新区区级行政审批事项目录》。浦东新区版负面清单的特点大致包括以下 5 项：①不包括禁止类措施；②涵盖区级政府权限，不包括省市级、国家级审批事项；③与全国版负面清单编制方法保持一致；④与全国版负面清单相比更为细化，给出了"区级行政审批事项""实施机关""备注"等；⑤限制类事项与许可审批点口径大致保持一致，但也有部分事项采用分拆方法。

与全国版负面清单相比，住宿与餐饮业的细目条例差异不大。与之相反，金融业细目条例差异最大，另外是交通运输、仓储和邮政业、科学研究和技术服务业、租赁和商务服务业。表 10-7 整理了浦东新区与全国版负面清单生产服务行业的限制准入类和禁止准入类的细目条例的详细比较。

表 10-7　2023 版浦东新区版和全国版负面清单生产服务行业的比较分析

类别	产业	全国版		浦东新区版		细目差异
		措施	细目	措施	细目	差异
限制准入类和禁止准入类	交通运输、仓储和邮政业	18	86	5	17	-69
	住宿与餐饮业	2	2	2	3	1
	信息运输、软件和信息服务业	10	30	1	2	-28
	金融业	17	86	1	2	-84
	租赁和商务服务业	22	62	7	13	-49
	科学研究和技术服务业	11	59	5	5	-54

资料来源：根据全国版外商投资准入负面清单（2020）、2023 版浦东新区版负面清单整理。

第四节　外资服务业管制放松与生产服务业 FDI 高质量发展实证分析

一、生产服务业 FDI 发展趋势

进入 21 世纪，生产服务业成为国内外学者所关注的重点领域，生产服务业

的出现不仅可以创造更多就业机会，还可以从供给、成本、质量和服务种类等多方面提升制造业供给。通过扩大生产服务业对外开放提升生产服务业发展水平进而促进制造业发展水平，从而实现高质量发展是各国吸引 FDI 的一个重要政策目标。近年来，我国服务业外资不断深化，其中生产服务业在总体服务业中的外资占比不断提高，图 10-1 显示了 2010~2022 年生产服务业 FDI 占比的变化趋势。图中显示，从 2010 年开始，我国生产服务业 FDI 实际利用额不断增多，对外直接投资不断深化。生产服务业 FDI 占比总体呈现出不断上升的趋势，翻了一倍，从不到 10% 的比率上升到超过 40% 的比重。

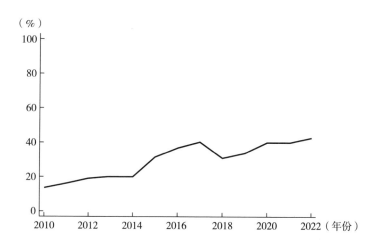

图 10-1　2010~2022 年生产服务业 FDI 占外资流入比重变化

资料来源：《中国统计年鉴》。

根据中国现有的行业分类，生产服务业包括交通运输、仓储和邮政业、信息传输、计算机服务和软件业、批发零售业、金融业、租赁和商务服务业以及科学研究、技术服务和地质勘查业六个大类行业。图 10-2 刻画了上述六个行业的 FDI 实际使用金额的时间变化趋势。由图可知，金融业、交通运输、仓储和邮政业的 FDI 实际使用金额较少，且变化不明显。批发零售业在样本初期 FDI 的实际使用金额相对较多，但是时间趋势呈现出相对平稳的状态。而其他服务业呈现不断上升的增长趋势。

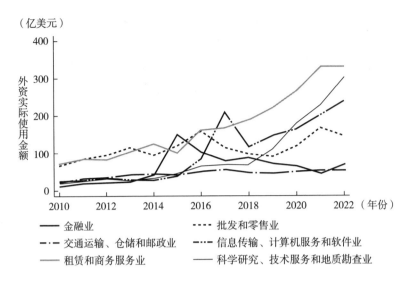

（亿美元）

金融业 批发和零售业
交通运输、仓储和邮政业 信息传输、计算机服务和软件业
租赁和商务服务业 科学研究、技术服务和地质勘查业

图 10-2　2010~2022 年分行业生产服务业 FDI 趋势变化

资料来源：《中国统计年鉴》。

二、实证模型设计与数据来源

（一）计量模型设计

为了探究外资开放对于生产性服务业企业高质量发展的影响，本文基于外商投资负面清单构建了一个多时点 DID 模型，计量模型设计如下：

$$TFP_{fict} = \alpha + \beta_0 Open_{ct} + \sum \delta \times Control_{fict} + \gamma_c + \varepsilon_t + \mu$$

其中，$Open_{ct}$ 表示外资开放的虚拟变量，若该地区该年处于负面清单实施试点为 1，反之则为 0；TFP_{ict} 表示 i 行业 c 地区 f 企业在 t 时期的全要素生产率，基准回归中用 OP 法所计算；$Control_{fict}$ 表示企业层面和行业层面的控制变量，例如，企业在职员工人数、企业年龄、企业营业利润和赫芬达尔指数（HHI）等；γ_c 表示地区固定效应；ε_t 表示为年份固定效应；μ 表示为随机扰动项。

（二）变量选取和数据来源

1. 变量选取

TFP 的指标构建考虑到各个地区生产结构的差异性及技术独占性，本文采用索洛余值法计算工业企业的生产率增长率。利用 Cobb-Douglas 生产函数计算企业的全要素生产率增长率。构建如下双对数生产函数模型，使用半参数估计企业 TFP：

$$\ln TFP_{i,t} = \ln Y_{i,t} - m_{i,t} \ln K_{i,t} - n_{i,t} \ln L_{i,t}$$

其中，$Y_{i,t}$ 表示 i 企业 t 时期的产出；$K_{i,t}$ 表示 i 企业 t 时期的固定资产净值；$L_{i,t}$ 表示 i 企业 t 时期的劳动雇佣人数。并且考虑到现有 TFP 估计方法有 OP 法、LP 法等，本文还估计 OP 法、LP 法估算的 TFP，最后算出五种 TFP。

控制变量主要选取了行业层面的控制变量 HHI 以及企业层面的控制变量企业在职员工人数、企业年龄、企业营业利润。其中，企业年龄（Age）用企业样本时期减去企业成立年份估计；企业在职员工数（Worker）和企业营业利润（Profit）。赫芬达尔指数（HHI）代表企业所处行业的市场竞争程度，给定 X_i 代表企业 i 在 J 行业的产出，X_J 表示企业 i 所在行业的总产出。测算公式如下：

$$HHI = \sum_{i=1}^{J} \left(\frac{X_i}{X_J} \right)^2$$

2. 数据来源

本书的数据主要来源于 1999~2022 年上市公司 A 股数据。根据行业分类，生产服务业包括交通运输、仓储和邮政业、信息传输、计算机服务和软件业、批发零售业、金融业、租赁和商务服务业以及科学研究、技术服务和地质勘查业六个大类行业。为了估计对于生产服务业 TFP 的影响，将这六大类行业之外的企业剔除。表 10-8 描述了各个变量的描述性统计。

表 10-8　描述性统计

VARIABLE	Obs	Mean	Std. Dev.	Min	Max
id	49872	311608.44	281490.45	2	900957
year	49872	2013.919	6.407	1999	2022
TFP_OP	49872	6.475	1.014	1.079	11.45
TFP_LP	49872	8.061	1.152	2.628	13.096
TFP_OLS	49872	10.429	1.355	5.055	15.148
TFP_FE	49872	11.086	1.426	5.719	15.81
TFP_GMM	49872	5.442	0.969	0.009	10.823
Open	49872	0.067	0.249	0	1
Age	49872	9.79	7.015	−1	32
HHI	41714	0.202	0.18	0.031	1

VARIABLE	Obs	Mean	Std. Dev.	Min	Max
Profit	49862	−5.931	1278	−285335.46	552.838
Worker	49531	5385.201	18809.182	0	570060

三、实证结果分析

(一) 基准回归结果分析

表10-9汇报了基准回归的结果。第(1)列结果表明,政策的实行显著促进了企业的全要素生产率的提高。随着外资不断开放,负面清单试点逐渐覆盖,生产服务业企业生产率得到提高。在第(2)列中,加入了年份固定效应后,回归系数仍然显著为正。在第(3)列中,同时加入了年份固定效应以及省份固定效应,回归系数依然显著为正。第(4)列中,加入了行业层面控制变量以及企业层面控制变量,回归系数依然显著为正,回归具有稳健性。并且随着外资开放程度的加深,生产服务业企业生产效率不断提高。

表10-9　外资开放与生产服务业企业基准回归结果

VARIABLES	(1)	(2)	(3)	(4)
	TFP	TFP	TFP	TFP
Open	0.272***	1.688***	1.685***	0.792***
	(0.0122)	(0.0223)	(0.0223)	(0.0263)
Age				0.0298***
				(0.00136)
HHI				0.0995***
				(0.0220)
Profit				7.67e−06***
				(1.78e−06)
Worker				6.35e−06***
				(3.78e−07)
Constant	6.456***	4.983***	5.156***	5.744***
	(0.0112)	(0.0230)	(0.0358)	(0.0360)
Year FE	No	Yes	Yes	Yes

续表

VARIABLES	(1)	(2)	(3)	(4)
	TFP	TFP	TFP	TFP
Province FE	No	No	Yes	Yes
Observations	49872	49872	49859	41693
R-squared	0.4034	0.4076	0.3306	0.3306
Number of id	4738	4738	4732	4230

注：括号里为标准误，＊＊＊表示 $p<0.01$，＊＊表示 $p<0.05$，＊表示 $p<0.1$。

（二）稳健性检验

由于 TFP 指标测算方法的不同，对于 TFP 指标的测算还可以用 LP 法、GMM、FE 法以及 OLS 估计。因此，本书将样本指标 TFP 更换为其他方法测算的指标。回归结果如表 10-10 所示。

表 10-10　使用不同 TFP 测量结果的稳健性回归结果

VARIABLES	(1)	(2)	(3)	(4)
	TFP_LP	TFP_OLS	TFP_FE	TFP_GMM
Open	0.795＊＊＊	0.821＊＊＊	0.827＊＊＊	0.778＊＊＊
	(0.0294)	(0.0335)	(0.0351)	(0.0258)
Age	0.0334＊＊＊	0.0434＊＊＊	0.0459＊＊＊	0.0250＊＊＊
	(0.00156)	(0.00182)	(0.00192)	(0.00132)
HHI	0.126＊＊＊	0.113＊＊＊	0.113＊＊＊	0.110＊＊＊
	(0.0236)	(0.0259)	(0.0269)	(0.0219)
Profit	6.93e-06＊＊＊	6.24e-06＊＊＊	6.03e-06＊＊＊	7.93e-06＊＊＊
	(1.89e-06)	(2.06e-06)	(2.14e-06)	(1.77e-06)
Worker	1.69e-05＊＊＊	2.40e-05＊＊＊	2.66e-05＊＊＊	4.11e-06＊＊＊
	(4.12e-07)	(4.58e-07)	(4.77e-07)	(3.73e-07)
Constant	7.228＊＊＊	9.366＊＊＊	9.965＊＊＊	4.823＊＊＊
	(0.0401)	(0.0455)	(0.0476)	(0.0352)
Year FE	Yes	Yes	Yes	Yes
Province FE	Yes	Yes	Yes	Yes
Observations	41693	41693	41693	41693

VARIABLES	(1)	(2)	(3)	(4)
	TFP_LP	TFP_OLS	TFP_FE	TFP_GMM
R-squared	0.2177	0.2363	0.2396	0.1666
Number of id	4230	4230	4230	4230

注：括号里为标准误，＊＊＊表示 p<0.01，＊＊表示 p<0.05，＊表示 p<0.1。

第（1）列中，将 TFP 替换为用 LP 法所测算的指标。结果表明，回归系数显著为正，政策的实行显著促进了企业的全要素生产率的提高。第（2）列中，所使用的是用 OLS 方法估计的企业 TFP，回归系数显著为正，与基准回归一致。第（3）列中，运用使用 FE 所估计的企业全要素生产率，回归系数与基准回归一致。第（4）列中，运用 GMM 方法估计的 TFP，回归系数依然与基准回归一致。综上所述，无论使用何种方法估算企业 TFP，回归系数依然呈现显著的正向影响，这表明基准回归具有稳健性。

（三）机制分析

随着外资的不断开放，FDI 的进入不仅使得企业获得高级的管理技巧，还有可能使得企业获得来源于外资所提供的先进的科学技术。并且企业也有可能在先进的科学技术中得到溢出，促进自身企业研发创新的发展。从而促进该企业生产效率的提高。因此，为了探讨负面清单不断的推广是否通过影响企业的研发创新进而影响企业自身的生产效率，本部分构建了以下的计量回归模型：

$$R\&D_{fict} = \alpha + \beta_0 Open_{ct} + \sum \delta \times Control_{fict} + \gamma_c + \varepsilon_t + \mu$$

其中，$R\&D_{fict}$ 表示 i 行业 c 城市 t 时期 f 企业的研发创新程度，分别用企业研发人员数量、企业研发投入以及企业专利数量；其他变量均与基准回归一致。回归结果如表 10-11 所示。

表 10-11 机制分析

VARIABLES	(1)	(2)	(3)
	RD Person	RD Spend	Patents
Open	542.3＊＊＊	2.407e+08＊＊＊	62.64＊＊
	(80.12)	(4.822e+07)	(30.50)

续表

VARIABLES	(1)	(2)	(3)
	RD Person	RD Spend	Patents
Age	0. 265	2. 749e+06***	1. 367*
	(2. 279)	(910, 981)	(0. 750)
HHI	−17. 88	−2. 760e+08***	−94. 48***
	(49. 67)	(3. 171e+07)	(26. 85)
Profit	6. 252	1. 469e+06	5. 058
	(3. 936)	(3. 807e+06)	(7. 222)
Worker	0. 0889***	36, 776***	0. 0120***
	(0. 000773)	(334. 8)	(0. 000252)
Constant	−142. 4	−1. 010e+08*	−6. 075
	(94. 15)	(5. 166e+07)	(33. 71)
Year FE	Yes	Yes	Yes
Province FE	Yes	Yes	Yes
Observations	19428	27350	16152
R−squared	0. 6304	0. 4864	0. 2614
Number of id	3798	3909	3202

注：括号里为 t 值，***表示 p<0. 01，**表示 p<0. 05，*表示 p<0. 1。

表 10-11 的第（1）列中，所使用的研发创新指标为企业研发创新人员数量。回归结果表明，外资开放显著促进了企业的研发创新。第（2）列中，将 R&D 指标设定为企业的研发创新投入，回归系数显著为正。这表明外资开放显著促进了企业的研发创新。在第（3）列中，将 R&D 指标替换为了企业的发明专利总额，回归系数依然显著为正。综上所述，外商投资市场准入负面清单的推广显著促进了企业的创新研发水平，从而促进了企业的 TFP。

本小节使用 1999~2022 年上市公司 A 股数据，并且选取了生产服务业企业，以此探究外资开放对于生产服务业企业高质量发展的作用效果。结果表明，随着外资的开放、政策的不断实施，企业的 TFP 得以提高；从影响机制来看，政策的实施从促进企业创新研发程度从而促进了企业 TFP 的提高。为了探究回归结果是否具有稳健性，本书还将 TFP 指标的测算方法分别用 OP 法、LP 法、GMM、OLS、FE 五种方法进行测算。结果表明，无论使用哪种测算方法计算 TFP，回归结果依然稳健。

第五节　本章小结

本章首先分析了生产性服务业形成原因及其对于中国经济发展和产业结构调整的影响，在对我国生产性服务业市场准入管制制度历史演变和包括金融在内的生产服务业代表性重点行业的市场准入管制放松政策变化做了详细的回顾，在此基础上运用 1999~2022 年上市公司 A 股数据，用计量分析的方法，说明了市场准入负面清单实施以后，包括交通运输、仓储和邮政业、信息传输、计算机服务和软件业、批发零售业、金融业、租赁和商务服务业以及科学研究、技术服务和地质勘查业六大类生产服务业企业生产效率的提升。实证发现市场准入放松促进了生产服务业的高质量发展，企业生产效率提高，并且通过提高企业研发水平的渠道对企业高质量发展产生影响。

参考文献

［1］陈明，李健欣，李文秀．推进制造业高质量发展的路径研究——基于生产服务业开放的视角［J］．国际贸易，2020（10）：51-58.

［2］陈明，魏作磊．生产服务业开放与中国产业结构升级［J］．经济问题探索，2017（4）：117-125.

［3］陈强远，钱则一，陈羽，等．FDI对东道国企业的生存促进效应——兼议产业安全与外资市场准入［J］．中国工业经济，2021（7）：137-155.

［4］顾乃华．生产服务业、内生比较优势与经济增长：理论与实证分析［J］．商业经济与管理，2005（4）：34-39.

［5］黄楚山．生产服务业FDI对中国服务业生产率的影响研究［D］．广东外语外贸大学，2021.

［6］姜沂秀，宋炳良，任阳军，等．生产服务业集聚与全要素能源效率提升［J］．技术经济与管理研究，2020（5）：110-116.

［7］陆建明，郭晓翔，姚鹏，等．负面清单模式自由贸易协定与外资股权控制水平［J］．南开经济研究，2023（3）：77-94.

［8］李同正，孙林岩，冯泰文．制造业与生产性服务业的关系研究：地区差异及解释［J］．财政研究，2013（5）：15-19.

［9］李眺．服务业开放与我国服务业的生产效率研究——基于特定服务业的面板数据分析［J］．产业经济研究，2016（3）：102-110.

［10］刘恩初，李江帆．发展生产服务业核心层推动广东产业高端化［J］．南方经济，2015（1）：123-129.

［11］马亚明，陆建明，李磊．负面清单模式国际投资协定的信号效应及其对国际直接投资的影响［J］．经济研究，2021，56（11）：155-172.

［12］商舒．中国（上海）自由贸易试验区外资准入的负面清单［J］．法学，2014（1）：28-35.

［13］Williamson OE. Corporate Finance and Corporate Governance［J］. The Journal of Finance，1988.

［14］王林昌，宣海林，郑鸣．我国市场准入秩序中存在的问题及成因［J］．经济研究参考，2002（53）：35-39.

［15］王雄元，徐晶．放松市场准入管制提高了企业投资效率吗？——基于"市场准入负面清单"试点的准自然实验［J］．金融研究，2022（9）：169-187.

［16］王中美．"负面清单"转型经验的国际比较及对中国的借鉴意义［J］．国际经贸探索，2014，30（9）：72-84.

［17］徐毅，张二震．FDI、外包与技术创新：基于投入产出表数据的经验研究［J］．世界经济，2008（9）：41-48.

［18］余泳泽，刘大勇，宣烨．生产性服务业集聚对制造业生产效率的外溢效应及其衰减边界——基于空间计量模型的实证分析［J］．金融研究，2016（2）：23-36.

［19］袁志刚，饶璨．全球化与中国生产服务业发展——基于全球投入产出模型的研究［J］．管理世界，2014（3）：10-30.

［20］袁连升，张育齐，王烨．数字经济赋能吉林省农业生产性服务业高质量发展研究［J］．安徽农业科学，2024，52（5）：260-262+267.

［21］张梦婷，俞峰，钟昌标，等．高铁网络、市场准入与企业生产率［J］．中国工业经济，2018（5）：137-156.

［22］赵玉奇，柯善咨．市场分割、出口企业的生产率准入门槛与"中国制造"［J］．世界经济，2016，39（9）：74-98.

［23］朱晶．贸易保护、市场准入与农产品竞争力——论入世后我国劳动密集型农产品出口面临的贸易国际环境［J］．国际贸易问题，2004（2）：34-39.

［24］张少辉．管制与生产服务业发展的国际经验——以 OECD 国家为例［J］．财经研究，2015，41（4）：134-144.

第十一章

我国自由贸易试验区外资引进促进政策集成式制度创新研究

本章首先通过对中国自由贸易试验区与国外四大自由贸易试验区外资引进政策创新方面的相关文献做了梳理，其次对中国自由贸易试验区与国外四大自由贸易试验区在外资引进政策集成式创新方面进行了比较分析，具体讨论了负面清单制度、通关便利化等政策、中国自由贸易试验区在外资引进政策方面的集成式创新以及创新带来的贸易、投资和技术效应。通过对上海自由贸易试验区与海南自由贸易港集成式制度创新案例分析和两种创新模式的比较，并在此基础上讨论了制度创新的跨部门协调机制。

第一节 中国自由贸易试验区与国外自由贸易试验区外资政策创新的比较分析

一、我国自由贸易试验区制度创新相关研究

自由贸易试验区（以下简称自由贸易试验区）是我国在境内设立的特殊监管经济区域，主要目的是以对外开放制度创新为核心，以可复制可推广为基本要求，在加快政府职能转变、探索体制机制创新、促进投资贸易便利化等方面进行先行先试，为全面深化改革和全面扩大开放探索新途径、积累新经验。自

2013年上海自由贸易区成立至今，10年多的时间里自由贸易试验区在投资贸易便利化、跨境资本流动等金融开放创新、事中事后监管服务、国家开放战略实施等领域大胆展开集成式创新，取得一系列突破，一大批改革试点经验向全国复制推广。例如，以负面清单管理为核心，实现外资管理体制的重大变革、以国际贸易"单一窗口"为突破，基本形成与国际通行规则接轨的贸易监管体系等。

2020年海南自由贸易港正式成立，并以制度集成创新推动自由贸易港建设。在投资自由便利的制度集成创新方面，大幅放宽市场准入，强化产权保护，保障公平竞争，打造公开、透明、可预期的投资环境，通过编制外商投资准入负面清单和放宽市场准入特别清单、试点合格假定监管模式、推行以公告承诺和优化程序为主的注销便利等改革举措，进一步激发市场主体活力。在贸易自由便利的制度集成创新方面，推动跨境货物贸易、服务贸易和新型国际贸易结算便利化，促进跨境贸易各要素的自由便捷流动，逐步推进区域性新型国际贸易中心建设。具体制度创新成果，如市场准营承诺即入制、"零关税"进口商品全流程监管模式、推动区域性新型国际贸易中心建设等。

有关自由贸易试验区外资引进政策的研究，国内外都进行了一定的研究。国内已有文献主要集中在早期自由贸易试验区，如上海、天津等"负面清单"模式和内容（聂平香，2015；魏晓雁等，2016；戴林莉和康婷，2018；夏先良，2018；施元红，2019；崔兵和罗颉，2023）、通关便利化（匡增杰，2013；刘浩宇，2015；尹建丽和于得水，2017；杜玉琼和李清鑫，2017；崔建高，2018；夏志方，2020；杜晓英和王晓林，2023）、自由贸易试验区管理方式、知识产权行政执法等政策。

在负面清单制度相关研究方面。聂平香（2015）针对2013年9月国务院印发的《中国（上海）自由贸易试验区的总体方案》分析了负面清单模式对中国对外开放的积极意义以及可能存在的风险。魏晓雁等（2016）进一步对上海自由贸易区的负面清单管理模式展开了深入分析，指出现有负面清单制度的内容更趋简化，自由贸易试验区发展的金融、投资以及物流等重点领域也更加清晰。戴林莉和康婷（2018）、夏先良（2018）、施元红（2019）先后对中国负面清单制度发展现状、问题、提升路径以及意义进行了分析。由于金融行业负面清单的实施是制度开放的重要内容。因此，崔兵和罗颉（2023）针对金融行业负面清单制度实施，以自由贸易试验区为例并结合多期DID的方法，指出负面清单制度实施能够有效促进我国金融行业稳定发展。

在通关便利化相关研究方面。由于不同的国家和区域由于关注的内容和专业化的发展程度不同，对于贸易安全与便利的取舍也各不相同。匡增杰（2013）选用倾向于贸易安全的美国、注重贸易便利的新加坡与中国海关贸易便利化的实践进行对比分析，提出我国海关应当在"贸易便利与贸易安全平衡发展"的指导思想下，进一步提升贸易便利化水平。根据我国贸易便利化的创新发展，主要成果包括"单一窗口"、关检并联通关、智慧海关模式等方面。尹建丽和于得水（2017）通过与欧美通关便利化制度的比较，分析当前我国关检并联通关的贸易便利化制度安排。夏志方（2020）通过梳理我国国际贸易"单一窗口"模式建设的发展历程，分析我国国际贸易"单一窗口"的发展形势并按此提出我国未来发展国际贸易"单一窗口"的建议。随着近几年数字化的不断发展，数据智慧成为广泛关注的话题。崔建高（2018）对当前海关信息化建设存在的问题进行了剖析，对应用好以数据智慧处置为核心的大数据技术，建立智慧海关指数，有效推进智慧海关建设进行了论证研究。杜晓英和王晓林（2023）根据我国在贸易便利化方面取得阶段性成绩的基础上，对我国未来进一步完善贸易便利化政策，提出可能存在的问题以及针对性意见。刘浩宇（2015）以福建自由贸易试验区平潭片区为例，报告了自由贸易试验区通关便利化制度创新。我国自由贸易区作为制度改革试验田，应不断提高通关便利化水平。杜玉琼和李清鑫（2017）以我国自由贸易试验区为例，指出目前我国自由贸易试验区立法和便利化制度建设还存在提升空间，未来应不断吸取外部优秀经验，提高自由贸易试验区便利化水平。

在自由贸易试验区制度创新相关研究方面。制度创新是自由贸易试验区作为改革开放试验田的核心任务，自成立以来，自由贸易试验区制度创新在政府职能转变、贸易投资便利化、金融创新等多方面取得了先行先试的经验，具有覆盖领域不断扩大、集成化程度不断提高、地域特色明显、制度创新成果从中央到地方多层级复制推广、法律保障持续提升等特点。王方宏和李振（2024）在总结我国自由贸易试验区制度创新的总体情况基础上，对合规推动自由贸易试验区制度创新、自由贸易试验区制度创新的复制推广、自由贸易试验区制度创新的特点等方面展开论述，并指出未来我国自由贸易试验区制度创新应不断扩大领域，提升层次，聚焦于对标国际高标准经贸规则、金融开放、数据流动、争端解决及立法支持等方面。

而对国外自由贸易试验区外资引进政策的研究很早就开始了，这方面的研究主要是由于全球各类自由贸易协定签署和自由贸易试验区经济实践的需要。其中，在准入前国民待遇与负面清单方面，国际条约都存在各种形式的"负面清单"或"正面清单"。因此，不少学者在该内容上展开详细研究。UNCTAD 是推动国际投资规则发展的重要国际组织之一，在该组织发布的关于国际投资协定的系列研究报告（Issues in International Investment Agreements，IIA）中，专门有一个报告介绍国际投资协定中的负面清单模式（UNCTAD，2006）。UNCTAD（2006）系统介绍了国际投资协定（IIA）中负面清单模式的内涵、发展，并选取了7个IIA作为样本，分析了其负面清单中各类限制性措施的分布特征。在UNCTAD（2006）的基础上，国内外学者对不同国家的负面清单制度进行了介绍和比较，如聂平香和戴丽华（2014）、陆建明等（2015）等对美国负面清单制度的介绍以及杨荣珍和陈宇（2017）、许培源（2017）、李思奇和牛倩（2019）等对USMCA、TPP等国际组织负面清单的介绍。在上述研究的基础上，樊正兰和张宝明（2014）、高维和等（2015）选取特定国家，比较了其负面清单行业设置的关联性和差异性。

综上所述，国内外现有文献大多集中在单项外资引进政策的研究，但对于外资引进政策的集成式创新研究相对较少。因此，本章节将主要采用比较分析法、文献分析法以及数据分析法对国内外自由贸易试验区外资引进政策集成式创新展开相关研究。

二、中国自由贸易试验区与国外四大自由贸易试验区"负面清单"模式比较①

由于各国或各地区之间的经济发展程度存在差异，即使人均收入相似的国家，其产业发展状况也有所不同。因此，在实现区域贸易自由化和经济一体化的过程中，除设定开放事件表外，协议中也以"正面清单"或"负面清单"的形式规定各国开放与不开放的领域②。

"正面清单"是指一国允许市场主体进入领域的清单；而"负面清单"是指一国禁止或需要审批进入才能进入领域的清单。在世界已有的自由贸易协定中，清单的设置上主要采用了以下四种形式：设置"正面清单"、设置"负面清单"、"负面清单"和"正面清单"同时采用、采用一系列具有"负面清单"功能的其他条款。本章选取了国外四大自由贸易试验区，即北美自由贸易区、欧盟、东盟、环太平洋自由贸易区，与中国自由贸易试验区"负面清单"模式进行比较。

1. 北美自由贸易区（NAFTA）

根据NAFTA协定内容可以看出，NAFTA在协定中并未设置专门的"负面清

---

① 这一小节的内容主要参考了陆建明，杨宇娇，梁思焱. 美国负面清单的内容、形式及其借鉴意义——基于47个美国BIT的研究［J］. 亚太经济，2015（2）：55-61.

② 林珏. 国外自由贸易试验区投资贸易便利化创新管理体制研究［M］. 上海：格致出版社，2018.

单",但是在协定内提出了一些具有"负面清单"功能的条款,如准入后例外条款、措施例外、最惠国税率列表、情景描述、限制列表、严格定义、国家安全、特别保障条款、政府层次措施、金融服务限制、保留措施等条款。这一行为将一些敏感产业、产品排除在开放领域之外或给予其一个缓冲的过渡时间①。该协定也是全球第一个对跨境服务贸易实行负面清单管理的自由贸易协定。然而,2017 年 1 月美国新任总统特朗普就任,宣布将与加拿大、墨西哥重新开展 NAFTA 协定的谈判。2018 年 11 月美加墨三国最终签订 USMCA 协定,该协定负面清单的文本进一步优化。

2. 欧盟(EU)

从贸易与投资协定发展过程来看,从欧洲共同体(EC)到欧洲联盟(EU)自由贸易区分别经历了采用"正面清单"到"正面清单和负面清单同时采用",再到采用"负面清单"的过程②。1957 年签署《欧洲共同体条约》到欧共体多次吸纳成员国而签署的扩大协定,其中涉及的服务和投资条款基本上都是采用"正面清单"的清单模式,以此鼓励成员国消除国别歧视、增加透明度,以促进贸易与投资自由化。同样地,2002 年签署《欧洲共同体及成员国方与智利共和国方建立交往的协议》中也以"正面清单"的清单形式,明确规定了双边的合作领域。

然而,在欧盟与加勒比论坛国家之间的经济合作伙伴协定中,则采取了"正面清单"和"负面清单"相互结合的清单形式,根据服务贸易的各种提供模式,规定各国的开放领域。具体来说,在欧盟方面的清单中,关于商业存在、跨境提供等,采用"正面清单"的形式,列出各方的开放承诺与保留条款;而在有关主要人员和毕业实习生、履约服务人员与独立专业人员上,则采用"负面清单"的形式,列出各方的保留条款③。

在投资保护协定方面,欧盟 28 个成员对外签订了上千个协定,这些协定中大部分采用的"正面清单"形式。然而,随着国际形势的变化和国际投资规则的演变,近年"欧式"投资保护协定逐步显现出"美式"投资保护协定特征,即由"正面清单"过渡到"负面清单"。在 2013 年,欧盟与加拿大签署的《全面经济贸易协定》(CETA)已采用"负面清单"的模式,"准入前国民待遇+负

---

①②③ 林珏. 国外自由贸易试验区投资贸易便利化创新管理体制研究[M]. 上海:格致出版社,2018.

面清单"的这种外资管理模式逐步成为欧盟对外双边协定谈判的推手①。

3. 东盟（ASEAN）

东盟成立初期，区域内的各国并没有统一的对外资本协议，也没有"负面清单"的说法，但是对外商投资进行了限制性规定。例如，印度尼西亚与泰国限制或禁止外商在农业领域投资及获得农地，等等。然而，随着国际形势的变化和国际投资规则的演变，21 世纪开始，东盟在对外自由贸易协定中逐步开始使用"负面清单"的形式。比如，2009 年签署的《东盟-澳大利亚-新西兰建立自由贸易区协定》中就体现出了"负面清单"功能、2012 年东盟各国签全面投资协议，协议中也有"负面清单"的内容描述。

4. 环太平洋自由贸易区

2017 年 1 月，时任美国总统特朗普宣布退出《跨太平洋伙伴关系协定》（TPP）。因此，除美国外的 TPP 成员国，即日本、澳大利亚、文莱、加拿大、智利、马来西亚、墨西哥、新西兰、秘鲁、新加坡和越南 11 个国家在美国退出后重新谈判。2017 年 11 月 11 日，TPP 正式改组为《全面与进步跨太平洋伙伴关系协定》（CPTPP）。CPTPP 协定作为全球投资服务贸易行业中具备最高水平的新一代国际经贸投资规则，从成立起，其成员国均采用服务贸易与投资一体化的"负面清单"管理模式，旨在推动签署国之间减少关税等贸易壁垒，促进市场流通并引领着全球贸易和投资规则的未来发展方向。

5. 中国

中国自由贸易试验区与国外四大自由贸易试验区最大的区别在于中国自由贸易试验区是一种 FTZ（Free Trade Zone），相比于国外自由贸易试验区的 FTA 模式是一个更加地区性的概念。1995 年中国开始颁布《外商投资产业指导目录》这份被称为"正面清单"的目录，《目录》把行业划分成鼓励类、允许类、限制类和禁止类四大类。随着 2013 年中国（上海）自由贸易试验区正式成立，我国第一张"负面清单"正式出台。我国的第一张"负面清单"在经过了 7 次缩减，特别管理措施条目由最初的 190 项缩减至目前的 27 项，实现了制造业条目清零，服务业领域持续扩大开放，投资自由化水平不断提升。

表 11-1 中显示了四大区域与中国自由贸易试验区使用"清单"的变化情况，从中可见，采用"负面清单"模式已经成为各自由贸易试验区对内或对外签署自由贸易

---

① 林珏. 国外自由贸易试验区投资贸易便利化创新管理体制研究［M］. 上海：格致出版社，2018.

协定的主要形式。

表 11-1　中国自由贸易区与国外三大自由贸易试验区"负面清单"模式比较

区域名称	协议生效时间	成立初始	21世纪初以来	负面清单保护的行业或投资领域
北美自由贸易试验区	1994年	各种限制性条款和时间表	限制性条款与负面清单结合	农林产品、渔业、服务业、航空航运业
欧共体/欧盟自由贸易试验区	1958/1993年	正面清单	从负面清单和正面清单同时采用，到负面清单采用	分为限入和禁入：农渔矿、出版、房地产、公共设施、能源、服务业等
东盟自由贸易试验区	1967年	限制性条款	负面清单	各国设有外资禁入行业和限入行业：如农、林、渔、采矿业、研究，印刷，传统工业，制造业，化工业、服务业等
中国自由贸易试验区	1995年	正面清单	负面清单	农、林、渔、牧业，科学研究和技术服务业，采矿业，服务业，零售与批发业等十一类行业
环太平洋自由贸易试验区	2017年	负面清单	负面清单	成员国均采用了服务贸易与投资一体化的负面清单模式，限制行业主要涉及交通运输、能源、矿业、农业等基础行业以及电信、医疗、教育等

资料来源：［1］林珏.国外自由贸易试验区投资贸易便利化创新管理体制研究［M］.上海：格致出版社，2018.

［2］李昱莹.CPTPP负面清单条款分析及对我国的启示［J］.争议解决，2023，9（2）：484-495.

三、中国自由贸易试验区与国外四大自由贸易试验区通关便利化措施与海关管理执法模式比较

为实现区域内商品、资本的自由流动，降低流通中的成本，各自由贸易试验区都采取了各种便利化通关的措施。在投资与贸易便利化方面，主要包括简化投资手续、取消关税，降低非关税壁垒、增加投资与贸易法律法规的透明度、建立快速纠纷解决机制等。其中，在通关便利化措施上，主要包括充分发挥信息网络系统，建立公众在线服务平台，实现申报、通关流程的电子化，提高通关放行速度，减少人员、货物不必要的等待时间等。

北美自由贸易区主要方式：通过法律明示的方式在 NAFTA 中明确国民待遇、最惠国待遇和透明度原则，强调消除商品和服务在地区之间的贸易壁垒，促进其跨境流动，促进区内公平竞争，增加区内投资机会，提供足够有效的知识产权保护和

执法体制，为协定的履行、应用、共同管理以及争端解决，创建有效程序目标；取消或不断减少商品和资本流动壁垒；放宽资本流动限制；统一技术标准，要求各成员国进行技术合作，采取统一的技术标砖，规范措施；建立快速解决争端机制①。

欧盟主要方式：设立自由贸易园区，欧盟内部自由贸易试验区已有 70 余个；建立电子海关系统；先进的海关管理体系，该管理体系由"统一清关"制度、"单一窗口"及"一站式平台"制度、"电子海关系统"制度、"经认证的经营者"（Authorized Economic Operator，AEO）构成②，大大简化、消除进出口时繁杂的程序和手续，促进交易费用的降低；建立授权经营者制度；建立多元化争端解决机制。此外，欧盟的投资与贸易便利化不仅体现在区域经济一体化内部，也体现在对外投资和贸易关系上，其中，亚欧会议（Asia-Europe Meeting，ASEM）是欧盟与亚洲 10 个国家的对话平台，也是欧盟投资与贸易便利化发展最快的平台③。

东盟主要方式：不断健全法规，东盟投资及贸易协定中的便利化内容随着组织规模的扩大，经济一体化的加深而不断完善，并逐步系统化、规范化和可操作化；制定关税减让和非关税壁垒消除时间表；设立东盟一体化单一平台；监控便利化进程并完善其内。此外，东盟也在与其他非成员签订合作协议中强调投资与贸易便利化问题④。

环太平洋自由贸易试验区主要方式："三零"措施，即零关税、零壁垒、零补贴；服务贸易、电子商务（数字贸易）、投资领域基本取消各种限制性壁垒；取消扭曲市场的补贴规则；采取或设立抵达前处理程序，提交电子材料提前审核处理；为促进快运货物等新型跨境物流发展，推动果蔬及肉蛋奶制品等易腐货物快速通关，CPTPP 规定快运货物在抵达并提交必要海关信息后尽量在 48 小时以内放行。

中国主要方式：建设国际贸易"单一窗口"，为企业提供通关"一站式"服务；创设自由贸易账户；设立海关特殊监管区域；多式联运"一单制"改革；科技赋能，"智慧通关"，比如，在广东自由贸易试验区，通过应用 AR、AI、5G 等前沿技术，叠加"机器助人和机器代人"智能监管，货物、邮快件、跨境电商、中途监管、旅检实现 24 小时通关，低风险货物、人员、运输工具等实现自

---

①③④ 陆建明、杨宇娇、梁思焱. 美国负面清单的内容、形式及其借鉴意义——基于 47 个美国 BIT 的研究 [J]. 亚太经济，2015（2）：55-61.

② AEO 制度是世界海关组织倡导的，由海关对守法程度、信用状况和安全水平较高的企业进行认证认可，并对通过认证的企业给予通关优惠便利的制度。中国和互认国家（地区）AEO 企业出口到对方的货物，能够直接享受当地海关实施的通关便利措施，从而降低相关贸易成本。

动快速放行；监管的不断创新，推动效率进一步提升，2018年起，重庆海关在重庆自由贸易试验区内推出自主备案、自定核销周期、自主核报、自主补缴税款、简化业务核准手续（以下简称"四自一简"）监管创新。

在海关管理执法模式方面，北美自由贸易主要采取了建立统一的边界实体，明确商品过境方面的禁止目录；培训边境人员；建立快速通关制度；设置先进的技术设备等方式。欧盟主要采取了编制《海关法案》；确定电子商务通关方式；简便通关手续；确定到达前和离境前处理文件的程序；取消义务性费用；强调海关与贸易商、其他有关政府部门间的合作；建立海关咨询委员会；规定海关工作时间应满足贸易商合理需求等方式。东盟主要采取了海关检验手续的简单化、程序化、规范化；跨境商品运输便捷化；采用国际上成熟的商品贸易便利化制度；设立相关管理机构；实行互助式管理；建立事前裁决和事后稽核制度等方式①。环太平洋自由贸易试验区主要采用企业"零门槛"的自主声明制度，即由生产商、出口商或进口商就货物的原产资格进行自主声明，并由企业自行保管有关记录文件；实施企业原产地自主声明制度等方式。同时，在提高海关信息透明度方面，要求提前公布新制定或修订的现行海关法律和法规，并给予利益相关人合理的评论机会；该协定还进一步规定应对关税减免、关税配额及原产地标记等相关建议或信息请求事项尽快做出回应。在海关合作方面，提倡共享互通海关管理的先进经验或信息、鼓励成员国之间就影响海关货物贸易的重要事项开展合作。

而中国自由贸易试验区通过设立海关特殊监管区域，区域内含保税区、出口加工区、保税物流园区、保税港区、综合保税区及其他特殊监管区，在区域内海关依法履行涉及海关职责。由于自由贸易试验区各省市均设立了海关特殊监管区域，因此，各自由贸易试验区监管区域的管理手段并不完全一致。比如，上海施行一线进境货物"先进区、后报关"；对符合条件的仓储企业实行联网监管；加工贸易工单式核销；推进海关AEO互认；企业协调员制度等。表11-2中显示了四大区域与中国自由贸易试验区通关便利化措施与海关管理执法模式的比较。

---

① 林珏. 国外自由贸易试验区投资贸易便利化创新管理体制研究［M］. 上海：格致出版社，2018.

表11-2 中国自由贸易区与国外四大自由贸易试验区通关便利化措施与海关管理执法模式比较

区域	通关便利化措施			海关管理执法模式		
	技术手段	取消贸易壁垒	建立争端解决机制	机构设置	快速通关措施	技术手段
北美自由贸易试验区	统一技术标准	取消或降低商品关税，放宽资本流动限制	纠纷咨询委员会，专家小组/替代性纠纷解决机制	海关及边境保卫局（美）/海关（加墨）	建立快速通关项目；设立自动通关亭；培训边境人员；完善边境基础设置	采用移动式X射线机、车牌阅读器、K-9检测队
欧盟自由贸易试验区	建立电子海关系统	建立自由贸易园区，授权经营者制度	包括替代性争端解决方式在内的多元化争端解决机制	统一的欧盟海关咨询委员会	简化和消除进出口繁杂程序和手续；建立到达前离境前处理文件程序	电子海关系统，统一清关，单一窗口式平台，及AEO四项制度
东盟自由贸易试验区	设立单一平台	设定关税减让时间表；要求消除认定的非关税壁垒	国家层面协调委员会和高级经济官员会议，定期评估	跨境运输协调委员会/离境，跨境，目的地办公室	设立边境站点，提供充分设施；两方眦邻检查站者贸时避免货物重复装卸；协调相邻通关站点工作时间，允许边境短暂储存跨境货物；实行互助管理；建立事前裁决和事后稽核制度	要求配备足够工作人员快速完成通关手续
中国	设立单一窗口	"大自由贸易"与"小自由贸易"并驾齐驱的格局。"大自由贸易"基本特征是双对签署国开放，相互开放，相互结惠	—	综合科，自由贸易试验区业务科，特殊区域监管科，加工贸易业务科，保税物流业务科	设立海关特殊监管区域，由中各自由贸易试验区的管理手段并不完全一致，比如，上海施行一线进境货物"先进区，后报关"，对符合条件的仓储企业实行网络监管；加工贸易工单式核销；推进海关AEO互认；企业协调员制度等	应用区块链，5G等先进技术手段，加强海关监管创新集成
环太平洋自由贸易试验区	采取或设立抵达前处理程序	零关税，服务贸易、电子商务（数字贸易）、投资领域壁垒本取消各种限制性壁垒取消扭曲市场的补贴规则	规定了磋商程序，第三方调解程序和专家组审理程序	—	推动果蔬及肉蛋奶制品等易腐货物快速通关；采取或设立抵达前处理程序，提交电子材料提前审核处理	—

资料来源：林珏. 国外自由贸易区投资贸易便利化创新管理体制研究[M]. 上海：格致出版社，2018.

第二节　中国自由贸易试验区典型案例分析：
以上海、海南自由贸易试验区为例

上海自由贸易试验区作为中国境内设立的第一个自由贸易试验区，肩负着为全面深化改革和扩大开放探索新途径、积累新经验的重要使命。截至 2024 年，上海自由贸易试验区建设取得了 300 余项制度创新成果，例如，负面清单制度、"单一窗口"制度、金融等服务业开放等。海南中国特色自由贸易港建设在 2018 年 4 月提上议程，2020 年 6 月，海南自由贸易试验区挂牌成立。目前，海南省作为中国最大的经济特区、最大的自由贸易试验区和唯一的中国特色自由贸易港。集成式创新是海南自由贸易试验区成立以来的核心任务，截至 2023 年，海南自由贸易试验区制度集成创新案例达 134 项。例如，"零关税"进口商品全流程监管模式、将服务贸易管理事项纳入国际贸易"单一窗口"等。

一、上海自由贸易试验区制度创新特色和集成式制度创新典型案例

（一）上海自由贸易试验区制度创新主要特色[①]

上海自由贸易试验区采取以负面清单管理为核心的投资管理制度、以贸易便利化为重点的贸易监管制度。正是如此，上海自由贸易试验区作为制度集成式创新的高地，已然成为国内大多数学者研究自由贸易试验区外资引进政策的主要对象（谭娜，2015；李鲁和张学良，2015；王利辉和刘志红，2017）。谭娜（2015）基于反事实分析方法，认为上海自由贸易试验区成立对上海经济增长具有显著的正向效应。王利辉和刘志红（2017）结合合成控制法，指出上海自由贸易试验区的建立对地方经济的影响效应显著为正。然而，上海自由贸易试验区改革的重点和难点在于通过先行先试，形成全国可复制、可推广的制度样本。李鲁和张学良（2015）针对该重难点，提出了以经济园区为载体的"梯度对接战略"，作为加快上海自由贸易试验区制度创新复制推广的一条可行路径。

---

① 自由贸易试验区十年制度创新成果丰硕，https：//www.financialnews.com.cn/qy/dfjr/202309/t20230920_279254.html。

上海自由贸易试验区作为制度集成式创新的高地，自 2013 年成立以来，一揽子开创性政策相继推出，一系列突破性实践深入开展，一大批标志性成果持续涌现，并先后取得了 300 余项的制度创新成果。上海自由贸易试验区及临港新片区的制度创新成果主要体现在四个方面：第一，对标国际高标准经贸规则，推进高水平制度型开放。如推动构建外商投资准入前国民待遇加负面清单管理制度，发布中国首份外资准入负面清单，实施外商投资备案管理，在制造业、金融业等数十个开放领域落地一批全国首创外资项目。第二，坚持要素市场化改革方向，增强全球资源要素配置能力。开拓资金跨境通道，创设本外币一体化运作的自由贸易账户体系，率先开展跨境贸易投资高水平开放等试点，累计开立自由贸易账户 14 万个，累计发生本外币跨境收支折合人民币 142 万亿元；提高金融市场国际化水平，设立上海黄金交易所国际板、上海国际能源交易中心等面向全球的平台，推出原油期货、20 号胶等一批创新产品，上市全国超过一半的国际化期货期权品种，全国首单液化天然气跨境人民币结算交易 2023 年 3 月落地。第三，加强政府自身改革，提升治理现代化水平。第四，聚焦产业发展所需创新制度供给，增强高质量发展新动力，上线全国首个辅助离岸贸易真实性审核的"离岸通"平台。

（二）投资相关的制度改革与创新

外资引进方面最重要的制度创新包括负面清单制度以及高标准贸易便利化规则的贸易监管制度。

1. 市场准入制度改革

外资企业市场准入一直是政策决策部门关注的议题，涉及国家产业安全保障和外资激励。中国为鼓励支持具有比较优势的各种所有制企业对外投资、完善对外投资服务体系、加快实施"走出去"战略，商务部和外交部联合发布了《对外投资国别产业导向目录》，涉及鼓励类和禁止类产业项目清单，属于正面清单管理模式。上海对接国际投资高水平开放标准，在全国第一个实施外商投资的准入前国民待遇+负面清单管理模式，先后发布两版的外商投资负面清单，出台两批 54 项扩大开放措施，其中服务业 37 项、制造业 17 项。2013 年 9 月 30 日，首份《中国（上海）自由贸易试验区外商投资准入特别管理措施（负面清单）（2013 年）》颁布，上海率先施行的自由贸易试验区外商投资准入负面清单，但这一版本的负面清单由于存在着内容繁杂、限制过多等问题。

截至 2023 年，上海自由贸易试验区对首份负面清单共进行了先后 7 次修订。

其中，特别管理措施条目由最初的 190 项缩减至目前的 27 项，实现制造业条目清零，服务业领域持续扩大开放，投资自由化水平不断提升。上海自由贸易试验区累计新设企业 8.4 万户，新设外资项目超 1.4 万个，累计实到外资 586 亿美元。上海自由贸易试验区把制度创新与上海特色优势产业紧密结合，推动形成了上海新能源和智能网联汽车、电子信息、生物医药等世界级产业集群。上海自由贸易区负面清单制度在全国进行复制推广，出台了《市场准入负面清单（2018年版）》，标志着我国全面实施市场准入负面清单制度。这一结果提高了外资进入的便利性以及中国对外开放的程度。负面清单制度的设立和推广不仅体现了上海自由贸易区作为制度创新试验田的成果，其也是上海自由贸易区外资引进制度集成式创新中的重要一步。

2013 年 9 月上海市政府制定了与自由贸易试验区建设相配套的外资管理办法，及时出台了《中国（上海）自由贸易试验区外商投资项目备案管理办法》，对于自由贸易试验区外商投资准入特别管理措施（负面清单）之外的中外合资、中外合作、外商独资、外商投资合伙、外国投资者并购境内企业、外商投资企业增资等各类外商投资项目实施项目备案制度。从而在确立了以负面清单管理为核心的投资管理制度，形成与国际通行规则一致的市场准入方式。该市场准入方式以促进投资便利化为目标，建立了准入前国民待遇加负面清单的外商投资管理制度，建立了企业准入"单一窗口"制度，变多个部门分头管理为"一表申报、一口受理、并联办事"的服务模式。清单外实施备案制，将外商投资办理时间由 8 个工作日缩减到 1 个，申报材料由 10 份减到 3 份，95% 以上的投资项目都是负面清单以外的，以备案方式设立。

深化商事登记制度改革，在全国率先开展注册资本实缴制改为认缴制、"先证后照"改为"先照后证"，解决"办照容易办证难"和"准入不准营"问题，推动从办事大厅"一门式"办理到单一窗口"一口式"办理，推进"多证合一"和全程电子化登记，开展从"一址一照"到"一址多照"集中登记，率先试点企业名称登记告知承诺制改革等，极大优化了营商环境。截止到 2023 年 9 月，已在 31 个行业发放行业综合许可证 5000 多张，平均审批时限压减近 90%，申请材料压减近 70%，填表要素压减超 60%①。率先实施注册资本认缴制、经营主体

---

① 上海自由贸易试验区建设十周年，上海市政府 9 月 15 日召开的新闻发布信息，http://culture.yunnan.cn/system/2023/09/28/032775851.shtml。

登记确认制、市场准营承诺即入制，创新简易注销等经营主体退出机制，持续降低制度性交易成本。构建事中事后监管体系，创建"双告知、双反馈、双跟踪"许可办理机制和"双随机、双评估、双公示"监管协同机制，推动政府监管方式向信用、风险、分类、动态"四个监管"转变。精简审批、评估等事项，下放审批权限，对涉企经营事项继续扩大审批改备案及告知承诺制应用范围。推进审批事项受理办理的标准一致，提升政务服务便利化、标准化水平。

2. 投资保护措施

建立商事争议与知识产权纠纷解决机制落实好外资企业国民待遇，需要进一步加强投资保护。上海加速实施强化竞争政策的试点，完善经营者的集中反垄断审查机制，制定行业性反垄断合规制度文件。加强知识产权保护，从制度层面加强知识产权纠纷多元解决机制建设，落实《上海市关于加强知识产权纠纷调解工作的实施意见》等政策文件。依托解纷"一件事"在线纠纷解决平台，以数字化提升商事调解服务的可及性、便利度。依托市、区非诉讼争议解决中心，引导优质商事争议解决机构入驻，为企业提供便捷高效服务。加强建设商事调解、诉讼、仲裁的联动机制，解决调解、诉讼、时效的衔接问题，畅通司法确认等渠道，提高商事调解的有效性。

3. 高标准贸易便利化规则的贸易金融监管制度

上海自由贸易区的制度集成式创新中除确立以负面清单管理为核心的投资管理制度，形成与国际通行规则一致的市场准入方式外，还确立符合国际高标准贸易便利化规则的贸易监管制度，形成具有国际竞争力的口岸监管服务模式。具体来说，这一模式实现了口岸监管部门"信息互换、监管互认、执法互助"，"一线放开、二线安全高效管住"贸易监管制度高效运行，构建了"自主申报、自助通关、自动审放、重点稽核"和"十检十放"等监管新模式。实施信息化和智能化为核心的贸易便利化改革和货物状态分类监管制度，建立了信息化监管为主、现场监管为辅的监管方式，率先建成了上海国际贸易"单一窗口"，实现"一个平台、一次提交、结果反馈、数据共享"。率先建立以国际贸易"单一窗口"、高效便利海关监管为核心的贸易管理模式。经过不断完善，"单一窗口"已覆盖海关、检验检疫、海事、边检、商务、税务、外汇等20多个贸易监管部门，功能覆盖国际贸易主要环节、主要进出境商品、主要出入境运输工具、金融、退税、结付汇、信保服务等领域。从而为外资企业的进出口业务提供了良好的贸易便利化环境。

服务业制造业领域开放度大幅提升：率先推出两批 54 项扩大开放措施，促进相关落地企业超过 3600 家。在外商独资医院、认证机构、职业技能培训等 56 个开放领域落地了一批全国首创项目。在医疗服务、增值电信、国际船舶管理、职业技能培训、演出经纪、旅游服务、外资工程设计等已开放领域，由点及面，引进一批领军企业，形成集聚效应。

上海自由贸易试验区率先探索试点自由贸易账户体系，建立了"一线审慎监管、二线有限渗透"的资金跨境流动管理模式，打通了企业境外融资渠道，降低了融资成本。2021 年 8 月，国务院出台的《关于推进自由贸易试验区贸易投资便利化改革创新的若干措施》明确提出，"开展本外币合一银行账户体系试点；实现本币账户与外币账户在开立、变更和撤销等方面标准、规则和流程统一"，为继续探索本外币合一银行账户体系试点提供了政策依据。2023 年 12 月，国务院印发了《全面对接国际高标准经贸规则推进中国（上海）自由贸易试验区高水平制度型开放总体方案》包括对于跨国公司金融支持条款："优化跨国公司跨境资金集中运营管理政策，支持跨国公司设立资金管理中心，完善资金池安排"以及"提升自由贸易账户系统功能，优化账户规则，实现资金在上海自由贸易试验区与境外间依法有序自由流动"。总的来说，在上海负面清单制度的基础上，高标准贸易便利化规则的贸易监管制度的确立以及口岸监管服务模式的形式，进一步地促进了中国的对外开放程度以及外资进入的便利性。此外，这也是上海自由贸易区外资引进制度集成式创新的具体体现。

（三）自由贸易试验区围绕用户需求的集成式制度创新案例

1. 质量认证制度创新与推广①

质量认证是国际通行的质量管理手段和贸易便利化工具，被称为企业质量管理的"体检证"、市场经济的"信用证"、国际贸易的"通行证"。依据《中华人民共和国认证认可条例》，我国对涉及人身健康安全的产品依法实施强制性产品认证制度（以下简称 CCC 认证制度）。而免予办理强制性产品认证工作（以下简称 CCC 免办）是 CCC 认证制度的重要组成部分，是对因特殊需求和用途的 CCC 目录内进口产品实施的一种特殊性制度安排。

上海外高桥保税区的泓明供应链集团 1995 年创建，深耕大半导体和大医疗

---

① 自由贸易试验区十周年 | 解决集成电路等重点产业供应链痛点，浦东这家企业共推制度创新，https：//www. 163. com/dy/article/IFJJEDR60514R9P4. html。

产业，是浦东集成电路行业协会副会长单位。2019年9月泓明联合上海市集成电路行业协会反馈了企业CCC免办申请耗时长，导致设备零部件无法及时送达半导体生产厂的问题。浦东新区很快对这一问题作出响应，自2019年7月起在全国范围内率先试点CCC免予办理便捷通道政策，同时，为有效缓解进口集成电路设备及零部件"卡脖子"难题，于2020年率先开展集成电路供应链企业CCC产品认证免办便捷通道改革创新试点，泓明即成为全国首个供应链CCC产品认证免办便捷通道企业。通过流程再造，将5个工作日的人工审批转变至"零等待"系统自动放行。同时，将物流贸易企业不能作为CCC免办申请主体的限制就此打破，大大拓展了CCC免办主体范围。在此基础上，2023年7月1日，上海正式颁布实施了全国首部CCC免办地方法规《上海市浦东新区免予办理强制性产品认证若干规定》，作为全国强制性产品认证领域的一项首创性改革创新工作，为上海打造重点产业集聚高地提供制度保障。具体而言，CCC免办新政下，通过制定集成电路供应服务团体标准和全程唯一码和数字围网的可视化物流追溯及维修服务平台，过去的事中审批的"点式"监管，优化成了事前准入和事后核查的"链式"监管。上述首创性改革创新"实际上也带动了整个供应链行业未来的发展趋势，同时也反映了一种理念的转变，即一定要进行数字化转型"。链式监管既节约了上下游的人力物力成本，货物的流转进出口的速度大幅提高，供应链企业竞争力得以提升。

截至2023年，CCC免办新政已服务超过400家浦东企业，惠及长三角中下游企业近5000家。在透明的系统联网作业下，泓明供应链实现了1.37万批14万件进口集成电路零部件"零等待"放行，申报总货值约1.2亿元，将进口集成电路零部件的平均时间缩短了2天，获益集成电路研发制造企业超200家，助力缓解了进口集成电路设备及零部件"卡脖子"的难题。数字化监管使得泓明的内部管理也更加精准有效。截至2022年底，全球前15家半导体设备供应12家选择与泓明供应链集团平台合作，集团已经与产业链上300多家客户签订服务合同，服务覆盖上游客户1000多家，下游客户5000多家，技术工程师超过5000名，全国12英寸芯片制造厂配套服务覆盖率达到100%，已经是目前国内集成电路设备及零部件千亿级供应链服务平台。

2. 注册制度创新推动产业升级①

施乐辉作为一家专注在骨科关节重建、运动医学等领域的医疗科技企业，1999年就在外高桥设立了国际贸易公司，主要从事本公司产品的进出口贸易。医疗器械市场升级迭代非常快，产品的生命周期只有 3~5 年，但过去的审批流程往往无法跟上这样快速的节奏。而传统的医疗器械注册制度较为严格，只有拥有生产能力的企业才能有资格申请医疗器械注册证，然后才有资格进行生产。但是这个制度妨碍了新技术和新产品的引进速度。为此浦东新区基于医疗器械行业特点出发，瞄准医疗器械产业发展链条上的一大痛点，基于产业发展的全链条、企业发展的全生命周期出发进行了"改革系统集成"，出台了上海自由贸易试验区先行先试的医疗器材注册人制度。在这项制度创新之下，符合条件的医疗器械注册申请人可以单独申请医疗器械注册证，然后委托有资质和生产能力的企业进行生产，无须注册人自己设厂生产产品，从而实现医疗器械产品注册和生产许可的"解绑"，也让国外医疗器械进入中国市场的时间从三年缩短为一年半，产生了"一键激活产业链"的作用。上海自由贸易试验区保税区域内已通过一系列创新举措，针对高端医疗产业发展的全链条，建立"引进来""走出去"的双通道，用改革系统集成的力量推动形成有利于生命健康产业创新成果转化的发展环境，吸引到超过 700 家企业。

借助医疗器材注册人制度，施乐辉决定委托保税区内的伟创力集团进行"超高清内窥镜摄像系统"生产，伟创力是一家具有医疗领域加工技术经验的全球性企业，这就使得最新的医疗器械设备生产能够迅速落地国内，双方负责人都表示，这项改革一键打通了产业链上的堵点。本土化生产的落地对国内患者是一个好消息，既可以让患者快速用上最先进的设备，也可以降低医疗成本。推动了象伟创力这样的企业实现高端化、智能化制造转型，加速布局互联网设备、医疗器械、5G、人工智能等新领域。

3. 跨境数据流动监管制度创新②

中国（上海）自由贸易试验区临港新片区作为中国对外开放的新高地一直在探索对数据跨境流动进行规范管理。2024 年 5 月临港新片区数据跨境场景化一

---

① 上海自由贸易试验区用制度创新激活产业链，高端医疗器械本土化生产走出新路径——打破"次元壁"，背后是改革系统集成力量，《文汇报》，https://sghexport.shobserver.com/html/baijiahao/2020/12/01/307129.html。

② 上海临港发布首批数据跨境一般数据清单，https://www.gov.cn/lianbo/difang/202405/content_6951895.htm。

般数据清单及清单配套操作指南对外公布。首批一般数据清单包含智能网联汽车、公募基金、生物医药三个领域，涉及智能网联汽车跨国生产制造、医药临床试验和研发、基金市场研究信息共享等 11 个场景，具体划分成 64 个数据类别、600 余个字段。在一般数据清单的编制过程中，临港新片区坚持"一般数据清单+负面清单"相结合的工作路径，从正面入手，结合跨境场景细化至具体字段，编制形成可操作、可落地的一般数据清单，同步迭代拓展更多场景、更多领域，以此为基准凝练形成场景化、精细化、可操作的字段级别负面清单。

以智能网联汽车领域为例，一般数据清单具体涉及跨国生产制造、全球研发测试、售后服务、二手车全球贸易 4 个场景，研发设计数据、售后服务记录等 23 个数据类，以及车辆底盘图纸、产品油泥模型等 158 个数据字段。4 个场景具体包括：一是跨国生产制造场景，包含汽车生产制造过程中确需跨境流动的生产管理、采购管理、库存管理、质量管理等数据；二是全球研发测试场景，包含汽车研发测试过程中确需跨境流动的车辆设计、测试和管理等数据；三是全球售后服务场景，包含汽车售后过程中确需跨境流动的车辆故障分析、维修以及售后记录等数据；四是二手车全球贸易场景，包含二手车国际销售和定价等确需跨境流动的车辆信息、维保和保险等数据。通过场景化的方式，明确了不同场景下哪些数据字段可以跨境流动，解决了企业对于数据出境字段的困惑，为企业在汽车数据跨境流通实操和落地层面给予很大指导，提供了清晰合规路径。

生物医药领域包括临床试验和研发、药物警戒和医疗器械不良事件监测、医学问询、产品投诉、商业合作伙伴管理 5 个场景 30 个数据类 148 个数据字段。一般数据清单覆盖国际多中心临床试验和研发场景的去标识化受试者基本信息等数据类别，聚焦受试者鉴认代码、年龄等数据字段。药物警戒和医疗器械不良事件监测场景的去标识化患者用药记录等数据类别，聚焦用药名称、用法用量等数据字段，全面覆盖生物医药领域数据处理者场景化需求。企业可以利用精细化到字段、便捷可操作的一般数据清单实现相关数据自由流动、更好地开展国际合作，更好地让中国患者同步用上创新药品。

公募基金领域包括市场研究、内部管理 2 个场景 11 个数据类 344 个数据字段。

4. 投资便利化相关的跨境融资改革①

上海自由贸易试验区率先探索试点自由贸易（FT）账户体系，建立了"一

---

① 以自由贸易试验区制度创新助推上海利用外资再上新高（一），https://www.thepaper.cn/news-Detail_forward_27409249。

线审慎监管、二线有限渗透"的资金跨境流动管理模式，打通了企业境外融资渠道，降低了融资成本。2021 年 8 月，国务院出台的《关于推进自由贸易试验区贸易投资便利化改革创新的若干措施》明确提出，"开展本外币合一银行账户体系试点；实现本币账户与外币账户在开立、变更和撒销等方面标准、规则和流程统一"，为继续探索本外币合一银行账户体系试点提供了政策依据。金融开放创新持续深化，本外币一体化运作的自由贸易账户功能进一步拓展，已有 63 家机构直接接入分账核算系统，实现银、证、保全覆盖，累计开立 14 万个自由贸易账户，本外币融资总额折合人民币超过 2.8 万亿元。

自由贸易账户体系向海南、广东、天津等自由贸易试验区复制推广。开展跨境双向人民币资金池、贸易外汇收支便利化、跨国公司跨境资金集中运营管理业务、资本项目外汇收入支付便利化等创新业务试点。为助力自由贸易试验区成为上海国际金融中心建设的核心承载区，上海自由贸易试验区推动一批首创性项目落户，包括首家专业再保险经纪公司、全国唯有的外资控股理财公司、首家外资再保险法人机构、首家外商独资保险控股公司、首家获准扩展经营范围的外资保险经纪机构。为加快上海国际再保险中心建设，还推动 7 家再保险运营中心获准在临港新片区开业，打造再保险"国际板"。为发挥自由贸易试验区服务"一带一路"建设的桥头堡功能，支持机构"引进来"，打造"一带一路"投融资服务中心，上海自由贸易试验区批准了约旦阿拉伯银行、阿布扎比第一银行等"一带一路"共建国家银行在自由贸易试验区内设立第一家分行。共有 14 个"一带一路"共建国家的外资银行在沪设立了 5 家法人银行、13 家分行和 6 家代表处①。

其中，工商银行上海市分行开立的自由贸易账户累计 2.7 万户。同时，作为临港高水平开放经常项目便利化的首批试点行，大力推介新片区内制造、商贸、航运企业积极参与跨境便利化试点，有效发挥了商业银行全球清算服务最高水平。浦发银行上海分行为自由贸易试验区客户提供离岸银行平台、自由贸易平台、海外分行和海外子公司"四位一体"国际化专业服务。截至 2023 年 9 月，为近 5000 家客户提供了高效的本外币一体化 FT 账户服务，为 460 多家跨国企业搭建了跨境资金池。人保财险上海分公司深化中国集成电路共保体建设，集共体服务企业累计已达 19 家，年度提供风险保障金额超过 1.1 万亿元，风险评估量

---

① 《上海自由贸易试验区十周年：金融领域改革创新的样本》，《证券时报》，2023 年 9 月 29 日，https：//baijiahao.baidu.com/s？id＝1778369403378723045&wfr＝spider&for＝pc。

化模型 2.0 已应用于部分集成电路头部企业。创新推进网络安全保险、智能网联车汽车保险、海上风电保险①。

5. 其他制度改革案例

利用自由贸易试验区制度创新优势，上海获得科创产业发展新机遇。浦东率先实施药品上市许可持有人制度试点（MAH），将生产许可和上市许可两证分离，极大降低了研发企业药品生产成本。截止到 2023 年 8 月，浦东已累计获批上市 11 个原创新药，占全国近 15%。

金融领域的开放创新，强化了上海自由贸易试验区全球资源配置功能。此前，订单流、货物流、资金流"三流分离"限制了离岸贸易发展。而自由贸易试验区的金融开放政策，让浦东通过探索"白名单"制度，解决了贸易真实性审查的问题，便利资金跨境收付，逐步推动离岸贸易常态化运作。

二、海南自由贸易试验区制度创新和集成式制度创新典型案例

（一）海南自由贸易试验区制度创新总体情况

习近平总书记对海南自由贸易港建设作出重要指示强调，"高质量高标准建设自由贸易港，要把制度集成创新摆在突出位置，解放思想，大胆创新，成熟一项推出一项，行稳致远，久久为功"。2020 年 10 月，《海南自由贸易港制度集成创新行动方案（2020—2022 年）》和《海南自由贸易港制度集成创新任务清单（2020—2022 年）》的出台对海南自由贸易港的制度集成创新进行了系统的部署，目标是围绕贸易自由便利、投资自由便利、跨境资金流动自由便利、人员进出自由便利、运输来往自由便利和数据安全有序流动，推动全方位、大力度、高层次的制度集成创新，初步建立高效完备的法律法规体系、有国际竞争力的财政税收体系、高效运转的人流物流资金流信息流体系、安全严密的风险防控体系，营商环境和社会治理水平接近国内一流水平，市场主体大幅增长，产业竞争力显著提升，经济发展质量和效益显著改善，更好地吸引全世界投资者和优秀人才来海南投资兴业。

《任务清单》涉及十八个领域的集成式制度创新，包括围绕政府治理模式改革、法制化建设、贸易便利化、"放管服"改革、优化营商环境、资金、人员、运输、数据流动、多规合一、社会治理、国企改革等方面进行制度集成创新。具

---

① 《上海自由贸易试验区十周年：金融领域改革创新的样本》，《证券时报》，2023 年 9 月 29 日，https：//baijiahao. baidu. com/s？id＝1778369403378723045&wfr＝spider&for＝pc。

体来说，针对贸易自由便利化，要对标世界银行营商环境标准和国内先进省市，从高标准建设国际贸易"单一窗口"、"一线"加速放开、"二线"逐步管住、破除服务贸易壁垒等方面进行制度集成创新。针对投资自由便利化，从创设国际投资"单一窗口"、大幅放宽市场准入、强化产权保护、保障公平竞争等方面进行制度集成创新。海南自由贸易港制度集成创新三年行动 60 项任务全面完成，累计发布制度创新案例 134 项，其中 8 项被国务院向全国复制推广、6 项得到国务院大督查表扬。其中，有关外资引进政策的集成式制度创新包括市场准入承诺即入制、"零关税"进口商品全流程监管模式等。

其中被国务院向全国推广八项制度创新案例包括：开展省域"多规合一"改革试点；构建多元化国际商事纠纷解决工作机制；领事业务"一网通办"、商事主体信用修复制度；知识产权证券化；野生动植物进出口行政许可审批事项改革；将服务贸易管理事项纳入国际贸易"单一窗口"；优化事业单位对外籍人员的管理和服务。

其中得到国务院大督查全国通报表扬六项案例包括：海南省以"机器管规划"赋能国土空间智慧治理；海南省全力支持南繁科研育种基地开展种源关键核心技术攻关；海南省洋浦经济开发区深化制度集成创新打造海南自由贸易港建设"样板间"；建立全天候进出岛人流、物流、资金流监管系统；构建减税降费风险统筹应对体系，助推政策红利落地实施；"区域医保总额预付+紧密型医联体"医改新模式等。

（二）一些重要的制度创新与案例

1. 市场准入承诺即入制

市场主体在符合放宽市场准入特别清单的规定后，进入国内市场还需要完成两项程序：进行商事登记、获得行政许可。2021 年颁布实施的《中华人民共和国海南自由贸易港法》第 20 条第 2 款规定："国家放宽海南自由贸易港市场准入……海南自由贸易港实行以过程监管为重点的投资便利措施，逐步实施市场准入承诺即入制。"由此，海南自由贸易港对标国际标准，进一步简化国内投资管理流程，使企业更便捷地拿到营业执照并尽快正常运营①。其中，海南自由贸易试验区提出市场准入承诺即入制，即"非禁即入"制度。海南自由贸易港"证

---

① 郑蕴. 中国海南自由贸易港投资自由便利制度——兼论《海南自由贸易港法》[J]. 经贸法律评论，2021（4）：30-44.

照分离"制度的开放程度比现存制度更高,它就"优化审批服务"类的领域而言,实行准入管理的领域将大幅缩减。同时,就"告知承诺"类的领域而言,涵盖具有强制性标准的领域。除此之外,"取消审批"与"审批改为备案"类的领域将大幅增加,全方位地开放海南的投资市场①。海南自由贸易试验区市场准入承诺即入制度的实施将极大提高外资企业进入国内市场的便利度,有助于吸引外资进入国内市场。这是海南自由贸易区外资引进制度集成式创新的具体体现。

2. "零关税"进口商品全流程监管模式

"零关税"是自由贸易港的主要特征之一,海南自由贸易港"零关税"政策通过"一负三正"清单管理实施,即企业自用生产设备的负面清单,以及营运用交通工具及游艇、企业生产原辅料和岛内居民消费进境商品的三张正面清单。海南自由贸易港"零关税"政策,免征的不仅是关税,还有进口环节增值税和消费税,这一举动大大地减少了企业的营运成本,提高了对外资进入国内市场的吸引力。此外,"零关税"以及相关配套政策效应渐显,还催生出海南一些新业态。但作为海南自由贸易港一项早期制度安排,目前实施的"零关税"政策与国际自由贸易港尚有差距。未来仍需不断扩大"零关税"商品范围,进一步为国内外企业带来便利。"零关税"政策的实施不仅有利于吸引国内外企业的进入,为企业生产运营带来巨大的便利化。同时,也有利于海南省自身产业的不断发展,带动并培育优势产业,反过来进一步提升政策效应,形成良性互动发展。

3. 建设区域性新型国际贸易中心

新型离岸国际贸易是指我国居民与非居民之间发生的,交易所涉货物不进出我国一线关境或不纳入我国海关统计的贸易,包括但不限于离岸转手买卖、全球采购、委托境外加工、承包工程境外购买货物等②。其特点是单据流、资金流和货物流"三流"分离。2019 年《海南自由贸易港建设总体方案》明确

---

① 郑蕴. 中国海南自由贸易港投资自由便利制度——兼论《海南自由贸易港法》[J]. 经贸法律评论,2021(4):30-44.

② 中国人民银行国家外汇管理局关于支持新型离岸国际贸易发展有关问题的通知,银发〔2021〕329 号,https://www.gov.cn/xinwen/2021-12/25/content_5664539.htm,通知提到"重点支持基于实体经济创新发展和制造业转型升级、提升产业链供应链完整性和现代化水平而开展的新型离岸国际贸易",并要求银行应根据新型离岸国际贸易的特点制定业务规范,完善内部管理,实施客户分类,提升服务水平,包括:(一)健全新型离岸国际贸易内控制度,包括加强客户尽职调查、优化业务审核、实施事后监测管理和完善内部监督等。(二)精准识别新型离岸国际贸易客户身份和业务模式,根据客户诚信状况、合规水平和风控能力等,动态实施内部客户风险分级评定,对客户主体、业务性质和关联交易进行穿透式审查。

提出，进一步推动跨境货物贸易、服务贸易和新型国际贸易结算便利化，实现银行真实性审核从事前审查转为事后核查。为推进此项政策落地见效，2019年7月海南省政府印发《关于打造区域性离岸新型国际贸易中心先导性项目的工作实施方案》，明确在洋浦开展新型离岸国际贸易创新试点，打造新型离岸国际贸易先行区。2019年11月国家外管局海南分局下发外汇便利化文件支持洋浦试点，鼓励在海南注册经营的银行依据海南自由贸易港战略定位和国际贸易发展特点，优化金融服务，为在海南注册的诚信守法企业开展真实、合法新型离岸国际贸易提供跨境资金结算便利。2021年3月，海南洋浦经济开发区"新型离岸国际贸易先行示范区"挂牌成立，提出对标新加坡，鼓励和吸引国际贸易企业以洋浦为基地开展全球贸易。在示范区内实施一系列鼓励政策，包括如支持创新外汇结算便利措施、加大财政奖励力度、完善金融配套服务；赋予银行更多单据审核自主权，简化单证审核程序，缩短外汇结算用时等。因此，随着示范区内众多鼓励政策的出台实施，有效吸引了大量跨国企业落户海南。

4. 数据产品化交易模式

在数字化、网络化、智能化的趋势下，数字贸易已然成为全球新型贸易方式，即以数据为关键生产要素、数字服务为核心、数字订购与交付为主要特征贸易方式。然而，企业在数字贸易背景下，其自身数据的流动可能存在各种违规的风险。因此，海南自由贸易港建立公共数据开发利用和流通交易制度、创设统一的数据开发利用创新平台以及确保公共数据资源开发利用安全合规。目前，海南省数据产品超市已接入超过千亿量级的政务数据和近十亿量级的社会数据，建立起7个主题库，招引7大专业市场主体深度参与，为海南自由贸易港数据要素市场培育提供了丰富的数据支撑、开发了数据产品。数据产品主要涵盖数据集、数据API、数据报告、算法模型、数据服务5个类别，数据产品广泛赋能其他产业创新发展。截至目前，数据产品超市已引入阿里云、中国银联、华控清交、招商银行、建设银行、科大讯飞等多家大数据企业入驻，初步形成了以数据产品超市为特色的海南自由贸易港数据要素市场。

5. 医疗药品器械一体化、无感化、智慧化监管

海南省药监局、卫健委、海关等五个部门联合提供的"医疗药品器械一体化、无感化、智慧化监管"案例是海南自由贸易港集成式制度创新成果之一，它在全国率先制定了实施医疗药品器械一体化服务管理的地方性法规，率先搭建特

许药械追溯管理系统，率先建立以信用为核心的医疗药品器械一体化管理模式，实行无感化、智慧化、全流程监管，有力促进博鳌乐城先行区健康产业蓬勃发展。实施医疗药品器械一体化管理以来，已批准临床急需进口医疗器械474批5万余套产品、临床急需进口药品1355批、备案临床急需进口药械66个品种带离先行区使用，惠及患者4万余人次。2023年，乐城先行区接待医疗旅游人数约30万人次，同比增长60%；特许药械品种首例应用累计已达376种，保税仓入库货值超5亿元，使用人次同比增长40%，乐城已经成为全球最新药品和医疗器械进入中国的快速通道①。

它主要包括以下三个方面制度创新：一是"协同化"推进跨部门联合监管。开创了医疗药品器械一体化协同监管模式，形成了"权责集中、职能融合、业务联动"的制度集成创新成果；在监督检查、特许药械申报使用、医疗广告管理等方面实现综合治理等。二是"差异化"推进包容审慎监管。坚持"无感化"监管原则，实行医疗药品日常监督检查包容审慎监管，做好医疗机构分级分类管理工作，将医疗机构日常运营情况运用到医疗机构"医疗+药品"二合一监管风险等级调整中等。三是"全程化"推进"互联网+"监管平台建设，依托国内特许药械追溯管理平台，实现卫生、药监、海关、属地管理等多部门、多主体、多环节无缝衔接，实现业务全周期、全过程协同监管等②。

6. 国际投资单一窗口建设③

海南聚焦投资便利化系统集成创新，创设了全国首个国际投资"单一窗口"（以下简称"单一窗口"），基于一体化在线政务服务平台，建设全省统一的跨部门信息共享互认机制，将涉及投资相关的业务审批系统整合到一个窗口，建设投资全流程"套餐式"服务平台，为全球投资者打造公开、透明、可预期的投资环境，进一步激发各类市场主体活力，打造自由贸易港开放新高地。该服务平台以流程优化为核心推动资源整合、业务联动、效率提升。

一是打造全国首个投资者全流程服务平台。"单一窗口"包含咨询服务、企业开办、项目建设、配套服务四大模块，整合了招商、市场监管、项目审批等部

---

① 中国食品药品网，http://www.cnpharm.com/c/2024-01-11/1035896.shtml。

② 资料来源：海南省卫生健康委员会党委委员、副主任张光鹏讲话（https://www.hainan.gov.cn/hainan/zxxx/202401/558ce8274c7941289fd621ebadbb0a6c.shtml）。

③ 国际投资单一窗口，《制度创新交流》第17期，海南省委全面深化改革委员会办公室、自由贸易港工作委员会办公室，https://www.hnftp.gov.cn/zdcx/cxal/202101/t20210128_3024804.html。

门的多个政务系统，打造投资领域"套餐式"政务服务，实现从投资咨询、设立登记到税务发票申领等企业开办业务的"一窗式"受理，以及在线智能客服、线下咨询服务和网签备案查询等投资延伸需求事项办理，覆盖投资事前、事中、事后的全流程业务办理服务。二是构建多终端、多入口、双语服务的线上"单一窗口"。"单一窗口"依托海南省一体化在线政务服务平台和海招网，支持 PC 端浏览器、手机 App、微信小程序等多种访问方式，各服务主题均提供中、英文双语界面，实现英文的无障碍浏览，全球投资者足不出户，即可在线咨询和办理企业设立登记、变更、注销、社保登记、签证证件办理等相关业务。三是建立投资领域"一账通"便捷服务。"单一窗口"以系统联通、数据互通、信息共用为内核，打破各部门业务壁垒，形成一套简明实用、标准规范的在线投资服务体系。实现平台服务的统一入口和统一身份认证，实行"一个账户、一次注册、一套密码、一组资料"管理模式，企业注册一次即可直通市场监管、税务等各部门和机构网站，直接查询、办理各项业务，办事流程和手续大幅度简化。四是实现投资全流程的监管跟踪。通过对投资全流程一站式整合和数据信息共享，"单一窗口"可对企业的设立和变更及注销事项审批等进程进行全程跟踪，企业可在办理过程中实时了解办件进程，提高了执法透明度，优化了投资营商环境。通过整合企业工商、税务、社保、项目投资等数据，"单一窗口"还建立了对来琼投资的内外资企业设立、事项审批以及相关服务等流程数据的全链条监测和统计分析平台。

　　服务平台以系统集成创新破除部门壁垒、区域隔阂、业务"烟囱"，"单一窗口"对涉及投资环节的审批和服务事项进行最小颗粒度拆分，通过一体化在线政务服务平台，对相关部门以往"烟囱式"相互独立的系统和现场业务进行整合，全方位为投资者提供"一站式"服务。企业扶持、营商环境等相关政策提供辅助决策依据，为投资管理部门"信息互换、监管互认、执法互助"提供支撑。该平台整合了全省 13 个部门 20 个涉及投资相关的政务系统功能，可办理234 项投资相关业务，通过数据复用和电子归档信息的开放共享，避免企业重复提交材料，压缩审批时限和环节，全流程办理企业设立等业务。实现了外商投资企业开办最多跑一次，全流程缩减企业提交表单材料55%，缩减审批时限和环节近70%。

第三节　自由贸易试验区制度集成式创新机制分析

一、上海和海南自由贸易试验区制度创新模式差异

（1）上海自由贸易试验区和海南自由港代表国内两大类型自由贸易试验区。上述我们分别考察了上海和海南两个自由贸易试验区的制度创新和主要案例，它们实际上是代表了两类自由贸易试验区类型，局部自由贸易试验区和全域自由贸易试验区，对于局部自由贸易试验区而言，上海自由贸易区只是占了上海或者长三角的一部分，所以它本质上只是一个功能区和地方的行政区，所承担国家层面的制度实验成果只能在相对狭小的自由贸易试验区空间使用，制度创新对于其他自由贸易试验区有更强的溢出效应。而在风险防范上，上海自由贸易试验区需要考虑一线放开和二线适度渗透问题。但海南不同，整个海南既是一个国家级的自由贸易区，同时也是省一级的行政单位，所以制度创新的空间会更大，更有效率，但制度创新的全国实用性和溢出效应相对会比较小。

（2）上海和海南自由贸易试验区制度创新的模式差异。总体上上海和海南两个自由贸易试验区制度创新虽然都是对接国际高水平经贸规则，来推动地区的贸易和投资便利化的制度创新，但两者也表现出一些差异度。由于上海自由贸易试验区产业发展比较成熟，市场主体数量庞大，全球价值链嵌入度高，上海更趋向于"市场推动—协会介入—政府响应"的模式。而海南自由贸易试验区由于建立时间不长，尚处于筑巢引凤阶段，更偏重"政府推动—产业引导—市场响应"的模式。上海因为一直是中国贸易和外商直接投资的聚集地，上海自改革开放以来，依靠保税区建设，积累了全球营商环境制度建设的经验，所以上海的制度创新具有非常强的示范效应和制度改革的显示度。因此，上海自由贸易试验区的制度创新主要是围绕市场来展开，贸易投资相关的各个环节的制度优化，总体上是自下而上的改革，即政府涉及的制度在实际运行中阻碍了企业的发展，企业提出相应的改革要求，自由贸易试验区政府积极响应，推动制度改革和落实。而且由于行业协会的介入，制度改革政企协调成本比较低，改革响应度高。相较于上海，由于海南的对外开放度和经济发展产业基础相对薄弱，自由贸易试验区产

业定位和上海制造业为主的定位有很大差别，这一方面使得海南的制度创新内容和上海有所不同，另一方面也使得海南的制度创新当前存在一个超前规划的任务，最终实现通过制度创新来引导国内外资本流入和产业的发展，从而推动海南经济发展及其在全球经济体系中的影响力。

二、自由贸易试验区贸易投资制度创新的多部门协调机制

（1）已有关于制度创新与外资相关文献。由于制度创新能够更大力度地吸引和利用外资，推动中国经济的不断发展。刘建丽（2019）指出自改革开放以来，我国外资规模快速增长，利用外资方式不断创新，在引进和利用外资工作中取得了巨大的成就。Huang C 和 Amorim C（2004）将中国与经济合作与发展组织（OECD）国家的不同政府制度创新体系进行了比较，揭示了中国创新政策框架的相对优势和劣势。宋潇（2016）在 Huang C 和 Amorim C（2004）的基础上，进一步基于中美两国制度创新体系的对比分析，阐述了中国制度创新体系的不断演变。此外，周志忍和蒋敏娟（2010）、周志忍和蒋敏娟（2013）对中国政府跨部门协调机制进行了较为深入的探析。周志忍和蒋敏娟（2010）从宏观、中观层面以整体政府背景下的政策协同为主题，重点讨论发达国家的当代实践。周志忍和蒋敏娟（2013）从部门间横向关系为重点，对中国政府跨部门协同机制做较为系统梳理和审视。

（2）贸易投资相关制度创新的授权和跨部门协调与问题。首先是关于授权问题，虽然自由贸易试验区承担的功能是进行国家层面的制度创新，更加具体制度创新的程度，可以分两种情况授权，如果是在既定制度下的完善，浦东新区政府就有这个权利，颁布具体的规定、意见甚至法规的方式明确和推广这些制度创新。但是对于重大制度方案的实施，如《浦东丝路电商先行示范区》《关于进一步优化外商投资环境加大吸引外商投资力度的意见》这些全国性影响的政策规定是由地方递交方案并由国务院批注实施的。其原因是，因为重大制度调整往往涉及外汇、税收、环境、科技、海关、商务等各个部门，所以国务院出面协调就比较方便。由于所有这些部门都是垂直管理的，所以自由贸易试验区的制度创新涉及跨部门协同时，就需要把这个制度创新或改革上升为国家层面，由国务院出面协调安排，这样就可以降低部门协调成本和制度改革成本。

加快对外开放高地建设，推动加快构建以国内大循环为主体、国内国际双循环相互促进的新发展格局，2021 年 8 月国务院印发了《关于推进自由贸易试验

区贸易投资便利化改革　创新若干措施》的通知①，一共涉及 19 种改革，每项涉及多个部门协调（见表 11-3）。

表 11-3　自由贸易试验区贸易和投资相关改革措施和参与部门协调

序号	制度创新措施	参与协调部门	适用地区
1	加大对港澳投资开放力度	商务部、文化和旅游部、国务院港澳办、各自由贸易试验区所在地省级人民政府按职责分工负责	所有自由贸易试验区
2	放开国际登记船舶法定检验	交通运输部负责	所有自由贸易试验区
3	开展进口贸易创新	商务部牵头	所有自由贸易试验区
4	释放新型贸易方式潜力	财政部、商务部、税务总局、国家外汇局	所有自由贸易试验区
5	推进"两头在外"保税维修业务	商务部牵头，财政部、生态环境部、海关总署、税务总局	所有自由贸易试验区
6	提升医药产品进口便利度	财政部、商务部、海关总署、税务总局、国家药监局	所有自由贸易试验区
7	推进开放通道建设	中国民航局	所有自由贸易试验区
8	加快推进多式联运"一单制"	交通运输部、商务部、海关总署、国家铁路局、中国民航局、中国国家铁路集团有限公司	所有自由贸易试验区
9	探索赋予多式联运单证物权凭证功能	最高人民法院、交通运输部、商务部、人民银行、海关总署、银保监会、国家铁路局、中国国家铁路集团有限公司	所有自由贸易试验区
10	进一步丰富商品期货品种	证监会负责	上海、辽宁、河南自由贸易试验区
11	加快引入境外交易者参与期货交易	证监会牵头，人民银行、国家外汇局	上海、辽宁、河南自由贸易试验区
12	完善期货保税交割监管政策	海关总署、证监会	所有自由贸易试验区
13	创新账户体系管理	人民银行、国家外汇局	所有自由贸易试验区
14	开展融资租赁公司外债便利化试点	国家外汇局牵头，银保监会	所有自由贸易试验区

① https：//www.gov.cn/zhengce/zhengceku/2021-09/03/content_5635110.htm.

续表

序号	制度创新措施	参与协调部门	适用地区
15	开展知识产权证券化试点	人民银行、证监会、国家知识产权局	所有自由贸易试验区
16	开展网络游戏属地管理试点	中央宣传部	所有自由贸易试验区
17	提升航运管理服务效率	交通运输部	所有自由贸易试验区
18	提高土地资源配置效率	自然资源部	所有自由贸易试验区
19	完善仲裁司法审查	最高人民法院、司法部、中国贸促会	所有自由贸易试验区

其中，以完善仲裁司法审查为例，它要求明确对境外仲裁机构在自由贸易试验区设立的仲裁业务机构作出的仲裁裁决进行司法审查所涉及的法律适用问题。在认可企业之间约定在内地特定地点、按照特定仲裁规则、由特定人员对有关争议进行仲裁的仲裁协议效力的基础上，进一步明确该裁决在执行时的法律适用问题。支持国际商事争端预防与解决组织在自由贸易试验区运营，为区内企业提供"事前预防、事中调解、事后解决"全链条商事法律服务。

2023 年 8 月国务院出台《关于进一步优化外商投资环境加大吸引外商投资力度的意见》指出"要加快建立多元化外商投资促进工作体系，推动形成政府、引资机构、商协会、中介机构、产业链龙头企业等多方参与、灵活高效的外商投资促进协调联动机制"。可知，中国政府对外资引进政策制度创新注重的是一种跨部门的协调联动机制。《意见》聚焦外资企业的突出关切，从提高利用外资质量、保障外商投资企业国民待遇等 6 个方面，推出 24 条有针对性的政策措施。随后，我国其他各相关部门相继推出多项措施稳外资。各部委分工如下：

国家发展改革委：主要负责在政府出台的各类稳外资政策基础上，加快推动并出台更大力度吸引外资的综合性政策。同时，要保障外资企业的公平竞争待遇，加强重大外资项目资金保障，做好外商投资促进服务。

商务部：主要负责运用产业链招商、以商招商等多种方式更有针对性地开展外商投资促进活动；贸促会主要负责不断开展营商环境年度和季度调研，及时了解、反映并推动解决外资企业遇到的困难和问题，形成"自下而上"的外资引进政策制度创新。

工信部：不断完善制造业重点外资项目服务保障机制，引导外资投向先进制造、节能环保等领域，投向我国中西部和东北地区。

财政部：重点是持续优化公平竞争的政府采购营商环境，更好地保障内外资企业平等参与政府采购活动。

央行、外汇局：研究将持续优化政策安排，不断提升金融服务质效，助力高水平对外开放。中国的跨门协调机制具有较为明显的"等级式"特征。

上述改革措施涉及跨部门协调，充分说明投资营商环境的改善牵涉到很多部门，所以要落实推行会有较大的困难性，动一发牵全身，如果没有高效的政府治理体系作为支撑，要短时间内有效提升投资环境达到吸引外资的目的是不可能的。

第四节　自由贸易试验区制度创新的经济促进效应

主要以上海自由贸易试验区为例，通过与广东、福建、天津自由贸易区的对比分析，对上海自由贸易试验区因其外资引进制度集成式创新所带来的贸易效应、投资效应以及技术效应展开分析。

一、自由贸易试验区的贸易效应

2023 年中国建立自由贸易试验区的第十年，海关统计数据显示，2022 年我国自由贸易试验区进出口 7.5 万亿元，增长了 14.5%，其中，出口 3.3 万亿元，增长 18.1%，进口 4.2 万亿元，增长 11.8%。期间，上海自由贸易试验区进出口总值从设立之初 2013 年的 0.7 万亿元，稳步增长到 2022 年的 2.1 万亿元，规模扩容 3 倍。其余城市自由贸易试验区也获得了一定比例的增长，如广东自由贸易试验区于 2022 年实现外贸进出口总值 5350.8 亿元，同比增长 27.8%。天津自由贸易试验区于 2022 年实现外贸进出口额超 2900 亿元，同比增长 7.9%。此外，2000~2021 年，上海市实现经济增长 798%，广东省实现经济增长 1050%，福建省实现经济增长 1196%，天津市实现经济增长 886%。自各省市宣布建立自由贸易试验区以来，各省市的商品出口贸易和进口贸易均呈现增长态势。

从表 11-4 可见，从各省市自由贸易试验区建立前 2000 年到建立后 2021 年，上海市出口额从 253.54 亿美元增加到 2433.13 亿美元，增加了 9.6 倍。广东省出口额从 919.19 亿美元增加到 7818.68 亿美元，增加了 8.5 倍。天津市出口额从 86.29 亿美元增加到 599.66 亿美元，增加了 6.9 倍。

福建省出口额从 129.08 亿美元增加到 1673.41 亿美元，增加了 13 倍。上海、广东、天津、福建各省市出口额均呈现明显的增长，且对比各省市自由贸易试验区成立年份的出口额，均呈现明显的提升。

表 11-4　上海、广东、天津、福建自由贸易试验区建立前后出口和进口贸易变化情况

省（市）	年份	出口额（亿美元）	进口额（亿美元）
上海市	2000	253.54	293.56
	2013	2042.44	2371.54
	2015	1969.69	2547.64
	2021	2433.13	3852.90
广东省	2000	919.19	781.87
	2015	6434.68	3793.28
	2021	7818.60	4977.07
天津市	2000	86.29	85.28
	2015	511.83	631.64
	2021	599.66	725.99
福建省	2000	129.08	83.15
	2015	1126.80	561.66
	2021	1673.41	1179.09

资料来源：根据各省市政府部门发布的统计年鉴（上海、福建、天津、广东）数据制表。

同期，从各省市自由贸易试验区建立前 2000 到建立后 2021 年，上海市进口额从 293.56 亿美元增加到 3852.90 亿美元，增加了 13.1 倍。广东省进口额从 781.87 亿美元增加到 4977.07 亿美元，增加了 6.4 倍。天津市进口额从 85.28 亿美元增加到 725.99 亿美元，增加了 8.5 倍。福建省进口额从 83.15 亿美元增加到 1179.09 亿美元，增加了 14.2 倍。上海、广东、天津、福建各省市进口额均呈现出明显的增长，且对比各省市自由贸易试验区成立年份的进口额，均呈现明显的提升。

由此可见，上海、广东、天津、福建四个省市的商品出口和进口都有所扩大，其中福建省因基数较小，显示出增速最快。而上海市增速位居第二，绝对增长位居前列，仅次于福建省，其原因主要在于上海市的城市定位以及地理区位优

势。紧跟其后的分别是天津市和广东省。从绝对增量来看，无论是进口还是出口，上海市的增量均超过其余省市，这得益于上海自由贸易试验区的领先作用以及上海自由贸易试验区外资引进政策的集成式创新。

从图11-1可见，自2000年以来，上海、广东、天津、福建各省市的进口和出口贸易呈现出较大幅度的增长，尤其是在各省市自由贸易试验区建立前后，其主要原因在于各省市自由贸易试验区政策的颁布与实行是提前所规划并知晓的，这一原因使得各省市进出口增长效应存在前滞。因此，这一现象表明，各省市自由贸易试验区的建立使得各省市进出口贸易出现明显的增长效应。

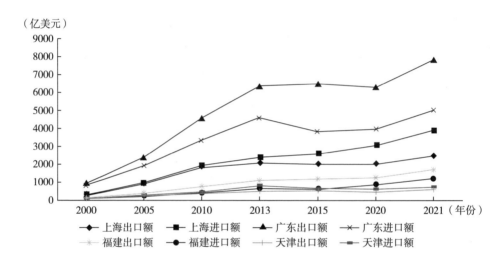

图11-1　2000~2021年上海、广东、天津、福建出口和进口贸易变化趋势
资料来源：根据各省市政府部门发布的统计年鉴（上海、福建、天津、广东）数据整理而成，下同。

从贸易增长率来看，自2000年以来，上海、广东、天津、福建各省市除了2009年、2015年显著为负，其余各年份基本上围绕10%上下波动。2000~2013年整体出口、进口、进出口贸易增长率的波动幅度与2014~2021年相比要相对较小些。除个别世界经济不景气年份外，各省市自由贸易试验区贸易增长率在大多数年份为正。

就上海、广东、天津、福建自由贸易试验区整体来看，自由贸易试验区建立前后，各省市进出口额均呈现高倍数增长。由此可见，自由贸易试验区的建立扩大了各省市出口和进口贸易的规模，形成较大的贸易经济规模效应。

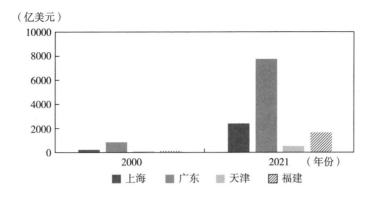

图 11-2　上海、广东、天津、福建 2000 年和 2021 年出口额对比

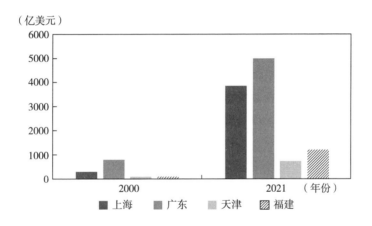

图 11-3　上海、广东、天津、福建 2000 年和 2021 年进口额对比

二、自由贸易试验区的投资效应

自中国建立自由贸易试验区以来，吸引大量的外商直接投资进入国内。官方发布数据显示，截至 2022 年，上海自由贸易试验区累计新设企业 8.4 万户，新设外资项目超 1.4 万个，累计实到外资 586 亿美元。其中，2022 年，上海自由贸易试验区累计实到外资 101.96 亿美元。广东自由贸易试验区累计新设企业 1839 户，新设外资项目 125 个，累计实际利用外资 70.1 亿美元。福建自由贸易试验区累计新设企业 391 户，累计实际利用外资 3.78 亿美元。由此可知，上海、广东、福建等自由贸易试验区自成立以来，不仅吸引了大量的外商直接投资

（FDI）进入国内，更将促进自由贸易试验区所在城市外商直接投资的提高。这一现象不仅是贸易便利化和自由化的结果，也是我国各项有效外商投资管理办法的结果，如自由贸易试验区统一实行"负面清单"管理制度等。

值得注意的是，由于 2004 年实际利用外商直接投资统计口径作了调整，与 2003 年以前的年份不可比。因此，各省市 FDI 流入量数据从 2004 年开始整理。

上海、广东、天津、福建自由贸易试验区建立后，吸引了大量的外商直接投资（FDI）进入，各省市吸引的 FDI 流入也大大增加。如表 11-5 所示，上海市 FDI 流入从 2004 年的 65.41 亿美元增加至 2013 年的 167.80 亿美元，再到 2021 年的 225.51 亿美元，增长了 3.4 倍。由于 2009 年、2015 年世界经济不景气，广东、天津、福建在 2015~2021 年的 FDI 有所下降，但仍然高于 2004 年约 2 倍。

表 11-5　上海、广东、天津、福建自由贸易试验区建立对各省市 FDI 流入的影响

单位：亿美元

FDI 流入量	2004 年	2013 年	2015 年	2021 年
上海市	65.41	167.80	184.59	225.51
广东省	128.99	253.27	270.25	252.46
天津市	27.02	172.46	223.70	53.89
福建省	22.21	66.79	76.83	49.05

从图 11-4 可见，上海、广东、天津、福建在自由贸易试验区建立后，除上海 FDI 流入保持明显的上升态势外，其余各省市 FDI 呈现出既有上升态势，又有下降态势，这说明自由贸易试验区建立对各省市同时产生了投资创造和投资转移效应。其中，上海呈现出持续的上升态势，只有轻微的下降态势，这一现象表明上海的投资创造效应强于投资转移效应，而这得益于上海自由贸易区外资引进政策的集成式创新。自由贸易试验区的建立促进了上海、广东、天津、福建等地吸引外资进入的能力，尤其是上海地区。

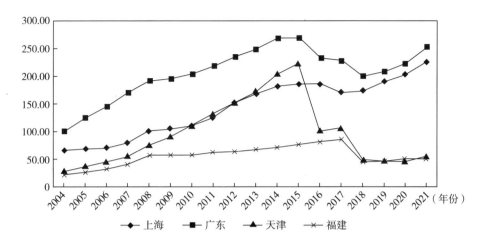

图 11-4　上海、广东、天津、福建自由贸易试验区建立对各省市 FDI 流入变化趋势

三、自由贸易试验区的技术效应

自中国建立自由贸易试验区以来，以深化改革开放驱动产业创新发展，建成了一批世界领先的产业集群。其中，上海自由贸易试验区建立以"中国芯""创新药""智能造""蓝天梦""未来车""数据港"六大产业为核心的现代化产业体系。福建自由贸易试验区开展高技术含量、高附加值的航空航天、工程机械、数控机床、汽车发动机等再制造业务试点。广东自由贸易试验区发展生物医药、高端医疗器械等各个细分领域。天津自由贸易试验重点发展以创新药研发、基因细胞治疗为代表的生物医药产业以及信息技术应用创新产业等。由此可知，上海、广东、福建等典型自由贸易试验区自成立以来，不断发展高技术、高附加值产业，这不仅提高我国产品的技术复杂度、我国高技术产品出口以及国际竞争力，更是能够有效缓解我国目前面临的一系列技术的"卡脖子"问题。

从图 11-5 研发人员数量来看，上海、广东、天津、福建等省市的研发人员数量均呈现出上升趋势，其中福建省最大，广东省增幅仅次于福建省，天津市增幅最小。具体来说，上海市研发人员从 2010 年的 8.21 万人增长至 2021 年的 13.67 万人，约为 0.66 倍。广东省研发人员从 2010 年的 35.95 万人增长至 2021 年的 97.30 万人，约为 1.71 倍。天津市研发人员从 2010 年的 3.17 万人增长至 7.79 万人，约为 1.46 倍。福建省研发人员从 2010 年的 7.12 万人增长至 25.93 万人，约为 2.64 倍。

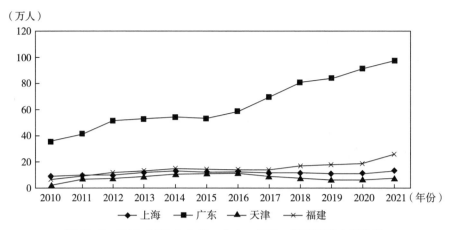

（万人）

图 11-5 2010~2021 年上海、广东、天津、福建研发人员数量

资料来源：根据各省市政府部门发布的统计年鉴（上海、福建、天津、广东）数据制表。具体采用规模以上企业 R&D 人员情况。

从图 11-6 专利授权数量来看，广东省的专利授权数量处于绝对领先地位，上海市与福建省相差不大，居于中间地位，天津市的专利授权数量处于较低的位置。上海、广东、天津、福建各省市自由贸易试验区成立后，各省市整体的专利授权数量呈现明显上升趋势，增速较快。2010~2021 年上海市专利授权数量增长约 2.72 倍，福建省专利授权数量增长约 7.52 倍，广东省专利授权数量增长约 6.31 倍，天津市专利授权数量增长约 7.9 倍。从中能够发现，天津市专利授权数量增长幅度最大。

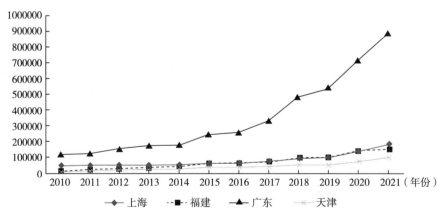

图 11-6 2010-2021 年上海、福建、广东、天津专利授权数量

资料来源：根据各省市政府部门发布的统计年鉴（上海、福建、广东、天津）数据制表。具体采用专利授权数量。

总体来说，上海、广东、天津、福建各省市自由贸易试验区的建立能够促进各省市研发人员以及专利授权数量的增长。这一结果意味着各省市自由贸易试验区的建立具有明显的技术效应，能够促进各省市产业的技术发展。

第五节　本章小结

本章在比较中国和全球自由贸易试验区基础上，分别讨论了上海自由贸易试验区和海南自由贸易试验区的制度创新的具体内容、案例和特征，最后运用国内自由贸易试验区数据，对自由贸易试验区的贸易效应、投资效应和技术进步与效应。总体上中国境内各个分自由贸易试验区的制度创新都是基于对接高水平国际经贸规则相关的贸易和投资自由化，以及国际营商环境的改善。对于跨国投资企业而言，不仅关注市场转入、退出、税收、国民待遇等问题，也涉及自由贸易试验区内企业的进出口和全球价值链和供应链的协作问题。为了适应全球化的分工和交易网络复杂度提升，需要进行的集成式制度创新，由于我们尚处于多边协定制约下的渐进式开放过程中，尤其是服务业的开放尚不彻底，金融管制和外汇管制也没有消除，对于我国而言最大的挑战就是在推动贸易和投资便利化的同时，还要维护经济和金融安全，所以这种冲突性就为制度创新提供了空间。这种制度创新性就是要在推动便利化改革的同时兼顾经济和金融安全。所以这种制度创新一方面取决于数字技术的应用，另一方面也需要考验政府部分之间的协调效率，即需要根据市场具体的需求去快速优化或放松已有的管制，使得安全保障情况下，提高资源配置效率。

基于上海和海南自由贸易试验区的制度创新实践案例，我们把上海的制度创新模式概括为"市场推动—协会介入—政府响应"的模式。而海南自由贸易试验区概况为"政府推动—产业引导—市场响应"的模式。两种模式体现了不同地区产业结构和经济发展阶段差异，也体现了国家对两个自由贸易试验区发展定位的差异。自由贸易试验区承担了国家制度创新的重任，但它的创新激励一方面受到地方经济建设政绩的需要，另一方面不可忽视的是中央和地方之间以及各大职能部门之间的高效协调机制，保障了重大制度创新、及时调整和推广引用。

参考文献

[1] 崔兵, 罗颉. 金融业负面清单制度对金融稳定的影响——以自由贸易试验区为例 [J]. 湖北工业大学学报, 2023, 38 (6): 1-6.

[2] 崔建高. 数据智慧: 开启智慧海关建设的关键密匙 [J]. 海关与经贸研究, 2018, 39 (2): 44-56.

[3] 杜晓英, 王晓林. 我国海关促进贸易便利化的措施研究 [J]. 对外经贸实务, 2023 (6): 64-69.

[4] 戴林莉, 康婷. 论我国自由贸易试验区外商投资准入负面清单的价值与功能 [J]. 经济体制改革, 2018 (2): 57-62.

[5] 杜玉琼, 李清鑫. 试论我国自由贸易试验区通关便利化措施 [J]. 法制与社会, 2017 (29): 73-74.

[6] 樊正兰, 张宝明. 负面清单的国际比较及实证研究 [J]. 上海经济研究, 2014 (12): 31-40.

[7] 高维和, 孙元欣, 王佳圆. 美国 FTA、BIT 中的外资准入负面清单: 细则与启示 [J]. 外国经济与管理, 2015, 37 (3): 87-96.

[8] 匡增杰. 基于发达国家海关实践经验视角下的促进我国海关贸易便利化水平研究 [J]. 世界贸易组织动态与研究, 2013, 20 (1): 19-28.

[9] 李思奇, 牛倩. 投资负面清单制度的国际比较及其启示 [J]. 亚太经济, 2019 (4): 95-104.

[10] 林珏. 国外自由贸易试验区投资贸易便利化创新管理体制研究 [M]. 上海: 格致出版社, 2018.

[11] 李鲁, 张学良. 上海自由贸易试验区制度推广的 "梯度对接" 战略探讨 [J]. 外国经济与管理, 2015, 37 (2): 69-80.

[12] 陆建明, 杨宇娇, 梁思焱. 美国负面清单的内容、形式及其借鉴意义——基于 47 个美国 BIT 的研究 [J]. 亚太经济, 2015 (2): 55-61.

[13] 陆建明, 杨宇娇, 于丹. 中国自由贸易试验区统一负面清单与美国 BIT 签约双方负面清单的比较研究 [J]. 上海经济研究, 2015 (10): 21-30.

[14] 刘建丽. 新中国利用外资 70 年: 历程、效应与主要经验 [J]. 管理世界, 2019, 35 (11): 19-37.

[15] 刘浩宇. 自由贸易试验区通关便利化制度创新 [C] //中国服务贸易

协会专家委员会. 第五届中国服务贸易年会——直击自由贸易试验区报告集, 2015: 12.

[16] 马亚明, 陆建明, 李磊. 负面清单模式国际投资协定的信号效应及其对国际直接投资的影响 [J]. 经济研究, 2021, 56 (11): 155-172.

[17] 聂平香. 中国实施负面清单管理面临的风险及对策 [J]. 国际经济合作, 2015 (1): 66-71.

[18] 聂平香, 戴丽华. 美国负面清单管理模式探析及对我国的借鉴 [J]. 国际贸易, 2014 (4): 33-36.

[19] 施元红. 负面清单管理制度的发展现状、问题及提升路径 [J]. 对外经贸实务, 2019 (8): 60-62.

[20] 谭娜, 周先波, 林建浩. 上海自由贸易试验区的经济增长效应研究——基于面板数据下的反事实分析方法 [J]. 国际贸易问题, 2015 (10): 14-24+86.

[21] 王方宏, 李振. 我国自由贸易试验区制度创新回顾与展望 [J]. 南海学刊, 2024, 10 (2): 58-69.

[22] 王利辉, 刘志红. 上海自由贸易试验区对地区经济的影响效应研究——基于 "反事实" 思维视角 [J]. 国际贸易问题, 2017 (2): 3-15.

[23] 魏晓雁, 郑晓妹, 吴大器. 上海自由贸易试验区负面清单管理模式探析 [J]. 华东经济管理, 2016, 30 (5): 33-37.

[24] 夏志方. 我国国际贸易 "单一窗口" 发展的几点思考 [J]. 中国经贸导刊 (中), 2020 (1): 37-38.

[25] 夏先良. 当前深化负面清单制度改革的重大意义 [J]. 人民论坛·学术前沿, 2018 (14): 52-67.

[26] 许培源, 刘雅芳. TPP 投资规则与我国 FTA 投资规则的差异及其影响分析 [J]. 国际经贸探索, 2017, 33 (12): 86-100.

[27] 杨荣珍, 陈雨. TPP 成员国投资负面清单的比较研究 [J]. 国际商务 (对外经济贸易大学学报), 2017 (6): 76-85.

[28] 尹建丽, 于得水. 关检并联通关的贸易便利化制度研究 [J]. 对外经贸, 2017 (11): 4-7.

[29] 郑蕴. 中国海南自由贸易港投资自由便利制度——兼论《海南自由贸易港法》[J]. 经贸法律评论, 2021 (4): 30-44.

［30］周志忍，蒋敏娟．中国政府跨部门协同机制探析———一个叙事与诊断框架［J］．公共行政评论，2013，6（1）：91-117+170.

［31］周志忍，蒋敏娟．整体政府下的政策协同：理论与发达国家的当代实践［J］．国家行政学院学报，2010（6）：28-33.

［32］Huang C，Amorim C，Spinoglio M，et al. Organization，programme and structure：An analysis of the Chinese innovation policy framework［J］. R&D Management，2004，34（4）.

［33］Shyamalendu Sarkar，Hong Y. Park，Impact of the north American free agreement on the U. S. Trade with Mexico［J］. The International Trade Journal，1994（3）：269-292.

［34］Tadashi Ito. NAFTA and producticity convergence between Mexico and the U. S.［J］. Cuadernos de Economia，2010，47（May）：15-55.

［35］CJM Sepulveda，CGV Dominquez，JF Pfaff，et at. Technology transfer in Mexico：Past patterns and new problems related to the North Americanfreetrade agreement［J］. The International Executive，1993，35（2）：125-146.

［36］UNCTAD. Preserving flexibility in IIAs：The use of reservations［J］. UNCTAD Series on International Investment Policies for Development，2006.

第十二章

数字经济与跨国公司

当前数字技术迭代加速，AI 技术的应用场景也日益丰富，产业数字化、数字产业化不断演进，对于企业全球研发、生产、销售和运营的组织方式产生了重大影响。一方面，数字科技跨国公司不断涌现，数字产业所涌现的跨国公司由于其高度的成长性，其市场价值超过了一些传统行业跨国公司的长期积累；另一方面，传统行业的企业通过数字化转型获得了新的国际竞争力，成长为跨国企业，数字化赋能成为影响全球跨国公司发展的重要因素，也是推动全球贸易和投资发展新动力。

本章聚焦于跨国公司在数字化投资领域的探索与实践，梳理了当前学术界在数字经济与跨国公司研究领域的主要方向与最新进展，阐述了跨国公司在数字产业领域的投资策略、数字化转型的路径、新型商业模式、区位选择策略等议题，比较了不同国家和地区在数字化投资规则体系方面的异同，探讨了数字化投资中反垄断问题以及跨国公司面临的难题，选取 TikTok 和特斯拉作为典型案例，深入剖析了当前数字化跨国投资所面临的主要挑战。

第一节　数字经济发展与跨国公司发展相关研究

一、全球数字经济发展与数字投资政策

数字经济已成为全球经济发展的重要支撑，根据中国信息通信研究院最新发

布的《全球数字经济白皮书》数据显示，2022 年全球 51 个主要经济体的数字经济展现出了强劲的增长态势，其增加值规模已攀升至 41.4 万亿美元的新高，占据 GDP 比重的 46.1%，实现了同比名义上 7.4% 的稳健增长，深刻影响着全球经济结构的转型与升级。但当前全球数字经济发展态势却极不平衡，形成中美欧的三极格局。美国凭借其强大的数字经济实力蝉联世界第一，2021 年数字经济规模已达到 15.3 万亿美元；中国紧随其后，规模为 7.1 万亿美元；欧洲凭借其在数字治理上的领先，确立了与中美两强优势互补的第三极地位。除此之外，发达国家群体在数字经济领域的优势尤为明显，数字经济总规模达到 276 万亿美元，占据了所考察的 47 个国家总量的 72.5%，且这些国家数字经济对 GDP 的贡献率更是高达 55.7%，显著领先于发展中国家的 29.8%①。

在全球经济复苏乏力的背景下，面对数字发展鸿沟，世界各国政府普遍认识到在数字经济浪潮中抢占先机的关键性与紧迫性。为此，各国纷纷将数字技术视为引领未来发展的重要引擎，把数字基础设施建设作为实现创新发展的重要功能，通过激活新应用新业态、强化数字技能、建设数字社会等多元化手段强化数字经济战略布局。此外，各国还相继出台并实施了一系列旨在规范数字直接投资（Digital FDI）的政策措施，通过强化数字化转型相关投资，推动数字技术与实体经济深度融合。全球国际合作与竞争的版图正经历着前所未有的重塑，一方面，国际合作不断深化，各国携手共进，致力于新技术、新市场的联合探索与开发，共同构建互利共赢的全球经济生态。另一方面，随着数字经济的蓬勃发展，国家间的竞争也愈发激烈，特别是在数据跨境流动、本地化数据存储等关键议题上，分歧与争议日益凸显。世界经济论坛对全球技术和数字公司的 310 名投资决策者所做的调查显示，投资者在投资新的数字活动时最关心的三个要素是数据安全法规、保护知识产权的版权保护法、数据隐私法规②。这些争议不仅考验着各国的政策智慧与协调能力，也对跨国公司的全球布局与战略决策提出了更高要求。

在这一背景下，跨国公司作为全球经济的重要参与者，正积极应对挑战，深入探索数字化投资的广阔领域。它们不仅需要精准把握各国针对数字投资所制定的复杂多变的规则体系，还需灵活运用这些规则，以在日益激烈的国际竞争中保

---

① 资料来源：中国信息通信研究院（以下简称信通院）《全球数字经济白皮书（2023 年）》，《全球数字经济白皮书（2022 年）》。

② Matthew Stephenson, "Digital FDI: Policies, Regulations and Measures to Attract FDI in the Digital Economy." World Economic Forum White Paper, September 2020.

持并扩大自身的竞争优势。因此，本章聚焦于跨国公司在数字经济投资领域的探索与实践，深入分析当前国际合作与竞争的新格局，以期通过这一研究，帮助跨国公司更好地适应数字经济时代的挑战与机遇，推动全球数字经济的持续繁荣与发展。

二、数字经济与跨国公司相关研究

数字经济的蓬勃发展正引领全球经济合作与竞争格局发生深刻的变革，这一进程中跨国公司的海外投资策略也面临着重大调整与转型。目前针对数字经济发展与跨国公司投资关系的研究主要聚焦于三个方面。

首先，数字经济对跨国公司投资区位选择的影响。现有研究普遍认同在生产效率层面，数字化能够显著提升国际投资规模（Freund 和 Weinhold，2004），并对全球价值链协作产生深远的影响，数字产业的蓬勃发展通过深化产业链上下游的紧密协作，实现了纵向整合的加速，不仅提升了企业成本加成率，还丰富了国内中间产品的多样性，进而助力企业在全球价值链中占据更为有利的地位（谢申祥和高新锐，2024）。无论是数字经济催生的数字产业，如人工智能、物联网等，还是进行数字化转型的传统行业，它们都优化了产业结构，提高了竞争力。数据资源、数字技术以及基础设施的质量已经跃升为跨国公司进行区位选择时的关键考量因素（易宪容等，2019），对跨国公司的投资决策产生了深远的影响。

其次，数字经济对跨国公司投资效率的影响。数字技术有效降低贸易中的信息壁垒，进而减少搜寻成本和匹配成本，为跨国企业带来了变革，推动全球价值链正逐步实现数字化转型（Chaney，2014）。这种转型不仅缩短了全球价值链的中间环节，还节约了投资时间和成本，也助力跨国公司管理效率提升，并促进了企业的可持续发展（詹晓宁和欧阳永福，2018）。

最后，各国针对数字经济领域的投资政策。Bown 和 Mavroidis（2019）指出，与传统行业的国际投资政策普遍呈现开放态势形成鲜明对比，各国在面对数字经济中的高新技术和数据隐私等领域时，基本上持有一种更为谨慎的态度，主要体现在政策制定和执行过程中，会对这些领域的投资和市场准入往往设置了更为严格的限制和监管措施。Casella 和 Formenti（2018）认为，这些严格的政策限制以及隐蔽的财政和金融动机都可能在一定程度上削弱跨国公司投资的积极性。因此，在制定数字经济领域的国际投资政策时，必须全面而深入地考虑数字化跨国公司在全球治理结构中的复杂性和特殊性。政策的构建应当从数字经济的基本构成要素出发，同时兼顾数据隐私的安全保障、本地化运营的合规要求以及知识产权的严格保护等多重因素。这些考量应被有机地融入数字经济的整体发展战略之中，以确保政策的全面性和有效性（陈维涛和朱柿颖，2019），营造一个数据资源安全有序、开放包容以及公开透明的投资环境，从而为数字经济的健康发展提供有力保障。国际数字投资规则的变化往往反映了市场的发展趋势和监管机构的政策导向，本章将在第三四节重点讨论新时期针对跨国公司的数字投资规则。

第二节　数字经济与跨国公司发展新趋势

一、跨国公司的数字产业投资

（一）数字产业分类

数字经济改变了传统产业框架内的生产要素、生产力和生产关系，并赋予它们新的内涵和活力。它不仅在生产力层面对传统生产要素进行了深度的改造、整合与提升，实现了劳动工具的数字化转型，而且在生产关系层面也催生出了崭新的生产方式。这些变革进而孕育出了数字产品制造业、数字产品服务业、数字技术应用业、数字要素驱动业以及数字化效率提升业等一系列数据密集型产业，极大地促进了资源配置的优化进程，并在此基础上构建起了全新的数字产业体系与经济体系（韩君和高瀛璐，2022）。目前，国内外主要有以下几种对数字产业的界定方式：

OECD 式数字产业分类：OECD 从测量的视角出发，提出了数字经济卫星账户的概念性框架，旨在为数字经济的官方统计提供指导。随后，有学者（如 Ahmad）在这一概念框架的基础上，对数字产业进行了细致的分类，具体包括数字促成产业、数字中介平台产业、电子商务产业、数字内容产业、依赖数字中介平台的数字产业，以及其他数字产业。

BEA 式数字经济产业分类：美国经济分析局（Bureau of Economic Analysis, BEA）于 2018 年首次从互联网与 ICT（信息通信技术）产业的视角出发，将其细化为三大核心组成部分，分类全面覆盖支撑数字经济生态的基础架构、交易模式及内容传播形态。这三大板块分别是：其一，数字基础设施，作为数字经济运行的基石，涵盖了从计算机硬件与软件到通信设备与服务、网络架构、物联网技术及其配套支持服务的广泛范畴；其二，电子商务，聚焦于利用数字技术促进的在线交易活动，涵盖了企业间（B2B）、企业对消费者（B2C）以及个人对个人（P2P）的电子商务模式，这些模式极大地拓宽了市场边界，加速了商品与服务的流通效率；其三，数字媒体，则是指那些能够在数字设备上创作、访问、存储或播放的音频、视频内容及广告广播服务，其进一步细化为直接销售型、免费获取型及基于大数据驱动的媒体形态。

中国信通院式数字经济产业分类：获得国内学术界普遍认可的是中国信息通信研究院在《中国数字经济发展白皮书（2020）》中对数字产业的定义：数字产业化，其核心构成是信息通信产业，扮演着数字经济发展的先导角色。它为数字经济的繁荣提供了必要的技术支撑、产品供给、服务保障以及综合解决方案。数字产业化的范畴广泛，涵盖了但不限于5G通信技术、集成电路设计与制造、软件开发与应用、人工智能技术与服务、大数据处理与分析、云计算服务、区块链技术等一系列先进的技术、产品及服务。张嫚（2002）认为数字产业在产品的成本构成上与传统产业区别较大，数字产业具有系统效应和网络效应的特点。王斌和蔡宏波（2010）认为数字产业本身具有一定程度的复杂性、较高的前沿性以及与其他传统或新兴行业的部分交叉。吴翌琳和王天琪（2021）在其研究中，将数字产业化这一广泛领域细分为四个核心大类，依次为：数字设备制造业，它专注于数字设备的生产与制造；数字产品贸易业，涵盖数字产品的交易与流通；数字技术服务业，涉及数字技术的开发与服务提供；以及数字驱动产业，它对应于利用数字技术推动的生产活动。

（二）世界数字型跨国并购发展历程及现状

UNCTAD将数字科技跨国公司（互联网平台、数字内容、电子商务、数字解决方案跨国企业）以及为互联网及数字经济提供基础设施及硬件的信息通信技术（ICT）跨国公司定义为数字型跨国公司。它们是全球数字经济的掌舵者，也是世界数字型跨国并购的主要参与者，为全球数字经济发展提供了数字化技术和市场化的数字基础设施。

1988年7月美国商务部《浮现中的数字经济》报告的发布，揭开了数字经济的大幕，此后20年间，美国出台了一系列相关政策和法律法规促进数字经济的发展。在早期，关于数字型跨国并购数量不多，直至互联网的兴起，才在资本市场上掀起对数字产业的投资热潮。美国作为数字型并购市场的核心力量，并购交易的数量与规模均呈现稳健增长的态势。自 2013 年起，数字型跨国并购进入快速增长通道，并呈现两大鲜明特征：一是美国企业发起的对外数字型跨国并购的交易数量领先于外资对美国市场的数字并购，这一不对称现象随着时间推移日益明显；二是美国对外的数字型跨国并购的金额小于外资对美国的数字型跨国并购金额。除 2011 年和 2019 年外，外资并购的流入资金远远大于流出资金，2018 年差距一度达到了 2.4 倍。因此，美国既是全球数字型跨国并购的主要投资方，也是全球数字型跨国并购主要目的地。

第四次工业革命的浪潮作为一股强大的催化力量，正深刻地推动着社会经济各领域的"数字化蜕变"。全球对数字产业投资的比重持续上升，2014 年全球信息通信技术（ICT）行业的跨境并购增长率显著超过了全球跨境并购的整体增长率，高出幅度达到了 23.8%。观察 2012~2020 年的数据，可以发现全球 ICT 跨国并购在全球第三产业跨国并购中所占比例始终稳居第二，尤其是在 2015 年，这一比例攀升至 21.1%，同时占全球总跨境并购份额的 15.2%，彰显了其不可忽视的地位①。

2020~2023 年，全球最大的 100 家数字型跨国公司展现出了卓越的业绩，其海外资产比重、海外销售比重以及资产净利润率均实现了持续增长，这一表现与传统跨国公司形成了鲜明的对比。数字型跨国公司无疑成为后疫情时代支撑全球化进程持续前行的最为关键的力量之一。大型跨国平台的发展也带来了垄断和市场公平竞争问题，根据联合国发布的 2019《数字经济报告》，美国在跨国平台领域独占鳌头：谷歌占据全球 90% 以上的搜索引擎市场；脸书是世界上最大的社交媒体平台；亚马逊拥有全球零售市场接近 50% 的份额。美国跨国平台之所以能在全球范围内确立其垄断地位原因有三个：一是美国的国家软硬实力与企业自身的资本实力、技术创新能力相结合，为跨国平台企业创造了巨大的市场优势地位；二是美国跨国平台凭借其数据易获得性优势阻碍了数据要素在全球范围内流动；三是发达国家的跨国平台企业阻碍了数据剩余价值的均衡分配。由于发达国家的跨国平台企业往往处于数据价值链的顶端，处于主导地位，而数据剩余价值创造者的发展中国家通常处于从属地位，导致数据产生的价值和垄断收益流向发达国家。

（三）中国数字型跨国公司近期的突出表现

相较于美国，我国数字经济的起步相对滞后，其发展历程可追溯至 1994 年

---

① 资料来源：UNCTAD CROSS-BORDER MERGERS AND ACQUISITIONS DATABASE.

即我国正式接入国际互联网的标志性年份。21 世纪初期，我国的数字型跨境并购数量寥寥无几，直至 2006 年才首次突破 11 笔。20 世纪 90 年代诸如 eBay、Ya-hoo 等一众代表性的美国互联网企业，开始了跨国互联网巨头对中国市场的布局和早期渗透，为中国本土互联网生态的孕育与繁荣铺设了市场基石。在这些外来市场力量的激励与示范下，中国本土互联网企业通过商业模式的模仿和本土化得到迅速发展，其中百度、阿里巴巴、腾讯（以下简称 BAT）尤为突出，它们不仅成功顶住了国际竞争的压力，更在各自的领域内深耕细作，把互联网技术文化与本土市场有效融合，引领了中国互联网行业的飞速发展，开创了一个被业界广泛认可的"BAT 时代"。这不仅是中国互联网产业从跟随到引领的重要转折点，也是全球互联网经济格局中中国企业崛起的鲜明例证。

2013 年以后，随着 4G 通信基础设施建设的日益完善与移动互联网技术的迅猛飞跃，中国的数字经济发展迎来了前所未有的指数级增长，在过去的十年中我国电子商务行业快速发展与迭代升级，根据艾瑞咨询最新发布的《中国电子商务市场年度洞察报告（2023 年版）》，2023 年我国实物商品的网络零售交易规模已跃升至惊人的 13.0 万亿元人民币，实现了 8.4% 的稳健增长。不仅在国内市场实现了深度渗透与广泛覆盖，还驱动了对外数字型跨境并购活动的持续升温，我国企业纷纷把握全球数字经济浪潮的机遇，以字节跳动、拼多多等为代表的新的大型互联网企业快速崛起，它们通过跨境并购的方式加速布局海外市场，寻求技术、资源与市场份额的国际化拓展。

中国电子商务领域的快速发展也推动了电子商务技术和创新能力提升，近年来视频直播带货模式成为一种具有国际影响力的商业模式。抖音、拼多多分别把在中国本土所具备的组织管理和技术优势衍生到国际市场和阿里巴巴开设速卖通国际跨境电商平台，面向传统互联网不同客户，抖音海外版（TIKTOK）、拼多多海外版"Temu"和希音（SHEIN）面向的是移动互联网客户，它们开始挑战亚马逊等传统的国际平台，加速了中国企业品牌走出去。对成立仅两年的 Temu 取得如此成绩实属不易，随着 Temu 的快速发展，其对拼多多的重要性与日俱增。据汇丰调查报告估算，2023 年 Temu 为拼多多贡献总收入的 23%，预计 2024 年升至 43%，2025 年超过 50%。中国的跨境电商"独角兽"SHEIN2020 年创造了 250% 的收入增速，而随着全球消费疲软，2021 年其收入增速缩水至 60% 左右，到 2022 年更是下滑至不到 50%。2023 年，SHEIN 实现约 40% 的收入增速、达到 322 亿美元，超过快时尚巨头 Zara 和 H&M，净利润也大约翻倍至 16 亿美元、对应约5%的净利润率，目前SHEIN正寻求在美国上市。

二、跨国公司的数字化转型国内外背景

除对数字产业进行并购投资外，数字化转型也是目前跨国公司发展的主要趋势。数字化转型是指数字技术和传统产业生产模式相融合，以数据要素驱动业务流程和优化生产技术的过程，由此带来生产效率的提升。中国信息通信研究院对产业数字化进行了较为详细的阐述，内容不仅涵盖了工业互联网、两化深度融合等战略方向，还涉及智能制造、车联网等前沿技术的应用，同时囊括了平台经济等融合型新产业、新模式与新业态。

（一）我国的两化融合奠定企业数字化转型基础

党的"十七大"报告正式提出"两化融合"的概念，两化融合指的是在新型工业化过程中使信息化和工业化相结合，并且利用信息化带动工业化，利用工业化促进信息化。迄今为止，关于两化融合（工业化与信息化深度融合）的研究已广泛覆盖宏观、中观及微观等多个维度。在宏观层面上，Acemoglu 和 Restrepo（2016）认为现代信息技术的广泛应用显著提升了生产过程的投入产出效率，而 Graetz 和 Michaels（2017）则进一步强调了这一趋势在促进经济增长中的核心地位。谢康等（2021）确认两化融合对经济增长效率具有明确且即时的正面效应，是驱动经济持续增长的关键力量之一。在中观层面上，韩先锋等（2014）认为信息化对工业部门的技术创新效率产生了深远影响，不仅作为新兴动力源泉，推动了技术创新活动的蓬勃发展。在微观层面上，张龙鹏和周立群（2016）的研究表明，生产制造流程与信息化的深度融合显著增强了企业流程创新的投入意愿。企业通过整合信息技术资源，优化了生产流程，进而提升了新产品产值。工业数字化转型实际上是两化融合的升级版，企业的信息化为数字化转型和国际竞争力的持续提升提供了基础，离开了工业化和信息化融合阶段，企业很难直接跨越到数字化阶段。

（二）数字经济发展带动跨国公司企业数字化转型

中国信息通信研究院的《中国数字经济发展白皮书（2020）》表明产业数字化持续成为数字经济发展的主引擎，占数字经济比重为85.3%。这意味着，跨国公司也正逐步将工业化和信息化相融合，享受数字技术带来的生产数量和效率提升的红利。推动企业组织与云计算、大数据、人工智能等新一代数字技术的融合，实现实体经济企业从以"技术为中心"向"以数据为中心"转变，实现全

要素、全产业链和全价值链的链接（杨新臣，2021）。

（三）工业互联网对跨国企业数字化转型的影响①

工业互联网的概念是 2012 年美国通用电气公司在《工业互联网：突破智慧和机器的界限》白皮书中首先提出的。通用公司对工业互联网的定义强调它能够实现智能机器间的互联互通，促成人机深度融合。工业互联网被视为工业革命与网络革命两大历史进程的深度融合与优势整合体。它将工业革命所取得的显著成果，包括各类机器、机组以及物理网络，与近年来互联网革命的创新成果，如智能设备、智能网络以及智能决策能力进行了全面的融合。工业互联网的核心涵盖了三种关键要素：首先是智能机器，作为技术革新的物理基础；其次是高级分析技术，它提供了数据处理与决策支持的能力；最后是作为工业互联网运行与应用中不可或缺的人力资源，发挥着关键的作用（延建林和孔德婧，2015）。

跨国公司可以通过工业互联网将制造业和数字经济相融合，推动工业数据的高效传输，实现智能化生产，提高服务效率，这是发展先进制造业的关键（Wollschlaeger et al.，2017）。从组织架构来看，工业互联网又可以推动跨国公司将生产销售链与终端客户链高效连接，生产组织协调运转，提升企业的整体实力和竞争力。从技术创新来看，跨国公司利用工业互联网，赋予产品更高的技术含量，提高企业的技术创新能力（Kiel，Arnold and Voigt，2017）。

三、数字经济发展与跨国公司商业模式

数字经济背景下的跨国公司可以大致分为数字型跨国公司（Digital MNEs）和数字化转型的传统行业跨国公司。

（一）数字型跨国公司的商业模式

数字型跨国公司的范畴广泛，涵盖了以互联网平台为核心的企业，界定数字型跨国公司的核心标准在于其业务与数字发展的紧密度，包括如 Facebook 通过虚拟空间的广泛连接促进全球交流；还包括了 Amazon 这样实现电商数字运营与

① 以德国西门子公司的 MindSphere 系统为例，MindSphere 是 2016 年西门子推出的一种基于云的开放式工业互联网操作系统，它可将产品、工厂、系统和机器设备连接在一起，使该品牌在全球任何一个工厂都能进行实时共享，并且通过高级分析功能来驾驭物联网（IoT）产生的海量数据，以实现产品质量统一。从业务上来看，西门子实际上就是通过组织架构的调整，将工业软件业务与工厂自动化、运动控制、过程自动化和客户服务等西门子传统的工业硬件业务，放到了"数字化工厂集团"部门——真正让西门子有机会将所有这些传统硬件、软件进行融合，从而为企业用户提供整套"数字化"解决方案。借助 MindSphere 的开放式平台服务（PaaS）功能，开放式合作伙伴生态系统还能够不断开发并提供工业应用，实现创新。

实体物流网络运营无缝对接的混合型企业；此外，还有如 NTT 这样为数字经济提供坚实支撑的信息通信技术（ICT）跨国公司，专注于数字技术研发。数字型跨国公司的商业模式特征主要有：

（1）轻有形，重无形。互联网平台和数字解决方案提供商几乎完全在虚拟环境中运营，在国外市场的有形资产几乎仅限于公司办公室和数据中心；数字运营和实体运营相结合的混合型跨国公司在海外的有形资产也较少，它们通常依赖于在世界各地的分销中心，尽管商业活动在线上进行，但是仍然需要实体物流的支持；ICT 行业跨国公司轻资产特征最不明显，往往需要以卫星电视等传统方式接触到海外市场，需要对实体公司进行绿地投资和跨国并购，具有较高的海外市场资产份额。数字型跨国公司所处的行业就决定了数字型跨国公司拥有的无形资产较多，数字型跨国公司的平均市场资本化程度远高于其他行业的跨国公司，其原因是拥有诸如品牌、专利技术等价值极高的知识产权无形资产。

（2）以跨国并购为主要扩张形式。与传统制造业跨国公司不同的是，数字型跨国公司进行海外投资的形式大多采用跨国并购而非绿地投资。除少数电商跨国公司需要在海外拥有自己的物流支持设施外，大部分数字型跨国公司的扩张形式都与竞争对手收购相关。

（二）传统行业跨国公司的产业数字化模式

从产业链的角度来看，传统行业的跨国公司主要通过研发数字化、生产数字化、消费数字化、协同数字化进行数字化改革。

（1）研发数字化。研发数字化就是利用数字化手段及时对消费者数据进行采集、分析、管理，更准确快速地应对市场变化，甚至让消费者直接参与到研发环节中，由过去封闭缓慢式研发转向开放迅速型研发。

（2）生产数字化。在利用大数据分析等数字手段了解和定位用户群体的需求以后，跨国企业还通过相应的数字技术实现生产要素的智能化配置从而降低生产成本、满足多品种混线生产的要求。

（3）消费数字化。传统消费环节下，客户和跨国公司往往通过中间渠道进行匹配，信息不对称问题会限制企业在市场和利润上的扩展，增加交易双方的时间与经济成本。而数字技术在消费环节的使用减少了中间环节，便于跨国公司直接与客户沟通，降低了交易成本和时间，使得跨国公司能够更好地理解消费者的需求和偏好，提供个性化的产品推荐和服务。

（4）协同数字化。公司内部部门之间、上下游供应链之间、母公司与子公司的数据共享和管理决策效率的提升。

四、地区数字化发展与跨国公司的区位选择

邓宁（Dunning）的国际生产折衷理论指出，东道国的所有权优势、内部化优势和区位优势是跨国企业对外直接投资的基础，数字化的发展在东道国的劳动生产率提升、有效降低企业的交易成本等方面都产生了重大影响，这些都改变了跨国公司的国际化进程。因此，重新分析新时期数字化发展是否对东道国的所有权优势、内部化优势和区位优势产生了新的影响是必然的。

（1）技术因素在跨国公司进行区位选择时的重要性正日益凸显。首先，跨国公司在东道国进行投资时，往往面临着来自制度、文化习俗等方面的信息壁垒以及高额的信息成本，数字技术的天然数字化能力能够很好地帮助跨国公司实现资源共享，从而解决这些问题。其次，数字技术贯穿了跨国公司生产制造和管理经营整个流程，数字技术已成为推动跨国公司发展的重要动力。生产制造上，数字技术代替了传统的生产制造技术，提高了全要素生产率；管理经营上，跨国公司利用遍布全球的互联网和通信设施，无须支付过多成本即可对子公司轻松实现跨境运营管理和组织协调。最后，母国产业通过吸收并转化来自东道国的先进技术，加速自身技术迭代与升级，在整个经济体系中形成技术进步的良性循环。

（2）资源和市场的概念被重新定义。在传统跨国并购理论中，东道国的市场、劳动力、自然资源等要素禀赋决定了跨国公司是否投资，数字化的发展使得数字基础设施、数字型人才、数字技术成为东道国的新要素禀赋，扩大了跨国并购理论的资源范围；数字产业、数字市场是跨国公司经营收益的来源以及保持核心竞争力的关键，成为跨国公司进行海外投资的重点考察因素，扩大跨国并购理论的市场定义。

（3）数字政策和数字治理成为衡量成本的新标准。基于地理位置而产生的生产和管理成本逐渐降低，子公司的数字化生产线是由一系列程序代码构成，具有高度可复制性、可拓展性，极大地降低了企业的可变成本。跨国公司的母公司在对子公司进行监管时，以电子方式获得数据要素为运营方案提供支持，以低成本实现远程协作。因此，数据要素和数据安全日益成为世界关注的重点，已经有许多国家基于数据主权、数字市场的安全出台了相应的法律法规，对 FDI 进行了严格的专项整治。这些都增加了跨国公司利用数字化布局全球的成本和难度，尤其是对于平台企业而言，在信息共享方面会受到更多的制约。因此，基于东道国

的数字政策和数字治理所带来的数字市场进入和数据要素流通成本得到跨国公司的重视，成本的内涵加入新的标准。

第三节　跨国企业的数字投资规则国际比较

一、对数据产权的规定

（一）数据产权的特征

（1）跨地域性。传统知识产权其法律效力的地域限制是明确且严格的，通常仅限于授予或确认权利的国家边界之内。这一传统框架在数字经济的浪潮中遭遇了挑战。随着数据跨境流动的加剧，数字产品的生产、流通和使用不再受地理界限的束缚，它们在全球范围内自由穿梭，推动了数字贸易的蓬勃发展。在此背景下，数字产权的地域属性逐渐淡化，传统意义上的"侵权行为地"等概念在网络空间的虚拟环境下显得愈发模糊且难以界定。这一转变不仅挑战了传统的地域管辖原则，还凸显了数据权属界定及数据要素市场培育在全球数字经济发展中的重要性。

（2）复杂性。数据产权的界定过程中，数据的法律属性成为不可回避的核心议题。学术界对于数据的法律属性展开了广泛而深入的争论，形成了包括人格权、财产权、知识产权、新兴财产权乃至复合权利在内的多元观点体系。这一争论不仅揭示了数据产权问题的复杂性和多维度特性，也凸显了构建和完善数据权属制度的迫切性与挑战性，数据产权的界定是一个涉及多方主体、跨越多重法律关系的复杂系统工程。

（3）财产属性。在广泛的经济活动领域，数据资源的获取与控制已成为一种普遍现象，其途径多样，涵盖生产、采集、加工及购买等各个环节。更为重要的是，通过出让数据资源、提供数据加工服务或依托数据开展相关业务，数据处理者能够直接获得经济利益，这进一步强化了数据作为财产属性的认知。基于此，部分学者及国家主张数据应被赋予明确的财产权属性，通过构建系统的数据财产权制度，全面保护数据处理者在数据活动中的合法劳动成果。

（二）各国对数据产权的规定

关于数据产权的归属问题，美国长期沿袭传统财产权模式，倾向于通过合同法与竞争法的框架来界定并保障商业活动中各主体对数据资源的权益。具体而言，美国更为聚焦于数据的控制权以及个人数据保护层面，而非单纯的数据所有权归属。这一立场在 2018 年颁布的澄清合法海外使用境外数据法（CLOUD 法案）中得到了淋漓尽致的体现，该法案确立了"数据控制者模式"，标志着美国从传统的"数据存储地模式"中彻底转型，凸显了对数据控制权的高度重视。

欧洲在数据产权领域的研究进程，鲜明地展现了其从传统的数据所有权（Data Ownership）向数据生产者权（Data Producer's Right）这一新型数据产权理念的深刻转变，这一变化不仅标志着欧洲对数据产权认知的持续深化与明晰，也反映了其适应数字经济时代要求的积极探索。从概念层面深入剖析，欧洲所关注的数据产权体系，其核心在于赋予设备所有者或长期使用者（如承租人）以基于收集、分析及处理等非个人数据操作所衍生的权利，它包括但不限于数据的使用权及许可他人使用权，同时也涵盖了防止未经授权的数据访问与获取的保护机制。尤为值得注意的是，当数据涉及交通管理、环境治理等关乎公共利益的领域时，数据生产者权利的行使将受到一定限制，以确保数据资源的公共性与可访问性，从而最大化地服务于社会整体福祉。

我国目前实行"不定名分，先利源流，没有产权制度也能促进数据流通"模式，处于探索数据产权结构性分置制度中。2022 年 12 月 19 日《中共中央　国务院关于构建数据基础制度更好发挥数据要素作用的意见》（以下简称"数据二十条"）对外发布，从数据产权、流通交易、收益分配、安全治理等方面构建数据基础制度，提出 20 条政策举措。提出分别界定数据生产、流通、使用过程中各参与方享有的合法权利，建立数据资源持有权、数据加工使用权、数据产品经营权等"三权分置"的产权运行机制。在依法依规前提下，通过合同、协议等方式，数据持有者有权利授权数据处理者进行加工、开发、使用，形成数据产品和服务。通过对数据处理者行为进行合理限定，使数据处理者明确持有数据的使用界限，对于能用的数据大胆用，释放数据应用价值。《数据二十条》根据大多数专家学者的意见，没有使用数据所有权的提法，为今后数据开发应用开辟了新途径。

（三）跨国公司数字产权归属问题

数字经济时代，数据产权除一般的消费者和生产者的所有权争议外，跨国公司的跨国经营使得东道国子公司的数据产权往往涉及国家安全等敏感话题。那么如何界定母公司对于海外子公司的数字资产的产权变成关系到跨国公司跨国投资的决策一个非常重要的问题。

二、数据跨境流动的内涵特征与制度监管

数据跨境流动成为关系到各国政治、经济、社会的核心问题，各国基于本国国情针对性地开展跨境数据流动双边和多边合作、探索多样化的数据跨境流动机制。

（一）数据跨境流动的内涵特征

（1）数据跨境流动的内涵。数据跨境流动的概念，其滥觞可追溯至 1980 年经济合作与发展组织（OECD）发布的"个人数据的隐私保护与跨境流动指南"（*Guidelines on the Protection of Privacy and Transborder Flows of Personal Data*），彼时，该概念尚局限于个体层面的数据跨国界传输。随着信息技术的飞速发展，特别是云计算技术的崛起，数据处理的边界被彻底打破，个人数据与非个人数据均以前所未有的规模涌入云端，实现了跨地域的高效存储与处理，数据跨境流动的频率与复杂度随之急剧上升。这一变革促使各国政府纷纷出台数据跨境流动领域监管措施，促使数据跨境流动的概念在实践与理论中不断发展。尽管数据跨境流动已成为全球数字经济不可或缺的一部分，但在国际层面，尚未形成一套被广泛接受且具有普遍约束力的统一定义。联合国跨国公司中心对其定义的核心在于数据跨越国界的行为，以及这些数据如何在计算机系统中以机器可读的形式被处理、存储及检索。这一界定不仅精准地勾勒了数据跨境流动的空间特征，还深入剖析了其背后的技术支撑与操作流程，为国际社会在理解、评估及规制数据跨境流动方面提供了宝贵的参考框架和理论依据。法国认为对数据库的远程访问也是数据跨境流动，"从欧洲以外的地区对数据的任何远程访问都被视为跨境传输"；澳大利亚在联邦个人隐私原则中的定义是机构向海外组织或信息主体以外的某人传送信息应该受到一定的制约。

数据跨境流动可以分为数据的跨境流入和流出。跨境流入的主要原因：一是东道国企业向境外提供产品或者服务时的数据回流需求；二是跨国公司向东道国输出以数据为载体的产品或服务，如 Wind 数据库；三是东道国政府出于司法目的调取境外数据，如打击跨境违法犯罪。跨境流出的主要原因：一是跨国子公司将在东道国经营时产生的数据传输给母国；二是企业向境外提供基于本国信息而

产生的服务；三是东道国政府出于协助他国司法目的提供本国数据。

从数据使用的具体模式出发，可以将数据跨境流动划分为基于跨境业务活动的数据流动，以及基于非跨境业务的纯数据跨境流动（朱扬勇和熊贇，2021）。第一类数据跨境流动通常是日常性的且规模较小，其历史可追溯至20世纪60年代末的EDI（电子数据交换）电子商务时代，甚至在互联网普及之前就已存在。而第二类数据跨境流动则是非日常性的，且往往涉及大规模的数据传输。需要注意的是，第二类数据跨境流动有可能被伪装成第一类数据跨境流动，从而增加了监管与识别的复杂性。

（2）数据跨境流动的特征。首先是其来源与结构的多元性上，包括但不限于文本、图形、音频、视频等多种形式，这种多样性为数据的处理与分析提供了广阔的空间。其次是非竞争性和非排他性，即同一数据资源能够被多个主体同时访问和使用，且彼此间的使用互不干扰，这一特性极大地促进了数据的共享与复用。再次数据的价值高度依赖于具体的应用场景，不同的使用目的和环境能够激发出数据截然不同的潜在价值，这要求在利用数据时需充分考虑其适用性和针对性。此外，数据具备高度的流动性，得益于先进的网络通信技术，数据能够实现即时的传输与共享，且这一过程的边际成本几乎可以忽略不计。最后数据还具有显著的时效性，其价值随着时间的推移而迅速衰减。

（二）数据跨境流动的制度监管

数据跨境流动在带来巨大的经济利益的同时还会增加风险和成本。一是不完善或缺乏数据监管制度会直接导致数据输出国经济损失，这是因为数据跨境往往是无偿的，交易制度缺乏或者不完善会使得输出国无法从中获益；二是不完善或缺乏数据监管制度会间接导致经济损失，不完善或缺乏数据监管制度的国家往往是数字经济不发达的国家，需要依靠发达国家帮助完成数字产业的发展，在数据价值产业链中处于数据输出国低端位置，数据市场的不平等地位会减少本国收益；三是不完善或缺乏数据监管制度会产生消费者隐私保护、数据保护等问题。

（1）对数据跨境流动的监管范围：美国、英国、俄罗斯和新加坡四国将数据主体、数据控制者和数据监管者划分为监管对象；德国和法国和以上四国不同，它们将数据处理者也划分到监管范围内。

（2）监管地范围：在数据跨境流动的监管体系中，大多数国家采取了超越传统领土边界的广泛视角，确保监管效力不受物理位置限制。以俄罗斯为例，其数据保护政策展现了高度的灵活性与适应性，即便数据中心不设立在本国境内，只要涉及俄罗斯公民的个人数据传输，相关政策依旧适用，体现了数据保护与公民权益的跨国界考量。

（3）监管对象：在全球数据跨境流动的监管框架内，各国普遍将涉及数据全生命周期管理的各类控制者纳入监管范畴，这涵盖了数据的收集、存储、处理及利用等各个环节。具体而言，无论是企业机构还是其他组织，只要其参与了上述数据活动，均需接受相应的监管措施。值得注意的是，欧盟与新加坡等国家和地区在监管实践中，也体现出了一定的灵活性与人性化考量，明确规定了某些特定情境下的数据控制者可免于监管，如纯粹的个人行为或家庭内部的数据处理活动，这些例外情形在确保数据监管全面性的同时，也为个人隐私保留了合理的空间。

（4）需监管 VS 不需监管：各国普遍强调对数据全生命周期的全面监管，它涵盖了从数据的收集、记录、组织、积累、存储到变更（包括更新与修改）、检索、恢复、使用、转让（如传播与提供接入），乃至脱敏、删除、销毁等一系列行为。这一全面性的监管策略旨在确保数据活动的合规性与安全性。不同国家和地区也根据各自国情与法律规定，设定了相应的例外豁免情形。

对数据跨境流动监管的方式主要有以下五种（石中金和刘高峰，2022）：

（1）数据本土化。如俄罗斯、印度、越南等国家对数据的安全治理采用"防守型"战略。俄罗斯政府已针对数据本土化实施了一项严格的法规，该法规明确要求所有涉及俄罗斯公民个人数据收集与处理的实体，必须采用位于俄罗斯境内的数据中心作为其数据处理的基础设施。此举旨在确保俄罗斯公民的个人信息得到更加严密的安全保障与合规管理，防止数据在跨国传输过程中可能遭遇的风险与泄露。

（2）境外调取。欧盟的《电子证据跨境调取提案》规定当局可以要求为欧盟境内服务提供商提交数字证据。

（3）出口管制。美国规定只有在取得商务部产业与安全局的许可后，企业方可将受管制的技术数据传输到境外。

（4）外国直接投资审查。美国实施的《外国投资风险审查现代化法案》（Foreign Investment Risk Review Modernization Act of 2018，FIRRMA）显著拓宽了外资审查的范围，特别是将那些涉及收集或存储美国公民敏感个人数据的非控制性、非被动性投资活动也纳入了审查的视野①。

（5）境外上市审查。我国针对数据安全与隐私保护领域的规定明确要求，任何服务提供商，若其掌握的用户数据信息量超过百万级别，均需在寻求境外上市之前，率先通过国家网络安全审查的严格把关。

（三）数据跨境流动的管理制度

充分性决定制度：欧盟在 2016 年通过《一般数据保护条例》（General Data Protection Regulation，GDPR），该条例具有里程碑意义，不仅在欧盟内部构建起了一套严格的数据保护框架，还针对个人数据的跨境流动制定了详尽的规则体系。其中，最为核心的是确立了以"个人数据跨境流动充分性决定制度"为主体的跨境数据流动机制。这一制度要求，任何向欧盟境内传输个人数据的国家或地区，都必须经过欧盟的评估，被认定为能够提供与欧盟相当水平的数据保护，方可被认定为"充分性"，从而允许数据的自由流动。

APEC 跨境隐私规则体系：该规则体系由 2011 年 APEC 提出，APEC 跨境隐私规则的出发点是确保个人数据在互联网和移动应用等各种情况下得到妥善处理和保护。

促进和规范数据跨境流动规定：国务院网络信息办公室于 2024 年 3 月发布并正式实施《促进和规范数据跨境流动规定》，该规定通过设立一系列详细且严谨的准则，着重明确了重要数据出境的安全评估申报标准。另外，为了平衡数据安全与数据流动的效率，规定详细列出了可免于直接申报出境安全评估的特定条件。为响应国际贸易与数字经济发展的需求，该规定还创新性地引入了自由贸易试验区内的数据跨境负面清单制度。此外，随着技术的快速发展与国际环境的变化，该规定还预留了政策调整的空间，明确了应适时更新和调整数据出境活动条件的原则。为了减轻企业的行政负担并提升数据出境的便捷性，该规定还创新性地提出了延长数据出境安全评估结果有效期的措施。

---

① 将敏感个人数据分为两类："基因测试"和"可识别数据"。"基因测试"（Genetic Tests）是指自然人的基因测试结果，包括所有相关的基因测序数据，只要该结果属于可识别数据。基因测试结果不包括定期提供给私人机构用作研究的，由美国政府数据库所衍生的数据。"可识别数据"（Identifiable Data）是可以用来辨别或追踪一个人的身份信息的数据并满足以下要求：第一，"可识别数据"应属于法规列出的十种数据类别之一；主要包括个人财务相关数据、个人信用评分和/或债务相关数据、定位及地理位置数据等，完整信息请参见本文附件；第二，"可识别数据"应属于由美国企业在三种限定条件下维护或收集的数据：（a）针对某些特定敏感人群，如美国军人和联邦机构雇员，而特别定制的产品或服务；（b）数据量至少达到一百万人；（c）该美国企业以数据量达到一百万人为其商业目标并且此类数据是该企业的主要产品或服务的组成部分。

（四）数据跨境流动的制度特征

（1）多样化。由于不同国家面临的数据风险不同，各国都依据本国的情况明确针对不同数据给予不同类型的保护。如美国提出联邦层面的《国家生物识别信息隐私法案》，为企业生物识别数据使用树立规范；韩国在医疗数据保护方面有着严格的法律法规，如《个人信息保护法》等，这些法律为信息处理者提供了在收集、处理、存储和传输个人医疗信息时必须遵守的基本框架。

（2）严格化。在当今全球数字化转型的浪潮中，数据已经跃升为国家安全与国际竞争力不可或缺的核心要素。各国对于数据安全的认知已深刻转变，不再仅局限于个人隐私的传统保护范畴，而是将其提升至关乎国家整体安全战略的高度。英国政府发布了《国家数据战略蓝图》，精心构建了一个多层次、全方位的数据安全治理体系，旨在从国家层面强化数据安全保障，确保关键数据资产免受威胁。欧盟委员会也展现出了对数据治理的高度重视，推出了《欧洲数据战略愿景》及其配套的法律提案《数据治理法规草案》，通过在欧盟范围内构建一套统一且高效的数据治理框架，平衡数据自由流动与严格安全保护之间的关系，确保数据在促进经济发展的同时，也能充分尊重个人隐私，并维护欧洲在全球数据治理领域的领导地位。

三、对数据本地化存储的规定

数据本地化存储策略被主权国家视为捍卫数据主权、确保国家安全的关键防线。它要求在本国境内运营的包括外资企业在内的所有企业，在收集、处理及存储与个人信息、关键基础设施运行及国家安全密切相关的数据时，必须遵守一项核心原则：敏感数据必须被安全地存储在主权国家领土内的服务器上。旨在减少数据跨境传输可能带来的安全风险，避免敏感信息泄露至不受监管的外部环境，有助于国家相关机构对数据进行及时、有效的监管与审查。

基于规制结构的维度，数据本地化措施可以大致划分为原则性规定与例外性规定两大类别。具体而言，禁止数据跨境流动、要求在本地进行数据储存与处理等措施，构成了数据本地化规制的基本原则框架。相比之下，数据跨境传输需事先获得数据主体的明确同意或经过规制机构的正式许可，则被视为这一原则框架下的例外情形。

当数据跨越国家管辖的边境进行流动时，一国的技术发展水平、产业状况以及面临的安全威胁程度，会成为影响其数据跨境流动策略的关键因素。具体而言，若一国拥有较高的技术发展水平、产业发达且安全威胁相对不那么紧迫，那么该国更倾向于采取鼓励数据跨境流动的策略。相反，若一国的技术发展水平较低、产业不发达且面临紧迫的安全威胁，那么该国则更可能采取紧缩的数据跨境流动策略，具体表现为数据本地化措施的实施。通常，对于那些已经具备了一定规模的 ICT 产业且正处于快速发展阶段的国家而言，基于其产业和技术发展的需求，以及对于国家安全的考量，这些国家往往更倾向于做出数据本地化的策略选择（刘金河和崔保国，2020）。

国际经合组织在报告《数据本地化趋势和挑战：基于隐私指南的考量》（*DataLocalization Trends and Challenges：Considerationsfor the Review of the Privacy Guidelines*）中强调，数据本地化立法的多维度动因体系深刻反映了当代社会对数据安全、隐私保护及国家竞争力的全面考量。这一立法趋势的根源，可详细剖析为以下八个相辅相成的方面：一是数据本地化旨在构建稳固的网络安全防线；二是防范外部网络间谍渗透成为立法的紧迫任务；三是立法强化了执法与国家安全机构的数据获取能力，减少网络犯罪并助力其侦查工作也是立法的核心目标之一，体现了对个人数据隐私权的尊重与保护；四是减少网络犯罪并服务于其侦查；五是保护个人数据；六是立法着眼于提升网络事件的应急响应与处置能力；七是数据本地化立法是国家地缘政治战略的重要组成部分；八是立法还确保了政府对于特定类型数据的必要获取能力。

四、数字产品内容的跨境自由传输

《美国—智利自由贸易协定》给出了数字产品的具体定义：数字产品首先需以数字形式进行编码，其次应具备可通过电子方式传输的特性，其类型广泛涵盖计算机程序、文本、视频、图像以及录音等多种形态。相比之下，世界贸易组织（WTO）目前尚未对数字产品给出一个清晰明确的界定，而是采用了举例的方式对其进行分类说明。WTO 所提及的数字产品包括信息、电影、音乐、计算机软件以及其他视听娱乐产品的数据形式，同时强调所有这类数字产品均需通过电子或网络方式进行传输与交付。

（一）数字产品的属性

随着数字贸易的发展，数字贸易的对象范围也在不断扩展，实体产品由货物贸易规则规定，数字服务受服务贸易规则的监管。由于数字产品兼具货物与服务的属性，对数字产品的定性是判定非歧视待遇的前提，需要先根据产品分类，然后和同类产品进行比较，在判断是否被给予了非歧视待遇。如若不对数字产品性质进行明确判定，则接受非歧视待遇将会缺少依据。

1. 数字产品的货物属性

在数字化时代，数字产品虽然依托于光盘、U盘等实体介质，依旧可被视为传统意义上的有形货物之一种，但其本质特性却远远超越了这些物理载体的局限。相较于传统货物，数字产品在原产地的判定上展现出了特有的复杂性与多元性，不仅融合了传统的"货物生产地"标准，还创新性地引入了"生产者国籍"这一新的维度。以 CPTPP（全面与进步跨太平洋伙伴关系协定）第 14.4 条的具体规定为例，该条款明确了当数字产品在任一缔约国领域内完成了创作、制作、发布、签约、委托或以商业形式首次投放市场，抑或其创作者、表演者、制造商、开发者及权利持有人的国籍归属于某一缔约国时，该数字产品即被赋予了在协定框架下的非歧视性待遇资格。这一原产地认定机制的革新，相较于传统货物贸易中原产地规则的单一性与明确性，显著地拓宽了认定范畴。它不仅首次将"生产者国籍"作为判定要素纳入考量，还摒弃了以往对缔约国内增值比例的具体量化要求，从而极大地增加了那些可能被视为"源自"某一缔约国的数字产品的多样性和灵活性。对于在数字产业领域具有领先地位的国家而言，这一变化意味着其国内的数字企业能够更加灵活地运用全球资源配置与产业链布局策略，即便是在非缔约国的分支机构或子公司所产出的数字产品，也能依据此条款享受到非歧视性待遇的诸多益处，进而在国际市场中获得更为广阔的发展空间与竞争优势（赵海乐，2023）。

2. 数字产品的服务属性

欧盟、澳大利亚以及许多发展中国家认为数字产品属于服务，因为数字产品一是满足无形化特点，二是数字产品包括了大量的经济活动和服务，许多服务的跨境提供是通过数字形式传输的。由于数字产品的属性尚未得到统一的确认，美国 FTAs 对数字产品的非歧视待遇问题模糊处理，逐步发展出一种包含无条件的国民待遇与最惠国待遇的非歧视待遇模式，尽管这种模式虽然吸收了服务贸易与知识产权保护部分的，但还是更倾向于数字产品的货物贸易属性。

（二）数字产品的非歧视待遇

在探讨数字产品相关法规的核心要素时，非歧视待遇原则无疑占据了举足轻重的地位。这一原则最初由美国在《美墨加自由贸易协定》中率先提出，随后 CPTPP（全面与进步跨太平洋伙伴关系协定）以及《数字经济伙伴关系协定》

等国际协议相继对该原则进行了丰富与拓展，推动了全球范围内数字产品市场准入条件的统一与规范。鉴于美国贸易规则在塑造数字产品非歧视待遇原则方面所发挥的引领作用，各国际条约在构建相关规则体系时，普遍采纳了以美式模板为基础的框架。美式数字产品非歧视待遇特点有：

（1）广泛而深远的适用性。该原则不仅直接惠及数字产品本身，确保其在市场竞争中不受歧视，同时也将数字产品的提供者纳入保护范畴。它确保了数字产品提供者在全球范围内，能够享受到不低于任何其他 WTO 成员给予的最优惠待遇，这种待遇的普遍性与无条件性，为数字产品跨国流动提供了坚实的法律保障。而国民待遇原则，则进一步要求数字产品提供者在东道国市场上，能够享受到与本国同类产品提供者相同的竞争条件与市场机会。

（2）鉴于数字产品易于被复制、修改、传播，美国数字产品非歧视待遇原则还参考了知识产权的邻接权体系。

（3）采用负面清单模式。除了直接在非歧视待遇原则中进行规定外，还通过负面清单模式和例外条款进行补充说明，完善数字产品非歧视待遇的规制框架。

第四节　对数字化投资的反垄断审查与跨国投资的挑战

一、数字垄断的危害

（一）数字垄断及其危害

随着大数据时代的到来，大型跨国公司利用数字经济大量汇聚数据、控制算法，同时单方制定和执行交易规则，由此形成的垄断行为具有许多不同于传统领域的特点，"二选一"、自我优待、差别待遇、个性化定价歧视与扼杀性并购策略，正悄然兴起并展现出其隐蔽性、复杂性与高频性的特点。这些行为不仅侵蚀了市场竞争的基石，还侵害了消费者的合法权益，进一步阻碍了创新与可持续发展的进程。引发了社会各界对数字经济反垄断监管的担忧。数字平台、掌握大量数据的企业具有强大的技术、资本、数据聚集效应，承担起新发展阶段社会财富的创造和分配职责，关系到社会财富增加、社会福利提高和社会公平分配。

（二）数字化投资反垄断面临的难题

1. 对跨国公司是否支持垄断存在争议

数据要素是数字经济深入发展的核心引擎，虽然数据资源在跨国公司数字化投资中发挥的作用不言而喻，但是大企业对于数字资源的独占是否就是垄断还有不少争议。

一种观念认为，大数据具有非竞争性，跨国公司在收集数据时不能阻碍其他人、其他公司对数据的收集。而且大型的跨国公司是凭借自身技术能力和合法竞争获得数据资源的，对数据资源的独占是效率高的表现，数据被大型跨国公司利用才能更好地发挥自身的价值（Autor et al.，2017）。不一定需要因为大型跨国公司或者平台对数据资源的垄断就要对其采取反垄断措施。

另一种观念认为，数据资源在促进经济社会发展的同时，也日益成为大型跨国公司形成垄断势力的重要推动力（Veldkamp，2023），原因有三点：其一，在大数据收集上，具有及高初始固定成本、零边际成本、累积溢出效应的特点（刘玉奇和王强，2019），数据收集前期投入成本巨大，数据收集和清洗的要求高，大数据收集的进入壁垒使得往往只有大公司才具备收集海量数据能力。到了数据收集后期，数据要素的边际成本低、规模经济，使大企业在市场上占据规模优势。其二，数据资源能够帮助跨国公司形成产品和用户的正面反馈关系。跨国公司拥有较多的用户时，就可以收集更多的数据，利用这些数据提高产品质量、优化企业生产和管理过程、降低成本、提高生产率进一步吸引更多的用户和市场，形成螺旋上升的正面循环。其三，掌握大量数据资源的跨国公司或者平台往往具有双边市场特征以及网络效应，这使得它们不仅能够获得本行业的垄断地位，还能通过杠杆行为影响其他行业的市场。

2. 跨国公司垄断行为识别问题

数字经济时代，各个跨国公司、平台提供的产品和服务差异变大、成本不同、价格不一，可比性降低。除此之外，利用大数据新生的各种疑似垄断的行为也越来越多，加大了监管部门的识别难度。除了传统框架下的横向与纵向垄断协议之外，一种由先进算法技术驱动的新型轴辐协议模式逐渐浮现，成为反垄断执法的新焦点。此类协议涉及产业链条上处于不同层级的市场参与者，它们虽无直接竞争关系，却通过精心设计的算法策略与商业布局，共谋实现限制或排除市场竞争的目标。这一现象不仅挑战了传统垄断协议的认知边界，更因技术介入的深化，显著提升了协议的隐蔽性与执行效率。

与此同时，在滥用市场支配地位的议题上，清晰界定相关市场是评估企业市场势力、制定反垄断措施不可或缺的前提条件。认定跨国公司、平台的支配地位困难有两个方面：首先，数字经济的蓬勃发展导致市场的界限日益模糊，跨界竞争与融合成为常态，传统基于地理、产品属性或消费者需求的市场界定方法显得力不从心。平台经济所特有的网络效应、规模经济效应以及数据驱动的市场动态性，进一步加剧了相关市场界定的复杂性与不确定性。数字经济赋予了跨国公司、平台网络外部性特征，所以市场占有率越高不一定意味着市场支配能力越强，在数字市场识别市场势力不应当固化为市场份额标准，还应当考虑互联网行业的很多特点。其次，数字平台的非对称定价特征使过去利用低于或者高于竞争水平的价格判断市场支配地位的方法也不再适用。平台可能通过交叉补贴机制实现了免费服务的可持续性。具体而言，平台从单边市场（如广告商、增值服务订阅者）中获取的收益被用来补贴向另一侧市场提供免费服务成本。这种创新的商业模式不仅促进了平台的快速增长，还为其在市场中建立了独特的竞争优势。越来越多的国家反垄断执法机构开始转而采用"行为主义"或更为具体的"策略行为主义"规制范式。这种新的分析范式更加注重审视经营者是否存在滥用其市场支配地位、实施排斥或限制竞争行为的具体情形，从而力求更为全面和准确地评估市场中的竞争状况（熊鸿儒，2019）。

二、各国对数字化投资的反垄断制度与实践

全球正掀起一场数字经济反垄断热潮，美欧及中国均已表态将加强数字经济领域的反垄断监管，主要反垄断辖区的竞争执法机构也将监管注意力转向数字平台日益增长的市场势力与缺乏竞争约束的市场行为。

1. 美国

1996 年美国颁布的通信规范法的第 230 条规定，互联网平台只是第三方内容的传递管道无须为其所承载的内容担负责任。起初这一条款的目的是促进互联网产业的快速发展，却成为了互联网平台野蛮发展的最大保护伞。美国政府近年来开始加强对数字经济领域的反垄断，但这条路走得十分艰难，比如，此前美国联邦贸易委员会（FTC）暂停了针对微软收购动视暴雪[①]的内部审判。立法层面，

---

① 动视暴雪（纳斯达克：ATVI）是一家美国电子游戏开发商、出版发行商和经销商，于 2008 年由美国视频游戏发行商动视公司（Activision, Inc.）合并维旺迪游戏后更名而来，目前是全世界最大的第三方游戏开发商和发行商。

美国的《美国创新与选择在线法案》与《开放应用市场法案》仍未获最终通过。在执法方面，美国反垄断行政执法机关（司法部 DOJ 和 FTC）的执法必须通过诉讼程序，而反垄断案件的复杂性使得执法过程往往耗时数年，在此期间无论是经济形势还是政治环境都有可能发生实质变化，进一步增加了其反垄断执法的不确定性。

2. 欧盟

欧盟对于平台企业一贯采取较为严格的监管态度。为应对平台企业垄断方式的转变，欧盟坚持结构主义理念，创新监管模式，制定了《数字市场法》（DMA），尽可能弥补传统反垄断法的不足。《数字市场法》最突出的亮点莫过于守门人（Gatekeeper）的提出，即是指控制着数字经济中重要生态系统的少数大型互联网平台。《数字市场法》明确了大型平台的权利和义务，确保这些大型平台没有滥用其优势地位，为数字市场的安全与健康发展提供了监管保障。《数字市场法》首次指定 Alphabet、亚马逊、苹果、字节跳动、Meta、微软为"守门人"，该指定包含苹果 App Store、Facebook、Chrome、WindowsPCOS 等提供的22 项核心平台服务。随着"守门人"名单的公布，这六家科技企业必将受到欧盟更为严苛的监管。如今根据《数字市场法案》指定"守门人"以及特定核心平台服务，成为欧盟反垄断进程的一个重要节点。

3. 中国

为了规范数据处理活动，保障数据安全，促进数据开发利用，保护个人、组织的合法权益，维护国家主权、安全和发展利益，制定本法，党的第十三届全国人民代表大会常务委员会第二十九次会议于 2021 年 6 月 10 日通过《数据安全法》，该法从国家层面确立了数据分类分级保护制度，并明确要求各地区、各部门需制定适用于本地区、行业或领域的重要数据目录。为了保护个人信息权益，规范个人信息处理活动，促进个人信息合理利用，同年 8 月，党的第十三届全国人大常委会第三十次会议表决通过《中华人民共和国个人信息保护法》，自2021 年 11 月 1 日起施行，其中明确规定个人信息处理者应对个人信息实施分类管理。2022 年 12 月，我国发布了《中共中央 国务院关于构建数据基础制度更好发挥数据要素作用的意见》（以下简称"数据二十条"），强调构建数据安全合规有序跨境流通机制，开展数据交互、业务互通、监管互认、服务共享等方面国际交流合作，推进跨境数字贸易基础设施建设，以《全球数据安全倡议》为基础，积极参与数据流动、数据安全、认证评估、数字货币等国际规则和数字技术标准制定。为进一步完善数据交易市场、数据登记制度、交易制度等基础设施，以促进数据流通和共享，2023 年 3 月 7 日，国务院组建国家数据局，该机构负责协调推进数据基础制度建设，统筹数据资源整合共享和开发利用，统筹推进数字中国、数字经济、数字社会规划和建设等，国家数据局的批准成立，标志着我国在数据保护和监管方面又迈出了重要一步。

三、数字化跨国投资面临的挑战

在数据全球化日益加深的当下，数据跨境流动成为了最具争议性的议题之一。各国基于自身的经济利益和政治体制等因素，对数据跨境流动实施了多样化的规制与竞争策略。从跨国公司的视角出发，深入探究国际跨境数据流动的现状，剖析其中隐含的国家深层需求和利益博弈机制，对于我国积极参与和制定数字领域的国际规则具有至关重要的意义。

（一）跨国数据出境管制和数据本地化要求

数据跨境流动已经成为了全球数据治理的关键议题，主要国家和地区均对数据跨境流动安全给予高度关注，纷纷从保障安全角度出台法律政策和监管工具，例如，欧盟《通用数据保护条例》从法律层面要求个人数据流出欧盟的前提是保障"对自然人的保护水平不会降低"，俄罗斯、印度等国家则要求相关数据必须在遵守本地化要求的前提下有条件出境。目前全球有超过 60 个国家做出数据本地化存储的要求。由于跨国公司涉及跨国经营和来自东道国市场客户个人信息的采集，必然涉及数据跨境流动问题，因此跨国公司在数据存储本地化要求下，需要按照东道国法规要求，做好数据跨境传输的合规化管理。

数据本地化要求指的是主权国家通过制定法律或规则限制本国数据向境外流动的要求，旨在保护国家数据主权，确保关键信息基础设施重要数据的储存、利用、控制和管辖在国家主权框架下进行。它要求任何本国或外国公司在采集和存储与个人信息和关键领域相关数据时，必须使用主权国家境内的服务器。伴随云计算、大数据和物联网的发展，跨境数据流动的数量不断增加，尤其是在全球通过互联网的跨境数据量已超过 1ZB 的情况下，数据本地化要求的实施显得尤为重要。它直接关系到个人的隐私和自由，以及国家的经济运行和国家安全。

数据本地化存储规定一方面需要政府出台一些法规，强化企业跨境数据的规范化管理，另一方面需要在维护本国信息安全和保障信息跨国流动之间做权衡，对于不同类型的数据跨国流动情况进行分门别类的规定。2022 年 9 月网信办出台并实施

《数据出境安全评估办法》明确了数据处理者向境外提供在我国境内运营中收集和产生的重要数据和个人信息的安全评估，2024 年 3 月实施的《促进和规范数据跨境流动规定》进一步在操作层面，明确了哪些数据跨境企业是否需要上报审批，还是可以根据负面清单免于上报，降低了企业数据跨境流动合规化管理成本。

（二）我国数据跨境流动监管规则的构建

2024 年 4 月中国汽车工业协会发布《关于汽车数据处理四项安全要求检测情况的通报》，宣布特斯拉上海超级工厂生产的车型全部符合合规要求，是唯一一家符合合规要求的外资企业。根据通报，中国汽车工业协会和国家计算机网络应急技术处理协调中心遵循《汽车数据安全管理若干规定（试行）》以及 GB/T 41871-2022《信息安全技术汽车数据处理安全要求》等相关法规和标准，自 2023 年 11 月起，对汽车制造商在 2022~2023 年度新上市的智能网联汽车进行了数据安全合规性检测。检测主要围绕四项合规要求展开：车外人脸信息的匿名化处理、默认不收集座舱数据、座舱数据仅在车内处理，以及处理个人信息时的显著告知义务。经过严格的检测和评估，比亚迪、理想、路特斯、合众新能源、特斯拉、蔚来 6 家知名汽车制造商的 76 款车型成功通过了这四项安全要求的检测。特斯拉上海超级工厂生产的所有车型均达到了这些合规标准。随着这些车企通过国家汽车数据安全四项全部要求，各地针对特斯拉等智能网联汽车的禁行禁停限制也陆续解除。各地已陆续解除对特斯拉等智能网联汽车的禁行禁停限制。

特斯拉对于数据合规性的重视来自于市场和政府合规性要求两方面的考虑。2021 年 4 月特斯拉车主上海车展维权事件和随后对于特斯拉公布的车主行驶数据的质疑①，引发了国内用户和政府对于新能源汽车安全和数据信息国家安全的担忧。2021 年 10 月特斯拉按照《上海市数据中心建设导则（2021 版）》相关要求，完成数据中心相关审批备案要求，并建成特斯拉上海超级工厂数据中心，用于存储工厂生产等中国运营数据，这一举措大大增强了数据的安全性。此外，特斯拉还积极引入第三方权威机构对其信息安全管理制度进行审核，并已成功通过 ISO27001 安全管理体系认证。

早在 2016 年《网络安全法》中我国首次提出数据出境安全评估，将数据出境安全监督工作提上议程，2022 年 9 月国家互联网办公室颁布《数据出境安全

---

① "特斯拉失控疑云：新能源车路测数据不够，代价便是车主的生命安全"，《新闻周刊》，2021 年 5 月 3 日。特斯拉车主上海车展维权事件将中国新能源汽车的规范化管理，包括数据的管理、新能源汽车上市审核等制度推到了风口浪尖，此事件无疑加快政府和新能源车企对于用户数据的规范化管理。

评估办法》，发布了第一版《数据出境安全评估申报指南》，标志着我国数据出境安全制度初步形成，企业数据出境正式被纳入统一管理范畴，依托企业自主申报数据出境安全评估方式，国际网信办将协同各行业主管部门审查与监管企业数据出境业务，维护数据安全和数据利用的平衡。2022年11月国家市场监督管理总局、国家互联网信息办公室联合公布《关于实施个人信息保护认证的公告》，2023年2月国家互联网信息办公室公布《个人信息出境标准合同办法》。为进一步规范数据跨境流动，2024年3月国家互联网信息办公室出台并实施《促进和规范数据跨境流动规定》，经《规定》调适之后，数据出境安全评估、个人信息出境标准合同、个人信息保护认证这三项主要的数据出境制度可供不同类型、不同规模的组织或者个人所选用，能够很好地回应需求，一方面为组织或者个人跨境业务合作提供法治保障，另一方面推动促进数据自由流动和数字经济发展。如国际贸易、跨境运输、学术合作、跨国生产制造和市场营销等活动中收集和产生的数据向境外提供，不包含个人信息或者重要数据的，免予申报数据出境安全评估、订立个人信息出境标准合同、通过个人信息保护认证。同时也加强了数据处理者的管理要求，其中第十条规定，数据处理者向境外提供个人信息的，应当按照法律、行政法规的规定履行告知、取得个人单独同意、进行个人信息保护影响评估等义务。第十一条规定，数据处理者向境外提供数据的，应当履行数据安全保护义务，采取技术措施和其他必要措施，保障数据出境安全。第十二条规定要求加强对数据处理者数据出境活动的指导监督，健全完善数据出境安全评估制度，优化评估流程；强化事前事中事后全链条全领域监管。

在全球化经济体系中，跨境数据流动已成为推动国际贸易与合作不可或缺的关键要素，其重要性日益凸显。部分发达国家已率先行动，通过立法手段确立了数据跨境流动的管理框架，旨在平衡数据自由流通与国家安全保护、个人隐私权维护之间的微妙关系，这些法律举措为国际社会树立了数据跨境治理的典范。

我国虽然已经制定了数据主权方面的法律制度，但在数据跨境流动治理的国际化程度和可操作性方面还远不及欧美。总体而言，我国在数据治理领域持续秉持着审慎而稳健的态度，数据本地化政策的实施，确保了关键数据资源在我国境内的存储、处理与监管，从而大大减少了数据跨境流动过程中可能遭遇的窃取、篡改或滥用等风险。但同时我们也应该注意到在以数据为核心的经济背景下，这种严格的保护措施可能也会造成本国跨国企业难以参与到全球数字竞争中。为了积极顺应全球数据治理的新趋势，我国在立法层面迈出了重要一步，于《数据安全法（草案）》中创新性地引入了"数据安全自由流动原则"，这一原则不仅确立了数据自由流动的核心地位，更将数据安全流动设定为一项必要的约束性准则，以此替代过往的"网络信息依法有序自由流动"表述，展现出中国在数据跨境治理领域的深邃思考与开放姿态。

2023 年国务院印发了《关于进一步优化外商投资环境加大吸引外商投资力度的意见》，通过探索便利化的数据跨境流动安全管理机制，并支持在北京、天津、上海、粤港澳大湾区等地试点探索形成可自由流动的一般数据清单，建设服务平台以提供数据跨境流动合规服务。2024 年 3 月国务院网信办发布《促进和规范数据跨境流动规定》，进一步落实了政策。该规定对我国数据跨境流动安全管理机制进行了重大调整和优化，特别赋予各自由贸易试验区更大的自主权，允许其根据实际情况自行制定区内数据出境的负面清单。同时，规定明确指出，未包含在负面清单内的数据可以自由跨境流动，无须进行数据出境安全评估、签订个人信息出境标准合同或通过保护认证。最新文件显示，在为期一年的试点项目中，在特斯拉上海工厂所在的上海自由贸易临港片区注册的企业可以将被列入清单的数据转移到海外，而无须进一步的安全评估。

数据跨境流动负面清单制度不仅提升了自由贸易试验区内数据管理和利用的灵活性与自主性，而且有助于建立一个更加透明、可预测的数据跨境流动环境，有助于跨国公司更精确地把握并遵循数据出境的相关规则，进而减少合规成本，实现了数据出境治理和经济增长需求的激励融合。实施数据出境负面清单制度是对接 CPTPP、DEPA 等国际高标准经贸规则的积极尝试，为中国参与全球数字经济合作奠定了基础。

第五节　本章小结

在数字经济浪潮下，跨国公司面临着前所未有的发展机遇与挑战。一方面，数字技术如大数据、人工智能、区块链等的应用，能够帮助跨国公司实现数字化转型，使跨国公司更高效地进行全球供应链管理、市场分析与客户服务，进而优化资源配置，提升运营效率。另一方面，数字平台的兴起打破了传统投资壁垒，促进了跨国公司的市场准入与业务扩展，尤其是在新兴市场。此外，数字经济的快速发展也要求跨国公司不断创新商业模式，以适应快速变化的市场需求与消费者行为。因此，数字化转型已成为跨国公司应对全球化竞争、实现可持续发展的关键路径。未来，随着数字技术的持续进步与全球贸易格局的深刻变革，跨国公司需不断探索数字经济下的新发展模式，以在全球市场中保持领先地位。

数字经济的发展也对各国政策提出了挑战，显然政府在数字管制政策制定时考虑了以下三个方面因素：一是数据跨国流动带来的信息安全问题，二是需要为跨国公司直接投资提供一个透明高效的数字监管制度，三是通过数字规则的制定，能够有效增强本国数字经济在全球市场中的国际竞争力，并促进产业优势的进一步凸显。对跨国企业以及 FDI 而言，它们在运营过程中必须同时应对来自母国与东道国在数字领域施行的管制政策所带来的双重约束。包括中国政府在内的各国都在积极建立数字跨境流动的法规和政策体系。

产业数字化和数字产业化已经成为我国数字经济发展的战略，数字经济规则的制定将对数字经济相关外商直接投资的流入产生重要影响，一方面，中国正在积极申请加入 DEPA，展示了中国推动更加透明高效数字经济发展监管制度的关切；另一方面，中国也通过对接 DEPA，在自由贸易试验区内对于数据跨境流动管制进行制度创新，提升我国在数字经济领域吸引外资的能力。鉴于我国已拥有成为数据强国所必需的坚实基础与独特优势，我国应主动把握历史机遇，致力于在全球数字投资体系构建中扮演引领者与核心参与者的角色。具体而言，需进一步细化数字投资领域的竞争规则条款，确保其在促进市场活力与保障公平竞争之间找到最佳平衡点；同时，强化竞争执法机制与司法体系的紧密衔接，提升规则执行效率与公正性；此外，还应积极倡导并推动更高标准的国际竞争规则制定，形成具有中国特色的贸易规则创新方案，引领全球数字市场竞争规则体系的重塑与升级，为构建开放、合作、共赢的国际数字经济新秩序贡献中国智慧与力量。

参考文献

［1］Autor David, Dorn David, Katz Lawrence F. Patterson Christina, Van Reenen John. The Fall of the Labor Share and the Rise of Superstar Firms ［J］. The Quarterly Journal of Economics, 2020, 135（2）：645-709.

［2］Chad P. Bown, Petros C. Mavroidis. Digital Trade, E-Commerce, The WTO and Regional Frameworks ［J］. World Trade Review, 2019, 18：S1-S7.

［3］Casella B. Formenti L. FDI in the Digital Economy：A Shift to Asset‐Light International Footprints ［J］. Transnational Corporations，2018，25（1）：101-130.

［4］Daron Acemoglu，Pascual Restrepo. The Race between Man and Machine：Implications of Technology for Growth，Factor Shares，and Employment ［J］. American Economic Review，2018，108（6）：1488-1542.

［5］Freund L. C. Weinhold D . The Effect of the Internet on International Trade ［J］. Journal of International Economics，2004，62（1）：171-189.

［6］Georg Graetz，Guy Michaels. Robots at Work ［J］. Review of Economics and Statistics，2018，100（5）：753-768.

［7］M. Wollschlaeger. T. Sauter and J. Jasperneite，The Future of Industrial Communication：Automation Networks in the Era of the Internet of Things and Industry 4. 0 ［J］. IEEE Industrial Electronics Magazine，2017，11（1）：17-27

［8］Kiel，D.，Arnold，C. Voigt，K. I. The Influence of the Industrial Internet of Things on Business Models of Established Manufacturing Companies-A Business Level Perspective ［J］. Technovation，2017（68）：4-19.

［9］Thomas Chaney. The Network Structure of International Trade ［J］. The American Economic Review，2014，104（11）：3600-3634.

［10］Veldkamp，Laura. Valuing Data as an Asset ［J］. Review of Finance，2023（27）：1545-1562.

［11］陈维涛，朱柿颖. 数字贸易理论与规则研究进展 ［J］. 经济学动态，2019（9）：114-126.

［12］韩君，高瀛璐. 中国省域数字经济发展的产业关联效应测算 ［J］. 数量经济技术经济研究，2022，39（4）：45-66.

［13］韩先锋，惠宁，宋文飞. 信息化能提高中国工业部门技术创新效率吗 ［J］. 中国工业经济，2014（12）：70-82.

［14］刘金河，崔保国. 数据本地化和数据防御主义的合理性与趋势 ［J］. 国际展望，2020，12（6）：89-107+149-150.

［15］刘玉奇，王强. 数字化视角下的数据生产要素与资源配置重构研究——新零售与数字化转型 ［J］. 商业经济研究，2019（16）：5-7.

［16］马述忠，濮方清，潘钢健，熊立春. 数字贸易学 ［M］. 北京：高等教育出版社，2022.

［17］毛维准，刘一燊．数据民族主义：驱动逻辑与政策影响［J］．国际展望，2020，12（3）：20-42+154．

［18］彭岳．分享经济规制现状及方法改进［J］．中外法学，2018，30（3）：763-781．

［19］石中金，刘高峰．数字贸易与新发展格局［M］．北京：人民出版社，2022．

［20］王斌，蔡宏波．数字内容产业的内涵、界定及其国际比较［J］．财贸经济，2010（2）：110-116+137．

［21］吴翌琳，王天琪．数字经济的统计界定和产业分类研究［J］．统计研究，2021，38（6）：18-29．

［22］谢康，廖雪华，肖静华．效率与公平不完全相悖：信息化与工业化融合视角［J］．经济研究，2021，56（2）：190-205．

［23］谢申祥，高新锐．数字产业发展与企业全球价值链地位［J］．国际贸易问题，2024（6）：21-38．

［24］熊鸿儒．数字经济时代反垄断规制的主要挑战与国际经验［J］．经济纵横，2019（7）：83-92．

［25］延建林，孔德婧．解析"工业互联网"与"工业4.0"及其对中国制造业发展的启示［J］．中国工程科学，2015，17（7）：141-144．

［26］杨新臣．数字经济［M］．北京：电子工业出版社，2021．

［27］易宪容，陈颖颖，位玉双．数字经济中的几个重大理论问题研究——基于现代经济学的一般性分析［J］．经济学家，2019（7）：23-31．

［28］詹晓宁，欧阳永福．数字经济下全球投资的新趋势与中国利用外资的新战略［J］．管理世界，2018，34（3）：78-86．

［29］赵海乐．数字产品非歧视待遇条款对我国国家利益的影响与对策［J］．国际贸易，2023（3）：87-95．

［30］张龙鹏，周立群．"两化融合"对企业创新的影响研究——基于企业价值链的视角［J］．财经研究，2016，42（7）：99-110．

［31］张嫚．论数字产业对传统反垄断理论与实践的启示［J］．经济评论，2002（4）：103-106．

［32］朱扬勇，熊赟．数据跨境监管初探［J］．大数据，2021，7（1）：135-144．

第十三章

外资政策演进逻辑与我国制度型开放

鉴于外国直接投资引进是实现中国式现代化的重要推动力量，本书主要从国内外国际经贸规则比较分析的视角，讨论了中国外资相关政策的变迁、自由贸易试验区外资便利化政策的集成式创新，凸显了制度型开放背景下，行业准入管制放松和投资便利化政策的落实与优化对于外资流入和高质量外资引进的重要性。作为本书的总结，本章从中国市场化改革与对外开放经贸规则对接的视角，进一步阐述我国改革开放以来外资政策演变的内在逻辑，以及当前全球经济格局转型、新技术与我国制度型开放关系，以及这种变化对于我国外资政策变化的影响。

第一节　中国的市场化改革与外资引进
政策演变的逻辑

一、中国的市场化改革与对外开放制度改革相互联系

从中国的外资政策演变历史，我们可以看到，在改革开放初期 20 世纪 90 年代市场化改革之前，地方和重要政府部门外资开放政策的初衷除了获得先进技术和资本以外，还希望外资企业能够通过出口来获得当时中国经济发展非常稀缺的外汇，因为进口替代战略和自主工业体系构建，需要有大量外汇用于满足设备和技术进口。反映在对于外资企业的用汇政策上，早期对于外资企业使用外汇是有

较为严格的规定，对于产品外销也设定了较高的比率要求（按照当前国际投资规则属于违反了禁止业绩要求），鼓励外资企业发展加工贸易，外资产业主要集中在轻工业。从激励相容的角度，在加工贸易模式下，外资仅利用我国廉价劳动力要素，形成了垂直型的分工。所以这一阶段 FDI 促进经济增长是通过要素投入增加，以及通过外资出口外汇进口技术设备的增加。但很快，随着我国市场化改革和申请复关或加入 WTO 组织的制度变革准备工作的展开，对外贸易发展战略从进口替代转向出口竞争模式，外资引进的定位和制度都发生了明显变化。

1992 年，中国迈出了市场化改革的关键性步伐，包括价格闯关、财政分权、外汇双轨制并轨、外贸体制等改革。市场化改革实际上也和对外开放政策的变化紧密联系在一起，开放成为促进国内制度改革的重要推动力量。无论是提出恢复 GATT 缔约方地位申请，还是加入世界贸易组织，都和我国的市场化改革密不可分，与国际经贸规则接轨是我国实现经济计划向市场化制度转型的重要抓手。加入世界贸易组织本质上是中国经济市场化转型改革的必然结果，中国市场扩大以后进一步参与全球分工体系提升资源配置效率的必然要求。1986 年 7 月我国政府正式提出恢复我国缔约方地位后，1987 年 3 月关贸总协定成立了"中国工作组"，开始中国的"复关"谈判。1995 年 1 月，世界贸易组织成立，从当年 7 月起我国复关谈判转为加入 WTO 谈判。经过不断努力和反复谈判，中国于 2001 年 12 月 11 日正式加入 WTO，成为世界贸易组织成员。在复关和加入 WTO 的谈判过程中，为了能够和全球市场及其游戏规则接轨，我们做出了实现市场化改革和开放时间承诺[①]，为此我们进行了大刀阔斧的市场化制度改革，以履行我们承担的遵守世贸规则、国内法律法规与世贸规则衔接的义务，这些改革对我国的外资政策产生了重大影响，尤其是国民待遇和知识产权保护。为此，中央政府累计清理法律法规和部门规章 2300 余件，地方政府清理地方性政策法规 19 万余件，切实有力地推进了规则导向的贸易自由化环境，在知识产权等领域深化完善了法律

---

① 包括：①市场准入：允许外资企业在特定条件下进入中国市场，逐步取消地域和客户限制。②贸易政策透明度：提高贸易政策的透明度，减少内部文件的使用。③贸易政策统一实施：确保同一商品在全国范围内适用统一的关税和政策。④价格逐步放开：减少政府对价格的干预，逐步实现市场定价。⑤国民待遇原则：确保国内外企业在同等条件下竞争。⑥关税减让：逐步降低关税，增强国内产业的竞争力。⑦取消非关税措施：逐步取消配额和许可证等非关税措施。⑧知识产权保护：加强知识产权保护，促进技术创新和外资引入。

保护机制①。毋庸置疑，这些制度改革加快了我国市场化改革的进程，彰显了我国坚持改革开放的决心，稳定了外国资本对于中国市场化改革的预期，使得外资加速流入。

二、外资政策的"超国民待遇"到"国民待遇"

随着 20 世纪 90 年代我国市场化改革推进，出口的快速扩张，外汇储备得到有效改善，国内市场竞争程度提升，相应地，对于外资企业的国内市场销售限制、用汇限制、产业准入、控股权限制等措施也被逐步放松管制。外资也从"超国民待遇"阶段回归到"国民待遇"阶段。"超国民待遇"是特指在改革开放初期到 2008 年两税合并之间，我国对于外资引进采取的一些税收、土地优惠措施，而这些待遇超过了政府给予民营企业的待遇，在一定程度上造成不公平竞争②。由于在加入世界贸易组织前后相当长的时期内，我国的营商环境虽然一直在提升，但是和欧美发达国家市场以及和很多东南亚发展中国家相比，投资环境和便利化程度相对落后。在这种情况下，财政分权改革后，地方政府之间形成引资竞争，纷纷出台一些土地和税收优惠政策吸引外资，甚至也导致了国内资本外流洗成外资再流回国内享受外资待遇的虚假行为。所以这种基于税收优惠的"超国民待遇"实际可以理解为营商环境相对落后情况下的一种风险溢价或补偿。当然吸引外资的除税收土地政策外，还有廉价的劳动力要素和潜在的市场。

加入世界贸易组织后，我国采取了"市场换技术"③ 的策略，鼓励外商直接投资流入，并采取更加开放积极的态度。随着外资股权管制的放开，新设立的外资企业出现了独资化现象，即新流入的外资更倾向于采用独资方式进入而非采用

---

① 我国加入世界贸易组织的历程，http：//chinawto.mofcom.gov.cn/article/ap/p/202111/20211103216235.shtml。

② 考虑到外资企业和民营企业之间的技术差异，以及外资企业的上下游供应链中间品或技术溢出，这种潜在的不公平竞争可能比想象中要小。

③ 关于 20 世纪 90 年代我国采取的市场换技术的外资开放策略，很多人认为中国出让了市场，但没有获得技术，一个典型的事实是汽车产业，认为外资汽车品牌占据了中国大部分市场。但不容忽视的是，以德国大众为例，桑塔纳的国产化率的提升培育了中国的汽车供应链体系，这个体系一直对于汽车产业国际竞争力提升，乃至近年来我国在传统汽车和新能源汽车领域的崛起功不可没。所以从市场长期演进的角度来看，市场换技术的策略总体上是成功的。大规模市场使得市场能够同时容纳多家外资企业竞争，这也使得最新产品和技术在中国市场的投放成为一种占优策略，相比于其他国家，外资企业的技术和产品在我国能够产生更强的技术溢出效应。

中外合资形式进入中国市场。2013 年，中国在引进外资领域做出重大制度创新，实施负面清单制度。此外，正是由于我国市场经济体系完备程度不足、营商环境有待改善、市场存在严重行政壁垒等问题的存在，2015 年国务院首次提出"放管服"改革概念，旨在推动政府职能的切实转变，深化行政审批制度改革。2020 年"十四五"规划中又明确要求"深化'放管服'改革，提升政府经济治理能力"，"放管服"改革在阶段性任务部署中逐步深入，对不适用于市场经济发展的规制方式进行改革，以推动构建更高标准的市场体系。2021 年 1 月，中央颁布《建设高标准市场体系行动方案》，同年 8 月 30 日，习近平总书记在主持召开中央全面深化改革委员会第二十一次会议时进一步强调，"强化反垄断、深入推进公平竞争政策实施，是完善社会主义市场经济体制的内在要求。要从构建新发展格局、推动高质量发展、促进共同富裕的战略高度出发，促进形成公平竞争的市场环境"。可见"放管服"改革的核心目标就是构建更加强调制度完备和公平竞争的高标准市场体系。随着市场化的推进，中央—地方和企业之间的政企关系，以及市场和政府的边界逐步清晰，政府从竞争性领域退出，主要提供和搭建市场机制运行需要的公共服务体系。

第二节　中国引进外资成功的其他因素

一、我国自主可控的工业体系的追求

中国改革开放历史是一部生产力发展的历史，其中外商直接投资对于推动中国经济生产力的发展起到了积极贡献，具体涉及管理方法的溢出、产业链供应链溢出、国内外市场要素资源整合的桥梁作用等，本书的第二章我们已经较为详细地讨论了外国直接投资主要集中于中间品生产行业，和我国的制造业其他类型企业构成了互补关系，在外资政策上也采取了一系列的吸引外资政策和产业管制的放松。

中华人民共和国成立以后，我国一直致力于工业化和现代化国家建设，有非常清晰的产业发展战略，虽然也走了一些弯路，但总体上是以我国为主，吸收和利用国外先进技术，利用两种资源与两个市场，发展自主可控的工业体系和技术

体系。尤其是中美贸易战以来所遭受的技术"卡脖子"问题，技术的自主可控变得尤为重要，保证我国产业链和供应链的自主可控多次写入中央高层文件，也将是中国的一个长期发展战略。这一方面会鼓励国内相关产业（如高端芯片）核心技术和产品的自主研发，提升我国核心技术的研发创新能力；另一方面也必然加大投资便利化改革力度，吸引关键技术人才和高质量外资的流入，进一步开放研发和科技服务相关的生产服务业，以巩固我国的产业链国际竞争力。因此自主可控的产业政策和对外高水平开放两者并不矛盾，而是相互兼容，相辅相成，这也和经济双循环新发展战略是相呼应的。

二、技术创新与吸收能力

从内生经济增长的理论出发，如果 FDI 意味着对东道国存在技术溢出，那么就会导致东道国持续经济增长，但如果 FDI 只是增加东道国就业，而东道国不能获得技术溢出，那么这种增长效应是非常有限的，而且会由于东道国要素价值上涨而停滞。一些实证研究发现外资流入并没有显著促进东道国或地区经济的发展①。这至少说明要实现利用外资引进来实现长期经济增长需要依赖于其他条件，如本国企业技术吸收、创新能力、外资政策管制放松的节奏，等等②。另外 FDI 的增加可能带来了一些环境污染、东道国产业发展遏制等负外部性问题，这样外资流入还会涉及市场准入管制或者市场监管等问题。

已有的实证研究表明 FDI 对于东道国的溢出效应受到东道国企业技术吸收能力的影响③。随着我国研究投入增加，专利申请数量也快速增长，中国在 2021 年拥有的有效专利数量达到 360 万件，首次超越美国成为世界第一④。根据世界知识产权组织（WIPO）发布的《2024 年世界知识产权报告》指出，中国的专利申

① Beugelsdijk 等（2008）运用美国 1983~2003 年对于 44 个国家的投资数据，无论是在垂直或者水平层面都没有发现 FDI 对于东道国经济的显著影响。参见 Sjoerd Beugelsdijk, Roger Smeets, Remco Zwinkels. The impact of horizontal and vertical FDI on host's country economic growth [J]. International Business Review, 2008, 17 (4): 452-472.

② Joo 等（2022）对于金砖国家的研究也发现，FDI 并没有直接显著影响这些国家的经济增长，但是取决于东道国的金融发展、贸易自由化程度和人力资本，这些因素和 FDI 交乘项系数显著为正，参见 Joo B. A., Shawl S. and Makina D. The interaction between FDI, host country characteristics and economic growth? A new panel evidence from BRICS [J]. Journal of Economics and Development, 2022, 24 (3): 247-261.

③ Yi Lu, Zhigang Tao, Lianming Zhu. Identifying FDI spillovers [J]. Journal of International Economics, 2017, 107: 75-90.

④ https://www.wipo.int/pressroom/en/articles/2022/article_0013.html.

请热潮，使得其显著缩小了与发达国家之间的技术能力差距。在过去的 20 年间，中国的技术能力专业化程度惊人地从 16% 跃升至 94%，这一飞跃不仅展示了中国在创新领域的快速发展，也反映了其在全球科技竞争中的日益重要性。而印度相应的从 42% 提升到 68%，哥伦比亚只从 7% 提升到 21%①。报告认为，正是因为中国拥有良好的创新生态系统，从而获得了越来越多的相关的、独特和复杂的技术开发的能力，其中一个例子就是在 2001～2020 年中国在信息通信技术（ICT）领域获得了越来越复杂的技术能力，特别是在语音或音频编码及解码、电子电路、电信电子元件以及计算方法和技术方面②。

而事实上不仅是在 ICT 行业，中国在太阳能电池等新能源领域、新能源汽车、高速列车、大飞机制造、航空航天等战略新兴领域不断具备了进行复杂技术开发的能力，这些战略新兴行业技术创新和产品创新能力的大量涌现其实得益于中国研发机构（政府或企业）长期积累，以及良好的精细化的极致专业分工体系。国内行业中的隐形冠军，能够敏锐觉察到市场需求，并据此进行产品创新③。随着我国整体研发投入增加，研发的专业化程度也越来越高，以华为为代表的一大批民营企业成立研发团队和设立企业的研发机构，进行持续的技术开发，而不再是初期的简单模仿。体现在中国产品出口上，产品的迭代速度不断加快，战略性新兴产业的产品市场占有率快速提升。当然这种技术创新能力提升和我国知识产权保护制度的建设密不可分，这在本书的第八章中已经做了较为详细的论述，此处不再赘述。由于中国拥有完整的工业门类，技术创新能力的提升将为全球产业资本提供更高的边际回报率，中国将逐步成为全球产业资本的集聚地。

三、集成式制度创新能力

在本书第十一章我们已经讨论过中国自由贸易试验区的集成式制度创新，而事实上我国政府在对外开放过程中一直在利用举国体制优势进行各种制度改

①② World Intellectual Property Report: Making Innovation Policy Work for Development, https://www.wipo.int/web-publications/world-intellectual-property-report-2024/assets/r60090/944_WIPR_2024_WEB.pdf, 报告指出，关于技术能力专业化程度的计算，涉及处理与近 4000 万份专利申请、7000 多万篇科学论文和价值超过 300 万亿美元的经济活动相关的数据。因此，我们可以确定不同国家在促进技术、科学和出口领域的经济多样化方面取得的进展。

③ 其中一个例子就是三花智控根据新能源汽车公司特斯拉的市场需求，开发新能源汽车所需要的热处理智能化模块。

革和创新。从深圳特区的设立，到沿海城市的开放，到各地开发区的推广设立，政府一直采用了可控实验的方法，主要分三步走，首先，中央政府根据总体的改革开放战略部署授权地方进行制度创新；其次，地方政府基于国际接轨的视角，根据国际贸易和投资交易便利化需求，进行制度创新和压力测试；最后，其中一部分地方的制度创新经验，通过中央政府的跨部门协调，最终上升为国家政策在全国推广实施，最终形成制度创新的闭环。在第十二章中我们以上海自由贸易试验区和海南自由贸易港集成式制度为例做了深入讨论，区分了两者创新模式的差异。

此外，我们可以看到由于目前中国 21 个自由贸易实验区所承担的制度创新任务是不同的，所以可以把各个自由贸易试验区创新视为一种对外开放制度创新的专业化模式，提高了制度创新的速度。虽然自由贸易试验区的制度创新看起来都比较碎片化，但和技术创新一样，制度创新也离不开专业化的团队，自由贸易试验区的建设培养了一大批制度创新的专业化政府官员队伍，加深了他们对于国际经贸规则的认知，为下一阶段我国高水平对外开放奠定了人才基础。

第三节　全球经济格局变化与国际经贸规则

一、"中心—外围"格局向"多中心—外围"格局的变迁国际

2001 年加入世界贸易组织以来中国经济的发展和全球影响力的快速提升，我国的经济总量占全球 GDP 比重从 2000 年加入世界贸易组织前的 3.98%上升到了 2022 年的 18.39%，增加了 13 个百分点。而同期，美国经济总量占全球比重从 30.1%下降到 24.07%，下降了 5 个百分点。从进出口总额①、专利申请数

---

① 根据 UNCTAD 的数据，中国出口占全球份额从 2001 年的 4.29%提高到 2022 年的 14.4%，而美国从 2001 年的 8.2%下降到 2022 年的 11.7%。

量①、全球创新中地位②、制造业全球占比③、全球国家软实力排名④、先进制造业突破⑤等数据来看，必须承认无论是经济总量还是综合影响力，我国已经从一个"外围"国家一跃成为新兴"次中心"或"准中心"国家（翟婵和程恩富，2019）⑥。反映中国在全球经济中地位的另一个比较直观变化，其表现在我国在全球贸易网络中地位的变化，即逐步从边缘从属节点国家演变成为中心节点国家。无论是从全球贸易网络中心度指标（Centrality Indicators），还是从中心—外围指标（Core-periphery Score）来看，中国都接近或超过了美国，中国已经成为全球价值链贸易和全球生产网络的重要节点国家（Hoang, et al. 2023）。以中国与共建"一带一路"国家经贸合作为例，根据海关总署的统计，2023 年，我国与共建"一带一路"国家进出口达到 19.47 万亿元规模，同比增长 2.8%，占我国外贸总值的 46.6%，规模和占比均为倡议提出以来的最高水平。

全球经济秩序目前正在朝"多中心"格局演变的趋势，使得"二战"后逐步形成的"中心—外围"世界政治经济格局面临重大变革性挑战。这主要是基于以下两个方面：一是全球正在经历新一轮的科技革命，而我国和欧美国家各有优势。综观全球经济发展历史，全球经济中心和科技革命的策源地往往是紧密联系的，第二次和第三次工业革命相关的大部分技术的策源地在欧美，这是"二战"后欧美成为"中心"地位国家的根本原因，我国也正在成为新一轮科技革

---

①　中国 2021 年提交的专利申请量达 159 万件，约占全球申请总量的一半，连续 11 年居世界首位。此外，中国在 2021 年拥有的有效专利数量也达到 360 万件，首次超越美国、成为世界第一。https://www.wipo.int/pressroom/en/articles/2022/article_0013.html。

②　根据世界知识产权组织全球创新指数（WIPO, Global Innovation Index 2022）继日本东京—大阪之后中国的深圳—香港—广州、中国北京成为全球前五大创新港，其他是韩国的汉城和美国硅谷所在地圣弗朗西斯科。https://www.wipo.int/global_innovation_index/en/2022/。

③　工业和信息化部公布的数据显示，2022 年我国制造业增加值占 GDP 比重为 27.7%，制造业规模已经连续 13 年居世界首位。在世界 500 种主要工业品中，我国有超过四成产品的产量位居世界第一。65 家制造业企业入围 2022 年世界 500 强企业榜单，培育专精特新中小企业达 7 万多家。按照国民经济统计分类，我国制造业有 31 个大类、179 个中类、609 个小类，是全球产业门类最齐全、产业体系最完整的制造业。

④　英国品牌金融咨询公司 Brand Finance 公布《2024 年全球软实力指数（Global Soft Power Index 2024）》。中国在国家软实力总得分 71.2，超过了日本和德国，排名第三位，仅次于美国（78.8 分）和英国（71.8 分）。

⑤　2023 年 1~11 月新能源汽车出口 109.1 万辆，同比增长 83.5%。我国外贸结构持续呈现积极变化，以电动载人汽车、锂电池、太阳能电池为代表出口"新三样"。

⑥　翟婵和程恩富（2019）通过国民生产总值、外贸、金融、对外投资和援助、综合竞争力、"一带一路"等指标及其国内外数据分析，说明中国虽然与主要中心国家尚存差距，但其取得的长足进步，明显区别于外围或"半外围"国家，须用"准中心"这一新概念来客观描述和界定 2012 年以来的新时代中国在世界经济体系中的地位和作用。

命的重要策源地，正在逐步成为未来全球经济和创新中心。二是"中心—外围"经济格局的构建方面，随着我国制造业的不断升级，在高端装备制造业以及众多战略性新兴产业获得大量自主知识产权，建立起以我国为主的全球价值链治理体系。在此基础上，我国正在积极寻求构建高水平自由贸易网络，深入推进区域合作治理机制建设。三是"多中心—外围"格局意味着当欧美传统"中心"国家在新一轮科技革命中逐步丧失领导权的同时，全球分工网络也将随之重新构建，我国也必将围绕新的产业和技术优势，以我国产业链和供应链构建为驱动，和相关国家商签自由贸易协定，构建新的"中心—外围"分工网络，这一分工交易网络和原来的"中心—外围"网络会叠加在一起。

二、制度型开放与全球经济秩序重构

回应当前百年未有之变局下"中心—外围"的结构大调整，我国对外开放面临新的重大挑战，制度型开放的目标之一是用全新的开放性制度体系来赋能中国全球性平台新功能，提升中国全球资源配置能力，并引领推动全球经济合作。即通过进一步深化制度改革和对外开放制度规则世界接轨，实现中国对外开放模式的重大转型，从基于要素禀赋等区位优势成为全球最大制造业生产平台，转向通过创新和新质生产力驱动、产业分工深化和产业结构调整，稳步提升中国在全球价值链的地位，整合全球价值链和全球创新要素，由全球制造业功能性平台，向智能制造平台与创新引领的多功能综合性平台转型，成为全球新产业和新要素的国际流转中心，新产业新技术、新产品、新模式的创新研发中心，助力中国经济持续升级，为未来经济全球化可持续发展的动力。

制度型开放赋能中国在全球经济中平台功能转变的前提条件是能够持续推进和加快新兴产业优势培育，在新一轮科技革命中处于领先位置，在此基础上实现高水平对外开放。未来中国制造业的国际竞争力的提升，需要通过进一步开放生产性服务业，强化上下游产业配套区位优势，使得我国产业比较优势从制造环节延展到研发与营销环节。进一步鼓励FDI双向流动和国内外两个市场与两种资源的利用。高质量外资作为技术、专利、创新等高端要素重要载体，在过去的数10年中，对于中国制造业发展和升级起到了重要作用，高质量外资引进对于我国加快新兴产业培育作用重大。外资引进对于带动上下游配套产业发展，进而推动我国本土制造业国际竞争力提升意义重大。数字技术的广泛应用，能够有效增强我国企业生产效率，在战略新兴产业获得新的技术优势和产业规模优势，通过

技术创新和自主研发，逐步化解产业链和供应链存在核心技术被"卡脖子"产生的安全隐患问题。

第四节 新的技术革命与国际经贸规则

新能源技术和数字技术驱动的全球性经贸制度和治理模式变革也将是全面性和突破性的，新技术标准将推动新的全球价值链体系的构建。随着数字技术的发展，所有和商品、服务、金融产品交易相关的交易方式、交易标的、交易实现的协议本身发生了实质性变化[1]。由于篇幅限制，以下仅讨论数字技术发展对全球经贸规则变革影响。

一、数字技术对于全球贸易模式和规则的冲击

一是数字技术对于贸易模式的影响方面，随着数字贸易发展，无形商品的贸易要求重新定义贸易的对象与关税征收制度，传统的 B2B 国际贸易模式受到极大挑战，贸易去中介化的生产端到消费端的 B2C 模式成为一种趋势，数字技术正成为国际贸易新模式新业态的驱动力，跨境电子商务平台利用数字技术在整合全球价值链中发挥出特定优势，如通过广告投放—获客—供应链组织—销售闭环式数据流量管理，形成更低的运营成本优势，同时对于全球供应链、供应商的运营模式提出了新的挑战。跨境电子商务平台为中小企业出海提供了国际市场销售的托管式服务，大大加快了中小企业国际化发展。此外，而 B2C 跨境电商模式也对传统海关监管体系面临巨大压力，而人工智能、区块链技术的发展又使得海关监管体系能够不断进行贸易便利化的技术创新，从而能够应对国际贸易新模式新业态转变带来的巨大挑战，其中包括对于小件物品分类属性的识别、自动归类、自动通关，国家之间需要针对跨境电子商务签订新的文本协议如 e-WTP。

二是数字技术拓展了贸易的空间和贸易规则。随着数字经济的重要性与日俱

---

[1] 传统的贸易体系、金融体系随着第一次工业革命以来的技术和生产方式所不断定义和改变的。如果粗略考察从国代的丝绸之路到近代的殖民贸易体系再到 WTO 的世界贸易体系，我们就会发现这些贸易体系的维持依赖于一个共同遵守的秩序，工业革命的发展推动了技术和产业跨国专业，以及生产的全球化，全球分工的深化推动了全球贸易和金融体系的转型，转向自愿缔约的多边体系加以维系。

增，数字领域规则和合作框架制定也已成为经贸规则谈判的重要内容。数字技术的发展也使得商品或服务的数字化交付或者数据要素的跨境交易规模不断扩大，数字服务贸易增长速度超过了商品和劳务活动，与之相适应的多边的《数字经济伙伴关系协定》（Digital Economy Partnership Agreement，DEPA）的签署成为必要[1]，协定以电子商务便利化、数据转移自由化、个人信息安全化为主要内容，并就加强人工智能、金融科技等领域的合作进行了规定，这个协定的签署将大大降低数字产品交易所面临的不确定性，进一步规范数字产品跨境交易行为，防范数据跨境交易带来的国家安全问题，从而促使数字贸易得到长期健康发展。

二、新技术革命对于跨境投资与全球价值链治理的影响

数字时代的跨境投融资制度创新方兴未艾。数字技术的发展使得跨境融资和投资的交易成本、跨境监管成本不断下降，随着数字支付、数字货币、区块链等技术的普及，跨境支付和结算更加便捷和快速，降低了跨境交易的成本和风险，进一步提高了全球金融资源的配置效率。数字技术的快速发展降低了国际投资决策的信息获取与处理成本，为企业提供了更高效、准确的信息收集和分析工具，优化生产和供应链管理，有效降低企业跨国经营的决策成本和经营管理，更快速地完成尽职调查，降低并购风险，从而为跨国企业提供了更多的投资机会。这些新的变化都需要多边或双边的投资便利化协定内容，更多涉及数字技术应用相关条款，更有效促进投融资的便利化、合规化与产权保护。

数字技术的发展也改写了全球价值链体系及其治理模式。在传统的全球生产相配套的全球价值链治理中，西方的领导型企业基于技术专利、生产管理、品牌管理运营、销售渠道构建等的所有权优势，往往占据价值链中边际利润较高的部分[2]。但随着数字技术发展，数字技术成为生产、销售、研发、物流等各个价值创造环节的核心驱动力，全球化研发、生产和销售得到进一步优化。企业生

---

① DEPA 包括 16 个模块：初步规定和一般定义、商业和贸易便利化、数字产品及相关问题的处理、数据问题、广泛的信任环境、商业和消费者信任、数字身份、新兴趋势和技术、创新与数字经济、中小企业合作、数字包容、联合委员会和联络点、透明度、争端解决、例外和最后条款。中国数字经济规模目前位于全球前列，2021 年 11 月中国申请加入 DEPA，2022 年 8 月正式生效。加入 DEPA 与中国加强全球数字经济领域合作、促进创新和可持续发展的努力方向一致，也是中国进一步深化改革和扩大高水平对外开放的重要行动。

② 经典的全球价值链治理（Gereffi et al.，2005）理论认为，交易的复杂性、交易可编码能力和基于供给能力三个决定因素，形成了一体化的科层模式、领导企业俘虏供应商模式、领导企业和关系型供应商模式、领导企业和交钥匙供应商模块化模式和市场型价格五类治理模式。

产销售管理的数字化转型推动了上下游企业供应链管理数字化转型，使得企业之间的关系不再是领导企业和供应商之间一种单向度垂直治理模式，而是扁平式相互促进开放式数字化生态治理模式，不同环节专注于本领域的数字资源和AI大模型结合提升市场竞争能力，下游（上游）数字化转型也可能会推动上游（下游）数字化转型。此外企业数字化转型，在结合AI技术情况下，数据作为一种新型生产要素参与生产和管理的优化，基于数字技术的新质生产力，提升了企业国际竞争力和在全球价值链中的地位，甚至逐步形成价值链的重构能力。

数字技术和新能源等新技术的发展也催生了数值经济等新产业、新业态、新模式和新的全球价值链。目前5G和AI技术在中国制造业、服务业、医疗、电子商务等各个领域都得到了广泛的应用。截止到2023年，世界经济论坛评选了十批次153家全球生产和管理智能化程度最高的"灯塔"工厂，其中包括外资企业在内一共有51座在中国，占全球1/3①。中国新能源技术的发展使得中国在新能源汽车领域异军突起，正在对汽车产业的全球价值链进行快速重构，从而改写了传统西方发达国家燃油汽车巨头的全球价值链治理模式与价值分配体系。抖音（TikTok）、拼多多（Temu）等新一代数字平台凭借其领先的电子商务技术优势、数字驱动的运营销售和供应链管理优势，使其具备天生国际化能力，在全球B2C领域形成新的全球性竞争力，改写了传统的全球产业链和价值链生态系统，也改写了可贸易商品全球价值链的治理模式与价值分配体系。

数字技术正在改写全球经济交易方式、商业模式和价值链治理生态系统。与传统生产体系相关的贸易、投资、全球货币体系利益分配格局会被重新定义。由于新技术推动新兴产业发展，新的供应链和价值链体系得到孕育，旧的生产体系逐步被新的生产体系所替代和主导，由于新交易关系的网络外部性特征，随着网络外部性的显现，5G标准、新能源等新的技术标准会使得这种新旧标准体系的交替不断加速。

三、"发展导向型"原则构建新的国际经贸合作秩序

基于新一轮产业革命的新国际经贸合作秩序需要从产业技术进步和合作交易

---

① 包括中信泰富特钢的江阴兴澄工厂（钢铁）、华润建材科技控股旗下的水泥厂田阳厂区（水泥）、宁德时代（新能源）、海尔（家用电器）、美的（家用电器）、三一重工（工业装备）、京东方科技集团（光电子产品）、阿里巴巴犀牛工厂（服装）、宝山钢（铁钢铁制品）、福田康明斯（汽车）、潍柴（工业机械）、富士康（电子设备）、美光科技（半导体）、博世（汽车）、宝洁（消费品）等本土和外资企业。

成本下降两个维度去寻找合作的可能性，通过潜在长期合作收益促成彼此合作，持续推进"多中心—外围"的产品、技术和金融等其他要素循环流动，摆脱中心国家之间纳什非合作均衡，推动全球经济的可持续发展①。我国为了要实现成为全球经济创新平台的目标，需要基于已有的多边、诸边和双边经贸体系，用"发展导向型"和"规则导向型"原则相结合，建立新型经贸合作关系，参与并完善新型国际经贸规则的构建，推动高水平国际经贸合作。中国"一带一路"倡议实施十年来，快速带动了我国和相关国家的基础设施建设、贸易和国际投资的合作，成效显著②。与传统的先制定合作规则再开展经贸合作的"规则导向型"规则不同，我国提出的"一带一路"倡议开启了"发展导向型"的国际经贸关系的先河。它具有高度的开放性和包容性，避免了传统"规则导向型"国际合作关系建立过程中的排他性（李向阳等，2023）。

按照这种新型国际经贸关系构建模式，中国在推动和引领多边国际投资规则制定方面取得了突破性进展。2023 年 7 月参加世界贸易组织（WTO）宣布《投资便利化协定》文本的谈判已经结束。《投资便利化协定》是中国首个在WTO 牵头设置并成功结束谈判的重要议题，也是全球首个多边投资协定，旨在提升投资政策透明度，简化行政审批程序，促进跨境投资便利化合作，将为中国成为全球资本流动平台和双向资本大规模资本流动与技术创新提供多边制度保障。它标志着中国"发展导向型"国际经贸合作关系构建原则在多边规则领域应用的成功。

---

① 但为什么当前这种全球范围内可能的合作没有出现呢？上述合作前景的实现条件是什么呢？我们认为，这主要由传统"中心"国家和"准中心"国家选择不同博弈类型的信念决定，它取决于两个方面，一方面是合作的空间是否已经呈现，它会影响到在位"中心"国家采取存量经济零和非合作博弈策略，还是采取增量经济合作博弈策略；另一方面是在位"中心"国家在现阶段采取非合作博弈作为占优策略选择的成本受益的预期，当这样做成本小的时候，对在位"中心"国家的非合作博弈是一种占优策略。

② 国家统计局数据显示，2013～2022 年，中国与共建"一带一路"国家货物贸易额翻了一番，从1.04 万亿美元到 2.07 万亿美元，年均增长 8%，高于中国对外贸易总体增长率；2013～2022 年，共建"一带一路"国家在中国外贸中的占比从 25%增至 32.9%，提高 7.9 个百分点；2013～2022 年，中国与沿线国家双向投资累计超过 2700 亿美元；截至 2022 年底，中国企业在沿线国家建设的境外经贸合作区累计投资达 571.3 亿美元，为当地创造了 42.1 万个就业岗位；2013～2022 年，中国在沿线国家承包工程新签合同额、完成营业额累计分别超过 1.2 万亿美元和 8000 亿美元，占中国对外承包工程总额的比重超过一半。在资金融通方面，丝路基金与亚洲基础设施投资银行（以下简称"亚投行"）的推动作用日益凸显。截至2022 年底，丝路基金已签约项目 70 个，承诺投资金额约 215 亿美元，涵盖基础设施、资源开发、产能合作、金融合作等领域。

第五节　本章小结

　　总体而言，随着我国在 AI 等新兴技术和产业领域获得竞争新优势，所形成的"多中心—外围"格局将打破单"中心"的垄断，从而为未来构建国家之间更加包容、平等和可持续发展的国际经济新秩序奠定了基础。由于制度是经济结构内生的产物同时又作用于经济结构，在新兴产业和数字技术领域，谁能占据制定新技术和标准的主动权，就能够在新技术发展路径选择影响上获得主动权。新产业革命的到来，为未来中国在新技术、新标准、新价值创造体系构建中确立起新的竞争力提供了历史性机遇。正如目前我国企业在 5G、高铁、特高压等领域处于技术领先而获得制定国际标准制定权一样，在数字经济和数字技术的领域，也将为中国改写国际货币体系、国际贸易和投资体系奠定基础。数字技术将成为新一路产业变革的核心技术，中国正在积极推进"数字中国"① 建设，这对于突破"中心—外围"经济格局束缚，摆脱当前发展困境意义重大。

　　数字技术和各个产业的深度融合，将为中国传统产业转型升级和经济高质量发展提供持续动力，由于数字技术具有规模报酬递增特征，数据的生成和应用价值随着生产规模的增加而递增，数字经济发展正在推动企业扩大对外贸易和对外投资，数字技术改变了贸易形态和跨境结算方式，降低了国际贸易成本，使得中国与共建"一带一路"国家数字贸易、人民币跨境结算合作成为可能，全球进入数字经济合作时代。跨境电子商务发展将成为推进与"一带一路"国家经贸合作的重要切入点，近期上海启动的"丝路电商"合作示范区行动计划，不仅

---

　　① 2023 年 11 月国家发改委正式印发《"十四五"数字经济发展规划》，对我国数字经济发展的总体思路、发展目标、重点任务和重大举措做了顶层设计。国务院于 2023 年 12 月发布了《数字中国建设整体布局规划》（以下简称《规划》），《规划》明确，数字中国建设按照"2522"的整体框架进行布局，即夯实数字基础设施和数据资源体系"两大基础"，推进数字技术与经济、政治、文化、社会、生态文明建设"五位一体"深度融合，强化数字技术创新体系和数字安全屏障"两大能力"，优化数字化发展国内国际"两个环境"。旨在全面提升数字中国建设的整体性、系统性、协同性，促进数字经济和实体经济深度融合，以数字化驱动生产生活和治理方式变革。国家数据局也于 2023 年 12 月发布了《"数据要素×"三年行动计划（2024—2026 年）》以发挥我国超大规模市场、海量数据资源、丰富应用场景等多重优势，推动数据要素与劳动力、资本等要素协同，培育基于数据要素的新产品和新服务，开辟经济增长新空间；促进生产工具创新升级，催生新产业、新模式，培育经济发展新动能。

可以带动中国产能与供应链体系的优化，也使得生产性服务业得到快速迭代升级。数字技术也将为人民币国际化进行资产背书，不仅开启中国金融强国发展的新纪元，也将对全球货币体系产生深远的影响。